종교는 없다

−50가지 키워드로 본 한국 종교

종교는 없다

−50가지 키워드로 본 한국 종교

종교는 없다

―50가지 키워드로 본 한국 종교

권오문 지음

문이당

종교가 인간의 삶에 엄청난 영향을 끼치고 있다는 것은 주지의 사실이다. 세계 인구 65억 가운데 3분의 2가 종교인일 만큼 종교가 세계인의 정신적 지주 역할을 하고 있다. 1999년 문화관광부 자료에 의하면 우리 국민 100명 가운데 54명이 종교인이다. 결국 국내외 할 것 없이 절반 이상이 종교인인 셈이다. 인간이 종교를 찾는 것은 종교를 통해 인생의 문제를 해결하고, 삶의 이정표로 삼고자 하기 때문이다. 종교는 개인의 가치관과 삶의 목표, 언행 등의 근간을 이루고 있다.

그러나 오늘날 대다수 종교가 본연의 모습을 상실하고 있다는 지적이 제기되고 있다. 종조의 가르침을 따른다는 종교인들이 비종교인들보다 못한 행태를 보이는 것은 말할 것도 없고, 종파와 교파 간의 대립과 반목으로 눈살을 찌푸리게 하는 일이 한두 가지가 아니다. 일부 몰지각한 기독교인이 불상의 머리를 잘라 가는 어처구니없는 일이 벌어지는 것이 한국 종교계의 실상이다. 세계 곳곳에서 벌어지고 있는 전쟁의 배경에 종교가 있다는 사실은 사랑과 평화를 주장하는 종교의 이중성을 잘 보여 준다.

특히 한국 종교계는 일부 종교인의 자질 논란과 도덕 불감증, 목회직 세습 파문, 교권 다툼, 성직자 추문 등이 언론에 보도되며 큰 위기를 맞고 있다. 한국 종교계는 그동안 세계에서 유례없는 성장 신화를 만들었지만 그에 따르는 내실은 기하지 못했다. 세간의 평가에 문제가 없는 것은 아니지만 종교 지도자에게 거는 기대가 큰 만큼 실망 또한 큰 것이 사실이다. 삶이 강퍅하면 강퍅할수록 종교에 의지하고자 하는 마음이 커지는데, 종교가 보여 주는 행태는 비종교인들을 끌어안을 만큼 모범을 보이거나 희망을 주지 못하고 있다는 데 문제가 있다.

종교계는 지금 급격한 전환기를 맞고 있다. 종교는 가장 보수적이라고 할 만큼 변하지 않는 집단으로 지목돼 왔지만 정보화 시대를 맞아 큰 변화를 강요받고 있다. 종교의 변화는 생존의 문제와 직결돼 있다는 데 심각성이 있다. 종교에 대한 변화 요구는 다름 아닌 초심, 초대 종교 운동, 종교 본연의 모습으로 돌아가라는 요청이다. 다시 말해 예수 정신, 석가의 정신으로 돌아가 이 시대 흐름에 맞는 새 패러다임을 세우라는 것이다. 그리고 교단 분열과 종교 갈등의 원인이 된 경전 해석도 성인들의 본뜻을 살려 탄력적으로 해야 한다는 것이다. 종교가 본연의 모습을 회복하지 못한다면 더 이상 인류의 정신사를 지배할 수 없는 것은 물론, 생존 자체도 어렵다는 목소리가 높아지고 있다.

또 종교가 달라져야 한다는 요구의 배경에는 진정 종교만이 인간의 행복을 담보해 줄 수 있느냐는 근본적 물음이 깔려 있다. 종교가 세계 평화의 걸림돌이 되고 있는 상황에서 종교만으로는 세계적 난제를 풀어 나갈 수 없다는 절박한 현실에 대한 반성에서 비롯된 요청이다. 따라서 종교 간의 담은 물론 종교 자체의 담을 헐어 평화 세계를 건설할 수 있는 방안을 찾아야 할 것이다. 그것이 종교가 진정으로 성인들의 가르침을 실천하는 길이기도 하다. 필자가 오랫동안 종교계 원로들을 만나고 종교 관련 글을 쓰면서 내린 결론이다.

이 책은 오늘날 종교가 안고 있는 문제점을 짚어 보면서 종교의 궁극적 목표인 이상 세계를 건설하기 위해 종교가 어떻게 변해야 하는가를 모색하고자 했다. 특히 종교의 위기가 종조들의 본뜻을 살리지 못하는 데 있다고 보고, 그 본뜻을 되살려 그들이 추구했던 본연의 세계를 어떻게 만들어 가야 하느냐에 초점을 맞췄다. 인류가 추구해 온 지구 공동체를 종교와 인종, 국경 등을 초월해 세계인이 오순도순 살아가는 세상으로 보고, 예수와 석가 등 성인의 근본정신을 되살려 통합 종교로 나아가는 길은 없는가 하는 문제도 제기해 보았다.

물론 이러한 발상이 보기에 따라서는 엉뚱할 수도 있지만, 참종교의 길이 무엇인가에 대한 고민에서 나왔다는 점에서 같은 뜻을 안고 살아가는 독자 여러분의 삶에 도움이 됐으면 하는 바람이다. 오늘날 종교계에서 크게 대두되고 있는 화두 50가지를 뽑아 정리한 것인 만큼,

종교계의 흐름을 파악해 자신의 신앙생활을 더욱 돈독히 하고 종교가
추구하는 평화 세계를 건설하는 데도 일조할 수 있다면 더 바랄 것이
없겠다. 그동안 이 책이 나올 수 있도록 협조해 준 문이당 관계자 여
러분에게 심심한 감사를 드린다.

2005년 6월
권 오 문

3장 종교 본연의 모습을 찾기 위한 제언

4장 달라져야 할 종교, 새로운 패러다임

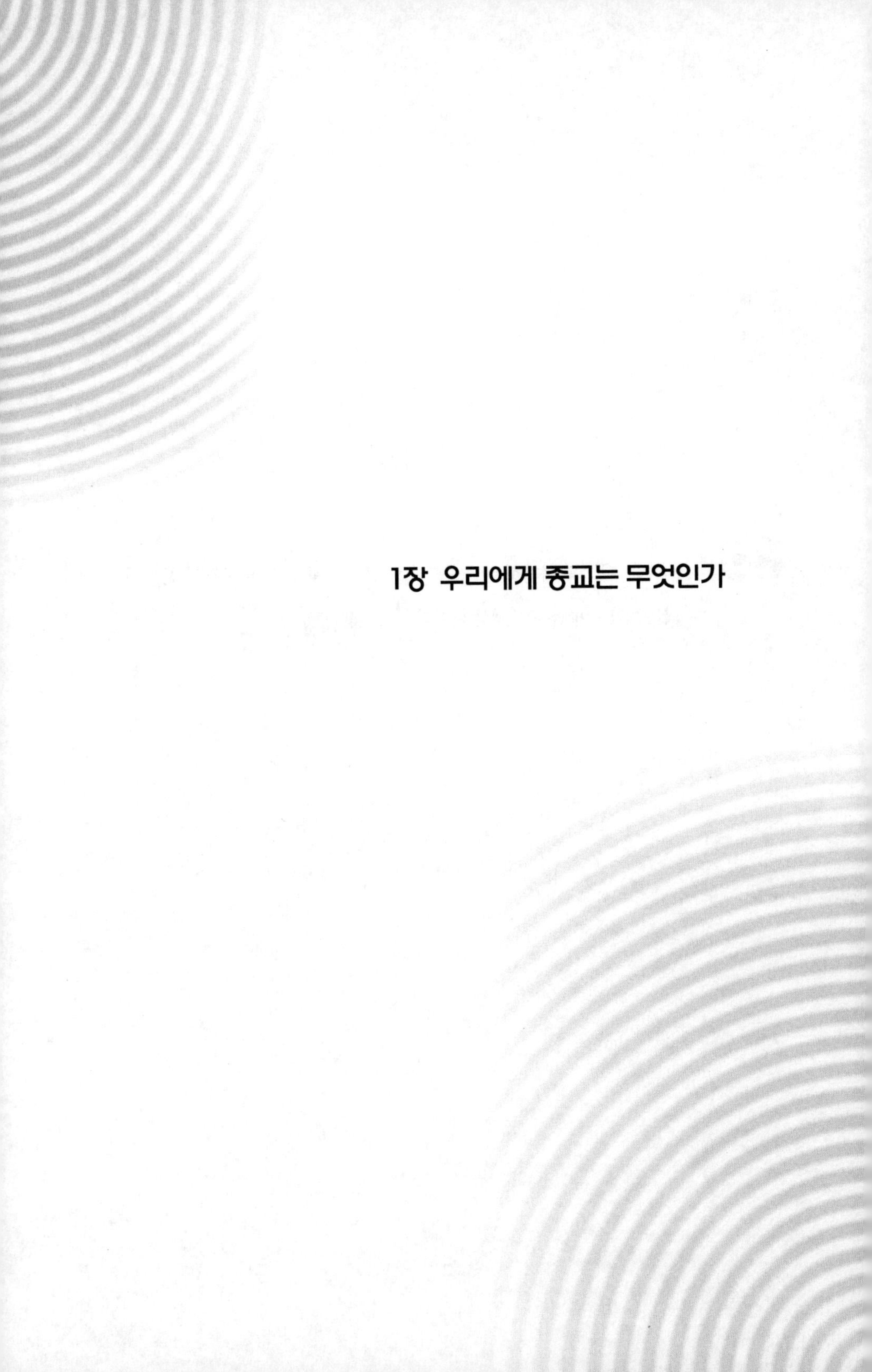

1장 우리에게 종교는 무엇인가

예수가 형식을 타파했듯이 종교라는 형식적 틀을 넘어 본질적 문제에 다가설 수 있는 방안을 모색할 때이다.

01_ 왜 종교를 말하는가

세상에 변하지 않는 것은 없다. 사람은 태어나 수명이 다하면 돌아가고, 국가도 수없이 새로 세워지고 무너진다. 종교도 인간의 정신적 기둥 역할을 해오면서 많은 변화를 겪어 왔다. 만일 이 세상에서 종교가 사라진다면 어떻게 될까. 교회에 나가지 않고 사찰도 찾지 않는다면 사람들이 허무감에 빠지게 되고 이 땅에 죄악이 넘쳐 날 것인가.

예수나 석가는 종교를 세우라고 말하지 않았다. 그들은 종교를 만들어 자신을 신봉하라고 가르친 것이 아니라 자신들의 가르침을 실천하라고 했다. 예수나 석가의 가르침을 실천하기 위헤서는 종교라는 틀이 꼭 필요한 것일까. 물론 그들의 가르침을 배우고 실천할 공동체는 필요하다. 하지만 예수는 장로교니 감리교니 침례교니 하는 종파를 만들어 서로 담을 쌓으라고는 가르치지 않았다. 석가도 조계종이나 태고종을 세우고 수많은 불상을 조성하라고 말하지 않았다.

궁극적 실재인 하나님이 지금 우리 앞에 나타난다고 치자. 하나님은 무엇을 바랄까. 물론 하나님은 자신이 창조한 목적대로 인간이 살기를 원할 것이다. 하나님이 원하는 대로 살지 않고, 종교를 만들어 하나님의 이름으로 헌금을 모아 교회당을 높이 짓고 치부(致富)하는 것을 용납하실까. 하나님을 기복이나 치병의 대상으로 격하시키면서 상거래하듯이 사람을 끌어들이는 이들과 과연 함께하실까.

예수는 세상적인 관념, 자신이 지혜라고 여기는 것을 모두 버리라고 했다. "아무도 자기를 속이지 말라. 너희 중에 누구든지 이 세상에서 지혜 있는 줄로 생각하거든 미련한 자가 되어라. 그리하여야 지혜로운 자가 되리라. 이 세상 지혜는 하나님께 미련한 것이니 기록된 바 지혜 있는 자들로 하여금 자기 궤휼에 빠지게 하시는 이라 하였고 또 주께서 지혜 있는 자들의 생각을 헛것으로 아신다 하셨느니라."(고린도전서 3장 18~20절)

오늘날 종교 지도자들이 각종 교리로, 그것도 자신들이 만든 논리로 마치 신이나 종조의 지혜인 양 신자들을 오도하고 있는 사례가 얼마나 많은지 생각해 볼 일이다. 세상이 혼란스러울 때마다 남다른 소명감을 갖고 등장했던 종교는 시대적 사명을 다하기 위해 분명 달라져야 한다. 종교계는 그동안 인터넷이나 생명공학 등 과학기술이 엮어 가는 새로운 문명 세계를 미심쩍은 눈으로 바라보기만 했다. 일부에서는 첨단과학기술 문화를 현실로 받아들여 예배에 응용하기도 했으나 대부분은 변화의 주도 세력이 아니라 방관자이거나 기존 체제의 변화를 거부하는 저항 세력으로 전락했다. 이제는 더 이상 과학기술이 만들어 가는 이 대문명사적 전환기를 남의 일처럼 보고만 있을 수는 없을 것이다. 종교가 시대적 요구에 부응하지 못한다면 스스로 몰락의 길로 갈 수밖에 없다.

살불살조의 수행 자세_

　인간은 자신을 얽매고 있는 모든 관념으로부터 자유로워져야 한다. 마르틴 루터는 "그리스도께서 우리로 자유케 하려고 자유를 주셨으니 그러므로 굳세게 서서 다시는 종의 멍에를 메지 말라"(갈라디아서 5장 1절)를 복음 중의 복음이라 했다. 우선 자기를 얽아매고 있는 관념에서 벗어나야 한다는 것이다.

　불가(佛家)에 '살불살조(殺佛殺祖)'라는 말이 있다. 참된 깨달음을 위해서는 '부처도 죽이고 조사(祖師)도 죽이라'는 뜻이다. 진리를 추구하고 도를 깨닫기 위해 목숨을 건 수행자들의 마음가짐을 일컫는 말인데, 이는 다시 말해 관념을 버리라는 것이다. 부처라는 상(相)을 손에서 놓으라는 말이다. 한마디로 수행자가 부처라는 상, 조사라는 상에 갇혀서는 안 된다는 것이다. 《금강경》의 대의(大義)가 바로 무상(無相)이다. 만물에 실체가 없고 부처도 없으니, 부처란 다만 그 이름이 부처일 뿐 그 실체가 있는 것이 아니라는 것이다.

　당나라 때 단하 선사가 몹시 추운 겨울날, 혜림사라는 절을 찾았다. 단하 선사는 추위를 견디다 못해 법당의 목불(木佛)을 끌어내다가 불을 붙이고 몸을 녹이고야 말았다. 스님, 신도들 사이에서 난리가 났다. 세상에 이럴 수가 있느냐는 것이다. 명색이 부처의 제자라는 이가 부처님을 태워 몸을 녹이려 하다니……. 그런데 단하 선사의 대답은 그게 아니었다. "왜들 이리 놀라시오. 나는 부처님을 태워 사리를 얻고자 하고 있소이다." 사람들은 소리쳤다. "이보시오. 나무로 만든 부처님에게서 어떻게 사리가 나온단 말입니까?" 삼척동자도 알 수 있는 일이다. 나무를 깎아 만든 불상을 태운다고 금욕 수행의 결과라는 저 영롱한 사리가 나올 턱이 없다. 그러자 단하 선사는 "아, 그렇던가. 나무를 태워 사리를 얻을 수야 없지. 그렇다면 당신들도 나머지 불상을 가지고 나오시오. 태워 함께 몸이나 녹입시다"라고 말했다. 불상은 사찰을 장엄하는 많은 건물과 장식 중에서도 최고의 가치, 최고의 보물이요, 최고로 신성한 것이다. 불상을 태운 이 단하 사건이 선가에서는 일천 년 넘게 쾌거 중 쾌거로 전해 오고 있다.

불교 신도들은 대부분 부처가 깨달은 자이기 때문에 완벽한 사람이라고 생각하고 있다. '부처는 완벽한 사람'이라는 하나의 관념 속에 빠지는 오류를 범하고 있는 것이다. 부처란 '진리를 깨닫고 진리대로 산 사람'이다. 진리란 어느 누구 특정한 사람에게만 통하는 것이 아닌 모든 사람, 모든 존재를 두루 관통하고 있는 보편적인 사실이다. 다시 말해 부처가 진리를 깨달았다고 해서 진리가 부처의 것이 되는 게 아니다. 진리는 여전히 우주 전체를 관통하고 있다. 진리대로 사는 사람이 부처라고 했다. 진리대로 사는 모든 존재가 부처인 것이다. 따라서 나와 내 이웃이 다 부처다.

종교가 예수나 석가의 가르침을 지키기보다는 교리라는 고정된 틀 속에 신도들을 갇히게 한다는 데 문제가 있다. 예수는 자기 것을 하나도 남기지 않고 비웠다. 가진 것은 사랑밖에 없었다. 하나님도 세상을 이처럼 사랑하여 독생자(예수)를 보내 주신 것이다. 결국 기독교의 핵심은 선한 자나 악한 자 모두에게 골고루 내려 주는 하나님의 사랑이다. 그 사랑은 가난하고 억압당하고, 병들고 고통당하는 모든 사람을 해방시키는 데 있다. 그러나 기독교가 제도화, 율법화되면서 종교 본연의 모습을 잃어버리고 말았다. 기독교인 가운데는 스스로 하나님처럼 되겠다는 욕심을 갖는 사람이 많다. 서로 자기 주장이 옳다고만 하면서 남을 배척한다. 우리는 불완전한 존재다. 그래서 진리 앞에서 더욱 겸손해져야 한다. 자기중심의 욕심을 벗어 버리고 남의 말에도 귀 기울여야 한다. 이제 기독교는 모든 사람, 모든 피조물과 더불어 화해와 평화를 이루는 일에 앞장서야 한다.

교리에 갇힌 종교, 그 틀을 넘어서_

예수는 유대교 사회에서 제자들과 함께 회당과 산, 들판에서 복음을 전파하면서 병자들을 치료했다. 당시 종교 지도자들이었던 서기관, 바리새인, 대제사장들은 의식적이고 화석화된 종교에 얽매인 기득권층이었다. 유대인 대중은 그런 종교 지도자들에게는 아예 아무런 기대도 하지 않았다. 로마 제국에 아부해서 자신의 기득권을 유지하며 안주하려는 사람이 대부분이었기 때문이다. 바로 이때 나타난 나사렛 청년 예수는 전혀 새로운 모습을 보여 주었다. 세리, 어부, 창녀, 환자들이 그를 따랐으며 예수는 그들을 형제자매라 부르며 식사를 함께하기도 했다. 그의 행동은 '파격' 그 자체였다.

예수가 안식일에 예루살렘의 베데스다 연못가에서 38년 된 병자를 고친 사건은 파격적 행동의 대표적 사례다.(요한복음 5장 1~18절) 율법에는 안식일에 짐을 운반하거나 900미터 이상 걷는 것을 금하고 있었지만 예수는 환자를 고쳐 주고 짐을 챙겨 떠나게 했다. 예수는 "안식일은 사람을 위하여 있는 것이요, 사람이 안식일을 위하여 있는 것이 아니니"(마가복음 2장 27절)라고 하면서 낡은 율법의 형식주의를 타파하는 데 앞장섰다. 예수는 율법이라는 종교적 형식보다는 생명과 본질이 중요하다는 것을 보여 준 것이다.

하나님을 입으로만 말하지 말라는 성경 말씀을 실천해야 할 것이다. "그들이 하나님을 시인하나 행위로는 부인하니 가증한 자요, 복종치 아니하는 자요, 모든 선한 일을 버리는 자니라."(디도서 1장 16절) 우리는 입으로는 하나님을 말하지만 하나님의 뜻대로 살지 못했다. 예수와 석가의 정신으로 돌아가고 하나님의 뜻대로 산다는 것, 이것은 종교인에게 가장 절실한 내용이다. 그동안 각종 신학과 교리가 만들어놓은 관념에 빠져 하나님의 뜻을 제대로 파악하지 못한 것은 아닌지 반성해 볼 일이다. 각계의 종교 지도자들은 혹시나 신도들이 하나님과 부처님 앞으로 가는 길을 막고 있지는 않는지 생각해 볼 필요가 있다.

하나님을 본래의 모습으로 회복시켜야 한다. 인간은 하나님을 자신의 틀 안에서 개념화해 왔다. 우선 고정관념의 틀에서 하나님을 해방시켜야 한다. 신앙은 하나님과 나와의 일대일 관계라는 말을 많이 한다. 각 종단이 주장하는 신학이나 교리, 그리고 교회라는 틀이 중요한 것이 아니라 하나님과 나와의 관계가 제대로 정립돼야 한다. 즉 하나님과 함께할 수 있는 터전을 만들지 않으면 안 된다.

성경에는 "너희가 하나님의 성전인 것과 하나님의 성령이 너희 안에 거하시는 것을 알지 못하느뇨"(고린도전서 3장 16절)라고 했다. 나 자신이 하나님의 성전이므로 하나님이 거하실 수 있도록 해야 한다. 그러기 위해서는 하나님과 나와의 관계가 다른 그 무엇으로 가려져서는 안 된다. "누구든지 하나님의 성전을 더럽히면 하나님이 그 사람을 멸하시리라. 하나님의 성전은 거룩하니 너희도 그러하니라"(고린도전서 3장 17절)라고 한 것처럼 인위적인 것으로 하나님의 성전을 더럽혀서는 안 된다.

21세기에는 '종교는 하나'라는 말이 더욱 설득력을 얻을 것이다. 모든 종교가 지향하는 것이 대동소이하기 때문에 그 차이는 빠른 시일 내에 극복될 수 있다. 특히 사이버 세계에서는 종교의 개방이 불가피하다. 종교 간의 교리적 차이는 화해와 일치에 특별한 장애가 되지 않는다. 종교계는 화해의 과정을 거쳐 '종교는 하나'라는 공감대를 형성하면서 통합의 단계에까지 이를 수 있을 것이다. 따라서 지금은 폭넓은 차원에서 상대방을 존중하고 화합하려는 마음으로 종교의 본질에 더 가까이 다가서는 변신이 절실한 시점이다.

종교가 시대적 사명을 다하기 위해서는 우선 종교 스스로 변해야 한다. 종교가 가장 보수적 집단으로 지목받는 이유는 자기 울타리를 높이 치고 이웃 종교에 경계의 눈초리를 버리지 않기 때문이다. 모든 종교는 사랑이나 자비 등을 강조하면서 상대와의 조화를 가르쳐 왔다. 그러나 이러한 종교의 본질과는 달리 상대방을 배척하거나 '이단'으로 정죄해 온 것이 종교의 또 다른 모습이다. 사랑과 자비를 부르짖는 종교인들이 가장 미움이 많고 이기주의에 빠져 있다면 아이러니가 아닐 수 없다. 폐쇄적이고 분쟁 지향적인 종교는 조기에 도태되는 운명을 맞이할 것임이 분명하다.

이제 종교가 하나님의 뜻대로 살고 부처님의 가르침대로 사는 데 오히려 방해가 되고 있지 않은지 점검할 때가 됐다. 예수가 형식을 타파했듯이 종교라는 형식적 틀을 넘어 본질적 문제에 다가설 수 있는 방안을 모색할 때이다. 앞으로 이 글은 불교에서 금과옥조로 생각하는 '살불살조'의 정신으로, 예수가 유대교 지도지들에게 보여 준 형식 타파라는 파격으로 오늘날의 종교를 바라보면서 예수와 석가가 그리고자 했던 그 본연의 세상을 찾아 나설 것이다.

종교가 어떻게 현대 사회의 도덕적 붕괴 현상을 치유할 수 있을 것인
가. 이러한 문제를 극복하기 위해서는 우선 인간성 회복을 통해 종교적 심
성을 회복하고 종교인 본연의 자세로 돌아가야 한다.

02_ 종교밖에 없는가

종교의 목적은 무엇인가? 신앙의 목적이 깨달음과 구원, 그리고 이상 세계 건설 등에 있다고 한다면 그 목적을 실현하는 길은 종교밖에 없는가? 인간이 추구하는 이상 세계는 종교라는 틀 안에서만 실현될 수 있는가? 이러한 질문을 하는 것은 종교를 용도 폐기하고 다른 길을 찾자는 게 아니다. 종교가 지향해 온 참된 세계를 어떻게 하면 실현할 수 있는지 찾아보자는 것이다.

예수는 종교를 만들어 세상을 구원하고자 한 것이 아니었다. 그는 특정 집단을 만들지도 않았다. 그는 삶을 통해 하늘나라를 보여 주고자 했다. 독일의 신학자 본회퍼는 "예수님은 우리를 새로운 종교로 부르신 것이 아니다. 새로운 삶으로 부르셨다"라고 했다. 1980년대 '예수 세미나(Jesus Seminar)'라는 모임을 통해 역사적 예수 탐구 운동을 벌였던 존 도미닉 크로상, 로버트 펑크 등은 예수가 정말로 원한 것은 새로운 종교의 탄생이 아니라 '종교로부터의 자유'였다고 파악한다. 즉 예수는 자신이 신으로, 신의 아들로 섬김을 받으러 온 것이 아니라 사람을 섬기러 온 인간 해방자요, 진정한 휴머니스트였다는 것이다. 그들은 제도와 종교 시스템에 얽매인 사람에게 자유를, 눈먼 자에게 다시 보게 함을, 억눌린 자에게 해방을 주고자 한 참사람 예수를 그렸던 것이다. 예수가 진정 원한 것이 종교가 아니라 삶이었다면 우리도 종교에 매이지 말고 삶을 선택하는 것이 바람직하다는 것이다. 이는 기독교를 종교 시스템에만 너무 가둬 놓지 말고 보다 생동적이고 역동적인 운동으로 변화시킬 필요가 있다는 주장이다.

학내 종교 자유를 외치며 1인 시위를 벌인 대광고 강의석(2005년 서울대 법대 입학) 군을 옹호하다 교목실장과 목사직까지 반납한 류상태 목사는 〈한국 교회, 어디로 가야 하나?〉라는 논문에서 전통적인 종교의 역할은 불교나 도교 등 동양의 고등 종교에게 양보하고, 기독교는 현실 개혁적인 운동으로, 삶의 자리를 아름답게 하는 클럽화로 나아가면 어떨지 조심스럽게 검토해 볼 것을 제안하면서 다음과 같이 언급했다.

"그것이 진정 예수께서 원하신 방향이 아닐까? 기독교가 그렇게 될 수 있다면, 그 어느 종교도 갖지 못한 역동적이고 현실 개혁적인, 종교를 넘어선 멋진 종교가 될 수 있지 않을까? 나는 꿈을 꾸고 싶다. 새로운 기독교에 대한 꿈을 꾸고 싶은 것이다. 저 멀리 있는 피안의 천국이 아니라, 지금 여기서 누리는 천국을 꿈꾼다. 기독교가 그 지독한 독선과 배타성을 극복하고 우리 사는 세상을 진정 아름답게 하는 생생한 종교로, 우리 사회를 밝고 맑게 하는 생동적인 교회로 거듭나는 꿈을 꾼다. 이 꿈이 내가 사는 동안 이루어질 수 있을까? 내가 하나님 품에 안기기 전에, 그런 교회의 모습을 볼 수 있을까?"

인간이 추구하는 본연의 세계는 전쟁이 없는 평화의 세계일 수도 있고, 다 함께 모자람 없이 풍족한 생활을 하는 행복의 세계일 수도 있다. 그런 세계는 정치, 과학, 문화 등 모든 분야에서 추구해 왔다. 그러나 종교는 행복한 세계를 만들어 가는 데에 한계를 보이고 있다. 종교는 인간에게 깨달음을 주고 선한 삶을 살아가도록 유도하는 긍정적 측면도 있지만, 갈등과 분열, 전쟁으로 인류의 장래를 암울하게 하는 부정적 측면도 강하다. 종교의 영향력이 급속히 퇴조하고 있는 현실을 극복할 수 있는 대안 마련도 이즈음에서 다시 한 번 생각해 볼 일이다.

종교 떠난 하나님_

본래 동아시아에는 종교라는 단어가 존재하지 않았다. 단지 교(敎), 학(學), 도(道), 법(法), 예(禮) 등이 이에 상응하는 의미로 쓰여 왔다. 19세기 후반 서구 문물의 유입 과정에서, 특히 정교분리(政敎分離) 등의 단어를 번역하면서 종교라는 말이 만들어졌다. 그것도 일본에 의해 만들어졌다.

일본의 학자들은 1860년대 후반 메이지(明治) 시대에 독일 헌법 중 정교분리 조항을 번역하면서 'religion'이라는 용어를 불교 경전인 《능엄경》 중의 한 구절을 따서 '종교(宗敎)'로 번역했다. 이 말은 처음에는 '기독교'만을 가리켰으나 점차 '어떤 한 종교만이 참된 것이 아니라 모든 종교가 동질적인 것'이라는 관념이 성립되면서 보편적인 '종교' 개념이 되었다.

중국에도 19세기 말까지는 '종교'라는 단어와 개념이 없었다. 서구의 근대적 지식 체계를 받아들이면서 일본의 '종교'라는 단어를 수입하여 같은 맥락에서 사용하기 시작했다. 우리나라도 마찬가지로 일본을 통해 서구의 새로운 근대 학문과 지식 체계를 받아들이면서 종교라는 일본식 조어를 차용했다.

　종교라는 단어가 처음 쓰인 사례는 1883년 〈한성순보〉에 실린 기사로 알려져 있는데 기독교, 도교, 유교, 불교, 유대교, 회교 등을 언급하기 위해 종교라는 보편 개념을 사용했다. 이후 '종교'라는 단어는 다양한 종교 현상들을 지칭하는 보편적 개념으로 쓰이기 시작했다.

　'종교'라는 단어는 확정된 의미를 갖는 것이 아니라 특정한 주체들에 의해 끊임없이 재규정되고 폐기되고 변화해 왔다. 또 이는 다양한 집단들이 나름대로의 분류 기준을 대상들에 적용함으로써 이루어져 온 것이다. 따라서 종교 자체를 이해하기 위해서는 종교라는 단어가 출현한 역사적 맥락을 밝히고 그 의미 변화의 역사적 과정을 살펴보아야 한다.

　지금 쓰고 있는 종교의 개념은 4세기 이후 서구에서 기독교가 성립하면서 시작됐다고 볼 수 있다. 4세기 로마의 황제 국가와 기독교가 결합하여 로마 가톨릭이 형성되면서 기독교는 초기의 지하 신앙 공동체에서 공식적이고 국가적인 기독교 공동체(eclesia : 부름받은 자들의 모임, 교회)로 위상이 달라지게 된다. 이때 라틴어 'religio'는 기독교 신앙 공동체 내부의 종교적 규율, 제의적 실천 방식, 신자의 준수 사항을 가리키는 말이었다. 이렇게 쓰인 'religio'는 참된 가르침이라는 의미를 갖게 된다. 물론 여기에는 기독교만 포함된다. 다른 종교들은 단지 이교도(paganism)에 불과할 뿐 'religio'의 영역에서 철저하게 배제됐다. 이러한 종교 이해는 로마 가톨릭이 지배하던 중세 내내 유지되었다.

　종교의 의미는 지리상의 발견에 따른 '타자의 발견'과 르네상스에서의 합리주의, 그리고 이들의 결과물인 종교 개혁을 거치면서 17, 8세기 계몽주의 시대에 이르러 근본적으로 수정된다. 광대한 신대륙과 타 종족, 타 문화, 타 종교와의 만남을 통해 종교는 기독교 공동체의 교리나 규율만이 아니라 좀 더 보편적인 개념으로 확장된다. 그리고 기독교는 그 일부에 불과하게 된다. 타자의 발견은 유럽의 종교인 기독교를 보편적인 종교의 일부로 재편성되게 했던 것이다.

깨달음과 구원, 그리고 이상 세계_

종교는 깨달음, 즉 득도하는 것, 참사람이 되는 것을 지향한다. 그 이후 행복이 넘치는 도덕적 사회를 추구한다. 그것은 종교의 빛이 약해져 대체 종교가 득세하면서 기존 종교가 큰 위협을 받고 있는 지금과 같은 상황에서는 불가능하다. 더구나 종교가 영향력을 급속히 잃고 있는 것은 세상은 변하는데 종교는 변하지 않고 시대적 혼란상을 치유할 대안을 내놓지 못하고 있기 때문이다. 종교 개혁의 배경에는 기존 종교의 타락과 메시지의 부재가 있었다. 또다시 종교 개혁의 필요성이 대두되고 있는 것도 획일적이고 형식적인 가르침과 제도 때문일 것이다.

종교가 위기에 처한 것은 종교 지도자들이 제 역할을 못하고 있기 때문이다. 다시 말해 종교 지도자들이 교리의 노예가 되면서 세상의 혼란상을 치유할 메시지를 내놓지 못하고 있기 때문이다. 종교의 궁극적 목적은 인간 구원이다. 종교가 인간을 구원하지 않고 자기 세력 확장에만 급급하면 사회는 양심의 소리를 잃고 점점 병들어 가게 된다. 종교 아노미 현상이 심화되게 된다. 따라서 종교 지도자들은 지적 자만, 즉 교리의 벽을 극복해야 한다. 지적 자만이 동유럽 사회주의와 구소련 등 공산 국가의 몰락을 가져왔듯이 교리와 교파 이기주의라는 바이러스는 결국 종교 지도자를 부패시키고, 종교 집단은 그것이 족쇄가 되어 멸망의 길로 접어들 수 있다.

종교가 체제 유지를 위해 일반 사회와 비슷한 형태를 취한다면 이는 이미 종교의 본질을 상실한 것이다. 신자들을 신앙적 정열로 이끌기보다는 노동의 도구나 신전을 건축하기 위한 헌금자로 규정한다면 종교는 사회의 범주를 따르는 것이다. 종교 본연의 사명은 간과한 채 현실적 안목으로 신자들에게 가르침을 전달하는 것은 시대를 등진 현상이라 볼 수 있다. 의식의 무력화 현상이나 일상적인 언어가 반복되는 설교, 의무적인 신앙 참석 강요는 신자들을 신앙으로부터 멀어지게 한다. 신앙생활을 함으로써 기쁨을 얻는 것이 아니라 신앙 자체를 터부시하는 결과를 초래할 수 있다는 것이다.

오늘날 종교가 사회를 이끄는 선도자의 역할을 하고 있는가, 아니면 사회에 이끌려 가고 있는가? 종교가 성(聖)의 속화(俗化)를 추구하고 있는가, 속(俗)의 성화(聖化)를 추구하고 있는가도 연결시켜 생각해 볼 필요가 있다. 성의 속화가 지속된다면 종교는 그 자체로 도덕적 타락의 길을 걷고 있는 것이다. 그럴수록 영적이고 초월적인 내심의 기쁨을 찾기보다는 외형을 장식하게 된다. 여기서 절대 가치의 상실이 초래된다. 종교가 어떻게 현대 사회의 도덕적 붕괴 현상을 치유할 수 있을 것인가. 이러한 문제를 극복하기 위해서는 우선 인간성 회복을 통해 종교적 심성을 회복하고 종교인 본연의 자세로 돌아가야 한다.

종교가 인간 구원에 목표를 두고 있다면 올바른 구원관을 제시해야 한다. 구원된 자만의 천당이나 극락이 따로 있다는 생각은 자칫 극단적인 개인주의를 낳을 수 있다. 구원의 참뜻을 참생명의 회복과 사회 구원에 둬야 한다. 그러기 위해서는 종교가 개인과 가정, 공동체 사회에 관심을 가져야 한다.

또 종교는 공존의 원리를 지향해야 한다. 종교가 상대를 인정하는 최소한의 인간적 예우와 존중을 잃어버리고 증오심과 적개심에 사로잡힌다면 종교로서의 생명을 잃어버리게 된다. 종교가 구제하고 구원해야 할 것은 어떤 개인도, 사회도 아닌 바로 자기 자신, 자기 종교라는 자각을 해야 한다. 종교는 다원화된 대중 사회에 올바른 응답과 방향을 제시해 주어야 한다.

종교는 마루 되는 가르침이다. 예수나 석가는 종교를 말하지 않았다. 종교는 방편이지 목적이 될 수 없다. 종교가 지향하는 이상 세계를 달성하기 위해서는 정치, 경제, 과학, 철학, 문화 등 모든 수단이 필요한데 종교인들은 종교적 믿음이나 관념만으로 다 가능하다고 믿고 있다. 중요한 것은 예수나 석가와 같은 성인들의 가르침을 회복하는 것이다. 물론 그들의 가르침이 모든 것을 다 말해 준다고는 할 수 없다. 따라서 성인들의 가르침과 과학과 철학 등 다른 분야의 지식까지 합해질 때에 비로소 종교가 지향하는 세계가 찾아올 것이다.

어떤 종교도 고립된 외딴섬처럼 존재할 수 없다. 다른 종교나 문화와 상호 교류를 통해 영향을 받고 그럼으로써 자기 종교의 세계를 더욱 풍부하게 하는 것이다.

03_ 순수한 종교는 없다

인간은 누구나 세상을 이해하고 미래를 계획하는 나름의 의미 체계를 갖고 있다. 이 의미 체계는 개인의 세계에 대한 인식과 행위의 기초를 이룬다. 종교도 개인과 집단의 모든 경험을 하나의 일반적 해석 틀 안에 배치시키는 포괄적 의미 체계를 제시한다. 특히 종교의 의미 체계는 개인의 삶에 중요한 의미를 갖는다.

현대는 종교의 의미 체계뿐만 아니라 과학, 정치와 같은 세속적 의미 체계가 공존하는 사회이다. 따라서 인간이 병에 걸렸을 때 그 병의 원인을 비이러스 감염 등으로 설명하는 한편, 조상의 묏자리나 악령 탓으로 돌리기도 한다.

종교의 의미 체계는 복합적 성격을 띠고 있다. 어떤 종교도 고립된 외딴섬처럼 존재할 수 없다. 다른 종교나 문화와 상호 교류를 통해 영향을 받고 그럼으로써 자기 종교의 세계를 더욱 풍부하게 하는 것이다. 이런 점에서 어떤 종교도 단 하나의 순수한 형태를 고집한다는 것은 불가능하다. 종교는 다른 종교나 문화의 영향을 받으면서 항상 새롭게 변화한다. 기독교만 하더라도 역사적 시기나 지역에 따라서 다양한 성격과 형태를 보여 주고 있다. 이러한 변화를 순수의 상실로 보기보다는 창조적 자기 변모로 봐야 할 것이다.

특정 종교 단체의 구성원도 마찬가지다. 한 개인의 의미 체계 안에는 그가 속해 있는 종교와는 다른 요소가 존재한다. 그것은 그가 수동적 존재가 아닌 능동적 주체임을 보여 준다. 선교 초기 서양 선교사들이 "한국인은 철학할 때는 불교인이 되고, 예를 갖출 때는 유교인이 되고, 생의 위기에 직면해서는 무속인이 된다"라고 말한 것도 한 인간의 의미 체계가 결코 단일한 것이 아니라 복합적인 것임을 보여 주고 있다.

기독교인이면서 결혼 전에 궁합을 본다든가 이사하기 전에 길일을 잡는 것, 오늘의 운세에 눈길을 보내는 행위도 마찬가지다. 이같이 사고의 다양성과 복합적인 의미 체계는 종교 다원주의에 비춰 볼 때 결코 비난받을 것이 아니다. 순수한 종교가 없다는 인식은 능동적이고 발전적으로 자기 종교를 바라볼 수 있는 길을 열어 준다는 점에서 큰 의의가 있다. 더군다나 요즘처럼 종교 갈등이 심화되고 교단이 분열된 상황에서 이러한 인식은 종교의 화해와 평화를 위한 전제 조건이 될 수 있기 때문이다.

유대교와 기독교의 교리 형성에 영향을 준 주변 문화_

유대교와 헬레니즘은 기독교의 생성기에 복잡한 방식으로 얽히고 설켜 그 역사적 태반을 제공했다. 더구나 기독교의 탄생에 앞서 이 두 사조는 예수의 신학과 그 사역의 패턴과 방향을 결정짓는 중요한 관건으로 작용했다. 예수가 활동하던 시대에 유대인들의 삶을 직접적으로 통솔한 가장 중요한 축이 유대교였다면, 그 외각에서 또는 그 한가운데에서 역동적인 영향력을 발휘한 것이 헬레니즘이었다.

여기서 주목할 것은 유대교와 헬레니즘이 서로 동떨어진 채 겉돌지 않았다는 사실이다. 그것은 서로 삼투적인 관계를 맺고 있었다. 로마의 식민 지배를 받고 있던 팔레스타인은 유대교의 영향 아래 있었지만, 그 유대교는 헬레니즘에 의해 이미 포위된 상태였다. 일부 경건한 유대인들의 대응은 그것을 부분적으로 수용하면서 헬레니즘에 대한 유대교의 우월성을 강변하거나 아예 사전에 배제하는 방식으로 나타났다.

초기 기독교는 동양의 영향을 받았다. 예수 탄생 당시 동방 박사 내방, 경배 설화도 동양의 영향권에 있었음을 확인할 수 있는 대목이다.(마태복음 2장 1~12절) 이에 대해 도올 김용옥은 기독교가 적어도 영지주의의 발생지인 페르시아 문명권과는 교류가 있었을 것으로 보고 있다. 그래서 그는 기독교를 혼합 종교라고 말한다. "그 종교(기독교)의 탄생을 가능케 한 많은 물줄기가 있다. 유대이즘과 헬레니즘의 여러 철학과 종교의 갈래들, 그리고 조로아스터적인 페르시아 문명권의 계기들이 혼합되어 있다는 사실을 아무도 부정하지 못한다는 것이다."(《천차타마대기만선》, 138쪽)

유대인들은 400년 동안 이집트 종교의 영향권에 있었고, 바빌론에 끌려갔던 기간에는 수메르 신화와 바빌로니아 신화로부터 많은 영향을 받았으며, 그 후 페르시아에서 풀려날 때까지는 페르시아 종교의 영향권에 놓여 있었다. 로마로부터 국교로 인정받은 후 콘스탄티누스 황제에 의해 미트라 종교의 많은 요소들이 채택·혼합되었고, 그리스 스토아 철학과 플라톤주의 철학 등이 오늘날의 기독교를 형성하는 데 일조했다고 볼 수 있다.

이집트 종교가 유대교에 영향을 미친 것으로는 부활, 심판, 동정녀 탄생, 유일신 교리 등을 들 수 있다. 이집트의 이시스교에는 '이시스'라는 여신이 육화(肉化)되어 고통받다 죽었는데 부활해 인간을 심판한다는 내용이 나온다. '프타'는 '말씀'으로 천지창조를 하였다고 전해지는 신인데, 기독교의 '야훼' 역시 '말씀'으로 천지창조를 한다. 이집트는 아케나톤 왕 때 모든 신을 폐지하고 유일신 아톤만을 숭배하도록 함으로써 다신교에서 일신교로 전환하게 된다. 모세가 이집트의 유일신 사상을 받아들인 것은 이집트에서 탈출하기 위해서는 원래 다신 체제였던 유대인의 사상을 하나로 통합해야 할 필요성이 있었기 때문이다. 할례(割禮) 의식도 이집트에서 이어받은 풍속이다.

조로아스터교(배화교)는 세계 최초의 이원론 종교이며 일신교이다. 조로아스터교의 유일신 관념과 선과 악, 천사와 악마 등 이분법적 세계관은 당대 유대교뿐만 아니라 기독교와 이슬람교에도 많은 영향을 주었다. 최후의 심판이나 극락, 지옥 같은 말들도 이 페르시아 인들로부터 나온 것이다.

바빌로니아 신화에는 최초의 인간을 진흙으로 빚었다는 내용이 있다. 그리고 라그마 신의 피가 인간과 섞이면서 인간의 원죄가 생겼다고 나온다. 천지를 창조한 뒤 "심히 보기에 좋았더라"라는 구절이 반복하여 나온다. 바빌로니아의 신화 속 아다파 왕은 영생의 기회를 얻었으나 에아 신의 잘못된 충고로 영생을 얻지 못한다. 왕은 이것을 에아 신의 잘못으로 돌리는데 이것 역시 아담이 하와를 탓하는 것과 같은 상황이 된다.

노아의 홍수 이야기도 바빌로니아 홍수 설화와 유사하며, 뱀에 대한 유별난 적의도 바빌로니아에서 온 것이다. 우주의 질서를 교란하는 것은 거대한 뱀이며 길가메시의 불사초(不死草)를 가로챈 것도 뱀이다. 기독교의 중요 교리는 바빌로니아 지배기 때 바빌로니아 신화에서 빌려 왔다고 볼 수 있다.

진리는 하나인가, 여럿인가_

한국은 다양한 종교가 공존하는 사회이다. 한 가족 안에 기독교인과 불교인과 유교인과 무속인이 함께 살아가고 있다. 그리고 순수한 불교인, 순수한 기독교인, 순수한 유교인이란 없다. 불교 속에 기독교가, 기독교 속에 불교가, 불교 속에 유교가 일정 정도 공존하고 있다. 종교 사학자 캔트웰 스미스의 말처럼 종교를 명사가 아닌 형용사적으로 보는 개방적인 자세가 필요하다. 즉 불교, 기독교, 유교와 같은 명사적 표현보다는 불교적, 기독교적, 유교적 등의 형용사적 표현을 중시하자는 것이다. 그렇게 본다면 '불교적인' 것은 불교 안에 있으면서도 불교 안에만 갇히지 않고, '기독교적인' 것 역시 기독교 안에 있으면서 기독교 안에만 제한되지 않을 수 있다는 것이다.

한신대 김경재 교수는 〈생명 사상과 종교 다원주의〉라는 글에서 "일사불란한 유기체적인 통일 의식을 가지고 살아갈 때 건강한 생체가 생기듯이, 지금 인류의 문명 단계는 그런 단계에 들어갔다고 본다"고 하면서 "한 사람 한 사람의 생명체들과 민족 단위의 생명체들이 자기의 고유 색깔을 드러내면서 지금보다 훨씬 더 서로 유기적으로 소통해 나간다면 보다 건강한 인류 사회가 도래할 것"이라고 말한다. 그의 글을 좀 더 옮겨 보자.

"만일 개신교 보수주의자가 다른 종교는 종교도 아니고, 이것은 우상이니 다 때려 부숴야 한다는 생각을 가졌다면 이렇게 생각해 보면 좋을 듯싶다. 자기나 자기 자식이 대문 앞에 나가서 교통사고를 당했을 때, 우선 앰뷸런스가 와서 실어 가는데 천도교 교인이 운전사일 수도 있을 것이고, 병원에 가서 지금 당장 수술 안 하면 죽게 돼 있는데 이 수술하는 집도 의사는 불교인일 수도 있는 것이고, 교회 가서 찬송가를 부르고 기도하기 전 아침에 일어나서 먹은 농산물은 원불교 농사꾼이 지어 준 것일 수가 있을 터이다. 실질적인 자기의 구체적 생명 자체가 서로서로 어울려서 살아가는 오늘날의 다원화 사회에서 영위되는 엄연한 현실에 눈을 감고 '나는 그 사람 꼴도 보기 싫다'라고 생각한다면 이것은 말도 되지 않는다. 그러므로 어떤 종교가 옳으냐 그르냐 하는 교리 싸움은 아무런 의미가 없다. 어느 종교가 더 높은 차원에서 생명을 살리는 일에, 또 인간들은 이기적인 존재인데 씨알의 그 본래성을 깨우쳐서 '공동 선'을 같이 해가도록 앞장서고 격려하고 서로 힘을 주는 그런 일에 복무하느냐 하는 것으로 경쟁을 하는 것이 오늘날 종교의 진정한 사명이라고 생각한다. 어느 종파가 교세가 많고, 더 높은 교회당을 짓고, 더 높은 사찰을 짓느냐 하는 그런 껍데기 경쟁은 필요 없다는 뜻이다."

기독교는 전통적으로 기독교만이 참종교요, 절대 종교라고 믿는 기독교 절대주의 입장을 견지해 왔다. 그러나 요즘은 절대 종교란 있을 수 없고 모든 종교는 상대적이라고 주장하는 종교 다원주의가 주목받고 있다. 다른 종교 문제에 대해 가장 개방적이며 적극적인 태도를 표명하고 있는 것이 로마 가톨릭이다. 이 문제에 대한 많은 연구와 저술이 가톨릭 신학자들에 의해서 이루어지고 있는 것이 이를 반증한다. 가톨릭은 제2차 바티칸공의회(1962~1965)를 분수령으로 하여 전통적인 기독교 절대주의에서 벗어나 절대주의와 다원주의의 중간 길이라 할 수 있는 포괄주의로 입장을 전환했다. 가톨릭의 관점은 교회 중심주의로부터 그리스도 중심주의로, 그리고 다시 신 중심주의로 이동하고 있다.

진리는 대화를 통해 관계적으로 파악되는 것이다. 이런 인식의 전환이 확대되고 있는 오늘날, 누군가 진리를 독점하려고 한다면 그것은 곧 자기 파멸의 길로 들어서는 것이다. 북아일랜드, 레바논, 이스라엘, 인도, 아프가니스탄 등 지구촌 곳곳에서 종교로 인해 분쟁이 일어나고 있다. 자기중심적인 자세를 고수하며 살아온 탓이다. 이런 상황이 계속된다면 인류의 미래는 암담하다. '대화'를 통해 상황을 역전시켜야 할 것이다. 한스 큉은 "종교 간 대화 없이 종교 간 평화 없고, 종교 간 평화 없이 세계의 평화 없다"라고 했다. 결국 이웃 종교의 장점은 과감하게 받아들이면서도 자기의 정체성을 살려 나갈 때 인류 평화는 실현되는 것이며, 마지막으로 종교가 하나 될 때 이 세계는 영원한 평화를 약속할 수 있을 것이다.

오늘날 불교도와 기독교인들은 손을 잡을 수 없는가. 기독교인이 불교의 교리를 받아들인다면 기독교의 우월성과 진리의 절대성을 포기하는 것인가.

04_ 메시아와 부처님의 악수

해마다 4월 초파일 부처님 오신 날이 되면 가톨릭 교황청과 '한국 가톨릭교회 일치와 종교 간 대화위원회'에서는 축하 메시지를 발표한다. 그리고 크리스마스에는 조계사 앞에 아기 예수 탄생을 축하하는 플래카드가 내걸린다. 이웃 종교에 대한 이 같은 배려는 배타성 강한 한국 종교의 풍토에서 감동을 자아내기에 충분하다.

예수 그리스도나 석가모니만큼 인류 역사에 큰 영향을 끼친 인물은 어느 분야에서도 찾아볼 수 없다. 그것은 그분들의 가르침을 따르는 사람이 많아서이기도 하지만, 그 가르침이 인간이 어떻게 살아가야 하는가에 대한 해답을 주고 있기 때문이다.

예수나 석가가 본래 가르쳤던 것을 기준으로 한다면 불교와 기독교의 갈등은 있을 수 없다. 두 성인이 오늘날 이 땅에 내려와 대화를 한다면 얼굴을 붉힐 일이 하나도 없다는 것이다. 요즘 기독교인 가운데는 사찰에 들어가 불상의 목을 자르고, 불교도들을 우상 숭배자라며 상종 못할 사람으로 생각하는 이들이 많다. 타 종교에도 구원이 있다거나 종교 다원주의를 말했다가는 쫓겨나기 십상인 것이 기독교의 분위기다. 그러다 보니 불교계에서도 정도의 차이는 있지만 기독교인들에 대한 거부감이 생각보다 강하다.

진리는 종교의 독점물이 아니다. 모든 종교인은 절대 진리를 추구하면서 참된 삶을 살고자 노력한다. 그리고 어느 한 종교가 절대 진리를 모두 갖고 있다고 말할 수는 없다. 지금부터 2,500여 년 전에 불교의 진리를 내놓은 석가모니나 2,000여 년 전에 새로운 진리를 가르친 예수 그리스도는 이 세상의 모든 진리를 말한 것이 아니다. 석가 이전에도 진리가 있었고, 예수 이전에도 진리는 존재했다. 그들이 모든 진리를 말한다는 것은 불가능하다.

각 종교의 진리는 보완 관계에 있다. 각 종교가 서로의 장점을 받아들이면서 자신의 부족함을 보완하는 아량이 진리를 대하는 종교인의 자세라고 할 수 있다. 이 땅에 수많은 불교도가 있는 것은 불교에 참 진리가 있기 때문이요, 기독교 신자가 많은 까닭은 예수의 가르침이 진리라고 믿기 때문이다.

따라서 상대방이 믿는 진리에 대해 비판하거나 거짓 가르침으로 난도질하는 것은 신앙인의 정도(正道)가 아니다. 공자는 "아침에 도를 들으면 저녁에 죽어도 좋다(朝聞道 夕死可矣)"라고 했다. 진리를 겸허하게 받아들일 수 있는 자세가 이 시대에 무엇보다 요구된다고 하겠다.

종교 다원주의는 이단 사상인가_

세계에서 가장 크다는 교회를 이끌고 있는 조 모 목사가 2004년 5월 동국대 불교대학원의 초청 특강에서 종교 다원주의에 대한 소신을 밝했다가 과거의 이단 시비 논쟁이 되살아나 혼쭐이 났다.

기독교이단사이비연구대책협의회 상임회장 원 모 목사는 〈종교 다원주의는 위장된 반기독신학 이단 사상〉이라는 글에서 "조 목사가 종교 간의 대화를 '승낙'하였고, 종교 간의 대화를 위해 노력하겠다는 은퇴 후 계획이나, 불교, 개신교, 가톨릭 등과의 대화에 협력해야 좋은 사회를 만들어 간다는 것은 성경에 반하는 것이다. 왜냐하면 우상숭배는 하나님의 보장을 받지 못하는 가증한 행위이기 때문이다"라고 주장했다. 또 조 목사가 그동안 해외여행 시 로마 가톨릭 사제들과 만난 것에 대해서도 "이단인 로마 가톨릭과 손을 잡는다는 것은 '한두 번 훈계한 후에 멀리하라'는 성경에 반하는 것이며, 이들과의 만남은 종교 다원화의 사상에 동의한 것으로 이번에 동국대 초청 특강에서 그가 발언한 다원주의는 그 열매로 확인되는 것이다"라고 힐난했다.

과연 종교 다원주의는 잘못된 것인가. 원 목사는 "이는 곧 기독교의 절대적 진리를 포기하게 하고 상대주의 종교로 비하시키는 것으로 십자가의 신학은 이것을 거절한다. 왜냐하면 '십자가의 도(道)'를 무너뜨리는 이단 사상이기 때문이다"라고 주장했다. 원 목사의 이러한 주장은 개신교 목회자 상당수가 동조하는 논리라고 볼 수 있다. 로마 가톨릭조차도 이단으로 보는 개신교 측에서는 "예수와 십자가를 버리고 이방 종교와 습합하라는 것"으로 종교 다원주의를 몰아붙이고 있다.

원 목사가 문제 삼고 나온 조 목사의 발언은 "불교와 기독교의 가르침은 근본적으로 같은 것이지만 서로의 차별성은 인정해야 한다"(〈불교신문〉 2004.5.18), "일부 목회자들의 '기독교에만 구원이 있다'는 주장은 유아독존적 생각"(〈교회와 신앙〉 2004.5.19), "불교, 기독교 모두 나름대로 구원의 메시지가 있"으며 "종교는 불교나 마호메트교나 평등하다"(〈기독신문〉 2004.5.19), "성경과 불경의 가르침은 하나", "그

리스도가 내 안에 있다는 말씀이나 마음이 곧 부처[心是佛]라는 말씀
은 표현만 다를 뿐 같은 말이다"(《동아일보》 2004. 5. 13) 등이다.

이러한 주장은 원 목사의 말대로 개신교에는 충격일 수 있지만 종
교 다원주의자들이 주장하는 것에서 별로 벗어난 것으로 보이지 않는
다. 원 목사는 그러면서 "사실 조 목사는 과거 이단 시비와 사이비성
규정에서 해지를 받은바, 오래전에 묻혀 버렸던 지적들이 근간 다원
주의 발언으로 재검증될 수밖에 없는 빌미를 스스로 제공한 것이다"
라고 단정적으로 말했다.

조 목사의 발언이 과연 그동안 침묵하다가 때가 되어 본색을 드러
낸 것이고 그리스도인의 성별(聖別) 되기를 포기한 종교인이나 하는
것인가. 그리고 이런 주장을 양의 옷을 입은 위장한 종교인에게서 산
출되어진 '신학'으로서, 반이성적 '종교혼합포괄주의'의 결과로서 이단
사상이라고 할 수 있는가. 우리는 조 목사와 원 목사에게서 관점의 차
이를 발견하게 된다. 조 목사가 타 종교의 가르침을 인정했다고 해서
기독교의 진리를 포기하거나 십자가의 도를 무너뜨렸다고 할 수는 없
다. 그리고 성경에는 기독교의 우월성을 지적하는 구절은 많지만 원
목사처럼 타 종교를 배척하라는 구절은 없다.

오늘날 불교도와 기독교인들은 손을 잡을 수 없는가. 기독교인이
불교의 교리를 받아들인다면 기독교의 우월성과 진리의 절대성을 포
기하는 것인가. 기독교인이 그들이 우상이라고 하는 불상 앞에서 예
를 표하는 것을 놓고 예수는 어떻게 생각할까. 불교도가 십자가가 걸
린 교회 성전에서 기도하는 것에 대해 부처는 무슨 생각을 할까. 물론
그런 것을 놓고 석가나 예수가 문제를 삼을 만큼 속 좁은 분들이라고
생각하는 이들은 아무도 없을 것이다.

무엇이 참믿음인가_

　기독교인들은 불교도와 손잡을 수 없는 가장 큰 이유로 '우상숭배'를 든다. 그들은 "너는 나 외에는 다른 신들을 네게 있게 말지니라. 너를 위하여 새긴 우상을 만들지 말고 또 위로 하늘에 있는 것이나 아래로 땅에 있는 것이나 땅 아래 물속에 있는 것의 아무 형상이든지 만들지 말며 그것들에게 절하지 말며 그것들을 섬기지 말라"(출애굽기 20장 3~5절)라는 구절을 들면서 불교를 거부한다. 불교는 불상이 신앙의 상징이지 결코 우상이 아니라고 말한다. 그리고 불상에 절을 하는 것은 존경하는 사람에게 예를 표하는 것일 뿐이라고 주장한다. 여기서 서로 간의 견해차를 보게 된다.

　그렇다면 잘 믿는다는 것은 무엇인가. 그것은 교리나 종교의 관례를 따르는 것이 아니라 그 종교 본연의 가르침대로 사는 것이다. 성경의 '백부장 이야기'(마태복음 8장 5~13절)는 우리에게 많은 시사점을 준다. 예수는 그를 따르는 제자나 이스라엘의 수많은 백성을 제쳐 두고 "이스라엘 중 아무에게서도 이만한 믿음을 만나 보지 못하였노라"라고 했다. 백부장은 중풍으로 몹시 괴로워하는 하인의 병을 고쳐 달라고 했고, 예수는 집에 가서 고쳐 주겠다고 했다. 그러나 백부장은 집에 오는 것은 감당하지 못하겠으니 말씀으로만 하셔도 병이 나을 수 있을 것이라고 말했다. 그리고 종에게 하인을 데려오라고 할 수도 있으니 말씀만 내리시라고 했다. 백부장의 그런 모습을 보고 어느 누구에게서도 이런 믿음은 보지 못했다는 예수의 고백은 과연 참믿음이 무엇을 뜻하는가를 확인할 수 있는 대목이다. 예수를 믿는다는 것은 예수가 우리에게 보여 준 그 의도와 모습을 믿는 것이지 갈라질 대로 갈라놓은 교리나 그 해석을 믿는 것이 아님은 두말할 나위가 없다.

석가와 예수. 아무래도 두 분은 아무 거리낌 없이 만날 것이다. 그들에게는 지금과 같은 교리나 학문은 필요하지 않을 것이다. 그러나 오늘날 대부분의 기독교인들은 예수에게 석가와 만나서는 안 된다고 말할 것이다. 어떤 기독교인은 예수에게 유대인이 그랬던 것처럼 돌팔매질을 할지도 모른다. 그런 점에서는 불교인들 가운데도 비슷한 생각을 가진 이들이 분명히 있을 것이다.

익은 벼가 고개를 숙인다는 말이 있다. 어느 정도 도의 경지에 이르게 되면 겸손해지는 것은 말할 것도 없고, 자기를 철저히 비워 상대방을 받아들이게 된다. 오늘날 기독교가 배타성이 강한 것은 깨달음을 통해 자신의 신앙을 높은 경지에 올려놓기보다는 무조건 믿으면 된다는 소극적 생각이 강하기 때문이다. 기독교인이나 불교인이 예수나 석가와 같은 경지에는 오르지 못한다고 하더라도 그들의 처지에서 생각한다면 서로를 도저히 적대시할 수 없을 것이다. 따라서 상대방을 경원시하는 것은 '익은 벼'가 아니라 '새파란 벼'의 모습과 다를 바 없으며, 그것은 결코 올바른 신앙의 자세일 수 없다.

종교 간의 대화가 필요한 것은 종교적 지평을 넓혀 상대 종교에서 배울 것은 배우자는 것이지 상대 종교를 무조건 받아들이고 동의하자는 것이 아니다. 종교학의 창시자인 막스 뮐러는 한 종교만 아는 사람은 아무 종교도 알지 못한다고 했다. 남의 종교를 앎으로써 자신의 종교를 더욱 깊이 깨달을 수 있다고 본 것이다. 세계적인 가톨릭 신학자 한스 큉도 남의 종교를 아는 것은 다른 종교의 거울 앞에 서서 나를 보는 것과 같다고 했다. 종교 간의 접촉은 이런 철저한 자기 비판이 가능하도록 해준다는 것이다.

또 종교 간의 적대적 관계를 청산해야 하는 이유는 세계 분쟁에는 대부분 종교 간의 갈등이 배경이 되고 있기 때문이다. 한스 큉은 종교 간의 대화 없이 종교 간의 평화가 있을 수 없고, 종교 간의 평화 없이 세계 평화가 있을 수 없으며, 세계적 윤리 없이 인류의 생존이 있을 수 없다고 했다. 남의 종교 상징물을 훼손하고 타 종교인을 벌레 보듯이 하는 한국 종교인들에게는 예수가 칭찬한 백부장의 믿음도 찾아볼 수 없고, 오히려 예수의 정신과는 동떨어져 교리를 절대화하는 또 다른 우상숭배를 보게 된다. 예수는 "진리를 알지니 진리가 너희를 자유롭게 하리라"(요한복음 8장 32절)라고 했다. 진리를 제대로 터득하지 못한다면 결국 엉뚱한 것에 구속되고 말 것이란 이야기다. 진리를 아는 사람은 그 무엇에 얽매여 남을 미워하지 않는다. 오늘 이 땅에 예수와 석가가 온다면 강퍅해질 대로 강퍅해진 종교인들에게 무슨 말을 하실까.

05_ 나와 우리, 자기로부터의 해방

예수와 석가는 무아적 삶, 자기로부터의 해방을 이룩한 분들이다. 무엇보다 자기중심적 삶에서 벗어나 초월적 실재 중심의 삶으로 전환함으로써 온 세상을 얻고 영원한 생명을 얻은 것이다. 석가와 예수는 '사즉생(死卽生)'의 진리를 가르치고 몸소 실천했다.

예수와 석가는 공통점이 상당히 많다. 두 분 모두 가정을 버리고 떠돌이 생활을 했고, 제자들을 가르치면서 공동체 생활을 했다. 철저히 독신, 무소유, 무욕의 삶을 살면서 오직 '열반'과 '하나님 나라'라는 초월적 실재와 가치를 추구했다. 자기를 버리고 가정을 버리고 남을 위해 희생적 삶을 산 것이다. 두 분 모두 사람의 탐욕과 권력의 허상, 그리고 허위의식과 환상을 깨우치고 인생의 실상을 보게 했다. 그리고 누구나 알기 쉽게 비유와 경구로 메시지를 전파했다. 두 분 모두 마음의 근본 자세, 인간이 가야 할 근본 세계를 명쾌하게 가르쳤으며 종교는 물론 사회 질서나 제도의 개혁을 통해 새로운 세계의 이상을 보여 주었다.

예수와 석가가 새로운 사상과 세계관을 보여 줄 수 있었던 것은 철저히 자기를 부정할 수 있었기 때문이다. 예수는 자신의 눈이 아니라 하나님의 눈으로 세상을 보았고, 자신의 마음이 아니라 하나님의 마음으로 인간을 이해했다. 석가도 깊은 수행과 명상을 통한 깨달음의 눈으로 세상을 보고 인간을 이해했다. 개인의 욕망에 집착하고 사적 영역을 넓혀 가는 것이 얼마나 부질없는가를 이들은 보여 주었다.

예수는 "한 사람이 두 주인을 섬기지 못할 것이니 혹 이를 미워하고 저를 사랑하거나 혹 이를 중히 여기고 저를 경히 여김이라 너희가 하나님과 재물을 겸하여 섬기지 못하느니라"(마태복음 6장 24절)라고 했다. 하나님을 사랑하든지 아니면 돈을 사랑하든지 두 가지 가운데 하나를 택하라는 말이다. 예수는 물론 하나님을 사랑했지만 인간은 대부분 재물을 사랑하든지 두 가지를 모두 사랑하다가 하나도 사랑하지 못하게 된다. 《법구경》에도 "하나는 지상의 재물을 추구하는 길이며, 다른 하나는 열반을 추구하는 길이다. 부처를 따르는 자들은 이것을 생각하여, 명예를 위해 애쓰지 말고 자유를 위해 애쓸지어다"라고 했다.

자신의 생활에 너무 집착한 나머지 무엇을 먹을까, 무엇을 입을까 하는 불안과 걱정에 휩싸여 살아가는 어리석음에 대해 예수는 "공중의 새를 보라. 심지도 않고 거두지도 않고 창고에 모아들이지도 아니하되 너희 하늘 아버지께서 기르시나니. (……) 또 너희가 어찌 의복을 위하여 염려하느냐. 들의 백합화가 어떻게 자라는가 생각하여 보라. 수고도 아니하고 길쌈도 아니하느니라"(마태복음 6장 26~28절)라고 했다. 석가도 "과거를 찾지 말라. 미래에 너 자신을 잃지 말라. 과거는 더 이상 존재하지 않고 미래는 아직 오지 않았다"라고 했다.

종교 본연의 모습은 자유와 해방_

　종교의 토대를 이루는 진리는 과연 무엇인가. 그 진리를 알기 위해서는 그것이 어떻게 산출됐는가를 알지 않으면 안 된다. 노자는 《도덕경》의 첫머리에서 "도라 말할 수 있는 도는 늘 그러한 도가 아니다(道可道 非常道)"라고 했다. 즉 말로써 표현할 수 있는 진리는 참진리가 아니라는 것이다. 진리의 사전적 의미는 '참된 도리 또는 바른 이치' 혹은 '어떤 명제가 사실과 일치하거나 논리의 법칙에 맞는 것', '언제나, 또는 누구에게나 타당하다고 인정되는 인식의 내용'을 가리키고 있다.

　진리의 기준이 무엇인가에 대해서는 여러 가지 설(說)이 있다. 전통적인 형이상학에서는 '사고와 존재의 합치'가 진리라고 하였다. 중세에는 진리의 기준을 신(神)에게서 찾았다. 그러나 진리는 특정한 시대나 사회적 제반 조건에 의해 결정된 어떤 특수한 이론이 아니라 그런 이론 체계를 초월해서 존재하는 것이다.

　예수는 "진리를 알지니 진리가 너희를 자유롭게 하리라"(요한복음 8장 32절)라고 했다. 자유롭게 하는 진리는 과연 무엇인가. 고정관념에 얽히거나 어느 한 가지 관점에서 얻어진 결론을 절대시하지 않을 때 진리는 얻어질 수 있는 것이다. 종교는 무지에서 생겨난 미망과 허상을 깨뜨려 버리고 날마다 점점 더 깊고 점점 높은 차원의 실상을 찾는 데 목적이 있다. 그것이 열린 종교의 모습이다. 배격해야 할 종교는 인간에게 허상에 매여 있기를 강요하는 닫힌 종교다.

　진리의 길은 고정된 편견에서 벗어나 새로운 자각과 부단한 깨우침이 가능할 수 있도록 열린 자세를 견지하는 것이다. 만일 장님 코끼리 만지듯 자기가 만진 것이 정확하고 남이 만진 것은 틀렸다고 한다면 전체의 실상은 결코 확인할 수 없다. 아무리 장님이라 할지라도 자기가 만진 것이 전체인 양 고집하지 않고 각자의 지식을 나눠 갖는다면 어렴풋이나마 코끼리의 실상을 어느 정도 확인할 수 있다. 남의 것도 존중하는 열린 자세가 필요하다는 것이다. 닫힌 마음, 경직된 사고, 고정관념은 진리를 수용할 수 있는 자세가 아니다.

진리에 이르는 길을 산에 오르는 것에 비유하는 이들이 있다. 산을 오르기 전에는 시야에 들어오는 몇 그루의 나무와 풀만이 전부인 줄로 알지만 올라갈수록 시야가 넓어져 주변에 널려 있는 강과 호수, 더 멀리 있는 바다 등 새로운 것까지 확인하게 되는 것이다. 진리는 끊임없는 추구를 통해 얻어질 수 있다. 자기가 발견한 한 면만 가지고 절대적인 것으로 주장한다면 그것은 엄격한 의미에서 올무이다. 그동안 우리는 공산주의의 실험을 통해 절대적인 것을 이야기하는 닫힌 사회의 부작용이 얼마나 큰 것인가를 확인했다. 우물 안의 개구리처럼 자기 것이 최고인 양 주장하는 것은 진리를 추구하는 이들의 자세가 아니다. 날마다 궁극적 실재, 그 실상의 새로운 모습을 발견하고 늘 새로워지게 하는 것이 참된 종교, 열린 종교의 길이라고 볼 수 있다.

인간은 대부분 오관으로 감각되는 것, 즉 보고, 듣고, 냄새 맡고, 맛보고, 만져 볼 수 있는 것만 진짜라고 생각한다. 그것에 절대적인 관심을 쏟고 맹목적인 애착을 갖는다. 그리고 이성으로 깨달을 수 있는 것, 즉 자신의 머리로 사고하고, 추리하고, 논리화하고, 체계화한 것만 진짜라고 믿는다. 그래서 특정 종교의 교리나 특정 문화의 철학 체계, 특정 사회의 정치 이념 등을 영구불변한 절대적인 것인 양 우상화하고 그것에 부동의 충성과 정열을 바치고 있다.

문제는 비본래적인 '나' 혹은 '자기'를 절대적인 자리에 올려놓고 숭배하는 것, 자신이 생각하는 지금의 '나'를 최고의 현실, 가장 진실한 실재, 궁극적인 그 무엇으로 착각하면서 산다는 것이다. 인간이 욕심과 정욕, 증오, 위선 등 철두철미 자기중심주의에 빠져 살게 되면서, 세상은 갈등과 전쟁의 소용돌이 속으로 빠져든 것이다.

비움과 희생의 철학_

요즘 종교 지도자들이 비판받는 이유는 성(聖)과 속(俗)을 분별하지 못하고 있기 때문이다. 언론에서 논란을 빚고 있는 대형 교회의 재정 불투명과 세습, 목회자들의 부도덕성 등은 종교 지도자들이 세상과 하나도 다를 바 없다는 것을 보여 주고 있다. '종교 지도자다움'을 보여 줘야 하는데 그렇지 못하다는 것이다. 요즘 종교와 세상 사이에는 '긴장'이나 '거리 두기'가 사라지고 오히려 '유착'이나 '용해'되는 현상이 나타나고 있다는 지적이 제기되고 있다.

종교의 가장 큰 덕목은 인간을 오욕칠정(五慾七情)에서 자유롭게 하며 온갖 추악한 생각으로부터 인간의 마음을 정결하게 하는 것이다. 헛된 욕심과 이기심에서 벗어나는 것을 가장 중요하게 생각하는 것은 마음이 진리를 받아들이고 하나님을 공경하는 통로이기 때문이다. 그래서 예수도 "마음이 정결한 자는 복이 있나니 저희가 하나님을 볼 것임이요"(마태복음 5장 8절)라고 했다. 마음속에 있는 온갖 부정한 찌꺼기를 씻어 내고 모든 집착을 떨쳐 버릴 때에야 비로소 하나님을 만날 수 있다는 것이다. 또 예수는 "너희가 돌이켜 어린아이들과 같이 되지 아니하면 결단코 천국에 들어가지 못하리라"(마태복음 18장 3절)라고 했다. 어린아이와 같이 자기를 낮추는 자가 천국에서는 큰 자라고 했다. 자기를 높이고 자기 것을 최고라고 주장하는 것은 결코 올바른 자세가 아니라는 것이다.

종교는 나를 비울 것을 가르친다. 그리고 남을 위해 살아야 한다고 주장한다. 모든 성인이 이구동성으로 강조하는 것이 '나', '자기', '자아'를 없애는 것이다. 예수는 "아무든지 나를 따라오려거든 자기를 부인하고 자기 십자가를 지고 나를 좇을 것이니라"(마태복음 16장 24절)라고 했다. 지금 우리가 그렇게 중요하게 생각하는 '나'를 버리고, 십자가를 질 각오로 가야 하는 것이 참다운 종교의 길이다.

석가도 무아(無我)를 가르쳤다. '나'라는 것은 생각이 꾸며 놓은 허상이기 때문에 거기서 해방돼 참자유를 누리라는 것이다. 나 자신과 연결된 미혹과 집착을 끊고 일체의 속박을 초월한 해탈의 최고 경지가 바로 열반(니르바나)이다. 열반은 나를 중심으로 살아가는 욕심, 그 목마름을 없애 버림으로써 도달할 수 있는 세계다. 종교의 길이란 껍데기인 자기를 넘어서서 자기 존재의 근원, 곧 궁극적 실재를 체험해 가는 과정이라고 볼 수 있다.

자기를 비우는 것, 자기를 버리는 것, 자기중심주의의 깜깜한 미망에서 참된 자아를 발견하는 것은 엄청난 희생이 뒤따른다. 그것은 바보의 길처럼 보일지 몰라도 본인에게는 자유와 해방의 길이요, 기쁨과 평화가 수반되는 길이다. 그래서 성인들은 남을 위한 삶, 참사랑을 외쳤고 그 길이 곧 천국의 길이라고 강조했다. 공자는 "남이 나를 알아주지 않아도 섭섭해하지 않는 것이 사람다운 참사람(군자)이 되는 기본 조건"(《논어》 제1장)이라고 했다. 노자도 "모든 것에 이로움만 줄 뿐 그것과 겨루거나 자기의 공로를 세우려 하지 않는 물이 으뜸으로 아름다운 것"(《도덕경》 제8장)이라고 했다.

자기를 버리고 비우는 것, 남을 위해 자기를 희생하는 것이 윤리의 최고 경지이다. 윤리의 완성은 '나' 중심이 아니라 '우리'가 중심이 될 때 가능하다. 오로지 자기 자신이나 자기 교파, 자기 집단의 이익을 위해 예수의 이름을 파는 사람에 대해 예수는 "내가 너희를 도무지 알지 못하니 불법을 행하는 자들아 내게서 떠나가라"(마태복음 7장 23절)라고 말할지도 모른다. 또 예수가 "내가 내게 있는 모든 것으로 구제하고 또 내 몸을 불사르게 내어 줄지라도 사랑이 없으면 내게 아무 유익이 없느니라"(고린도전서 13장 3절)라고 한 것처럼 '나'를 가지고 있는 한 남을 위한 참사랑은 불가능하다. 나로부터의 해방이 참된 변화와 자유, 참사랑의 전제 조건임을 새삼 확인하게 된다.

66 코페르니쿠스가 지구가 아니라 태양이 중심이고 지구도 그 주위를 돌
고 있다고 말한 것처럼, 우리는 '종교의 우주는 기독교도 다른 종교도 아니
고 신을 중심으로 돌고 있다'는 것을 승인해야 한다. 99

06_ 타 종교에는 구원이 없는가

1992년 3월 23일 감리교 재단 본부에서는 '배타주의 선교 지양'과 '부활의 의미 재해석' 등을 각각 주장해 '교리수호대책위원회'(대표 김홍도 목사, 유상렬 장로) 쪽으로부터 피소된 감리교 신학대학 변선환 학장과 홍정수 교수에 대한 감리교 서울연회 제1차 재판이 열렸다.

감리교 200년 역사상 유례가 없는 사건으로 교계 안팎의 비상한 관심 속에 열린 이날 '한국판 종교 재판'에서 심사 위원장 나정희 목사는 기소장 낭독을 통해 그동안 변 학장이 여러 매스컴을 통해 소개한 '종교 다원주의' 학설을 열거하고 "변 학장이 이 하설들을 강력히 주장하는 데 문제가 있다"고 주장했다. 이에 대해 감리교 창시자인 웨슬리의 사상을 전공한 피고인 변 학장은 "내 주장이 감리교 창시자인 웨슬리 사상과 다른 점이 뭐냐"라고 반문하고 "웨슬리 이론에 없는 교리를 들어 웨슬리를 죽이지 말라"라고 주장했다.

이날 재판은 무리한 기소 절차, 재판 진행의 미숙 등 첫 교회 재판으로서 많은 한계를 드러냈다. 재판 위원들조차 기소 내용이 논쟁의 여지가 많은 것들이라고 지적하고 학설로 이해하고 가르칠 수 있는 문제나 논쟁거리를 기소해서는 안 된다고 말했다. 재판이 재판 위원들의 임기 만료일 하루 전에 열린 것도 문제점으로 지적됐다.

결국 신학자를 대상으로 신학 문제를 다루는 심판에서 재판관과 검사 쪽이 모두 일반 목회자 또는 장로들로 짜여 있어 비전문가 재판관이 전문가 피고인을 심판하는 셈이 됐다.

기독교가 종교 재판을 열어 이색 주장을 펴는 신학자들을 쫓아내고 타 종교와의 대화를 차단하는 것은 배타성 때문이다. 로마 가톨릭은 제2차 바티칸공의회(1965년)에서 '비그리스도교에 관한 선언'을 발표하고 배타주의에서 절대주의와 다원주의의 중간 길이라 할 수 있는 포괄주의로 전환하기로 결단을 내렸다. 그러나 감리교의 재판에서 보듯이 한국 교회는 종교 간의 교류에서는 아직 한겨울이다. 교단의 주장과 다른 의견을 내놓을 경우 출교까지 단행할 만큼 무자비하다. 그것이 결코 하나님의 뜻이 아니라 유대교가 예수에게 했던 것처럼 인위적 판단에 따른 것이라는 데 문제가 있다.

감리교의 '한국판 종교 재판'_

감리교 서울연회 재판 위원회(재판장 고재영 목사)는 1992년 4월 22일 열린 제2차 공판에서 두 사람에게 감리 교회법상 최고형인 '출교'를 구형했다. '종교 다원주의'와 '포스트모던 신학'을 각각 주장했다고 하여 감리교 종교 재판에 회부된 감리교 신학대학 변 학장과 홍 교수에게 내린 출교 조치는 중세의 '파문'에 해당하는 것으로, 교인 자격을 빼앗고 감리 교단 밖으로 내보내는 형벌이다.

재판 위원회는 그해 5월 7일 서울 중랑구 망우동 금란교회에서 두

교수가 참석한 가운데 선고 재판을 열고 양 교수에게 출교를 확정했다. 서울연회 재판 위원회는 판결문에서 "변 피고는 예수가 마리아의 아들임을 부정했을 뿐만 아니라 다른 종교에도 구원이 있다는 종교 다원주의를 주장, 기독교 신앙 본질을 부인했다"고 밝혔다. 홍 교수에게는 "무신론적 입장에서 예수의 육체적 부활을 부정하는 등 이단적 주장을 해온 것을 묵과할 수 없다"고 밝혔다.

변 학장은 최후 진술을 통해 "에큐메니컬 운동(Ecumenical Movement : 교회 일치 운동)을 정죄하는 등 흑백 논리만이 횡행하는 감리교의 현실이 안타깝다"고 전제한 뒤 "기독교는 더 이상 정복자의 종교가 아니며 전체 인류의 구원을 위해 종교 간 장벽을 허물어야 한다"면서 "종교적 다원주의는 감리교의 세계적 추세"라고 역설했다.

이날 재판이 열린 금란교회당에는 신자 1,000여 명이 방청했고 감신교 신학대생 500여 명은 재판 무효화를 외치며 항의 시위를 하는 등 재판이 어수선한 분위기 속에서 진행됐다. 감신교 신학대 총학생회 소속 학생 대표 9명은 이날 감리교 총회 본부 사무실을 점거하고 서울연회의 재판 무효 인정, 전국 목회자의 건전한 사태 해결 노력 등을 요구하며 단식 농성에 들어갔다.

'감리 교단을 염려하는 기도 모임'(총무 김동완 목사)은 5월 20일 기자 회견을 갖고 두 신학자의 재판에 대해 범교단적 대처를 선언하고 나섰다. 이들은 신학적 문제는 모른다고 스스로 말하면서 신학을 논리적 검증 없이 재판했으며, 1심 재판이 끝나고 최고 책임자인 연회 감독의 확인이 있기도 전에 시중 일간지에 재판 내용을 광고로 알리고, 피고인 진술 기회를 의도적으로 차단함은 물론 피고인이 주장하는 반증 자료를 채택하지 않았다는 등 7개항의 불법 사유를 들어 판결 원천 무효를 주장했다.

변 교수는 감리 교단에서 쫓겨난 후 1994년 재판에 대한 소회를 다음과 같이 밝혔다.

"나는 자유주의 이단 사상인 종교 다원주의를 주장했다는 이유로 '적그리스도의 종이요, 사탄의 종'으로 정죄됐다. 나는 신학 논쟁에서 해방된 데 대해 감사하며 죽어 갔던 신학자 필리프 멜란히톤(마르틴 루터의 제자)을 연상했다. 1978년 이래 거의 15년 동안 계속됐던 곤혹스러운 신학의 시련, 종교 간의 대화 때문에 받았던 고해와 박해로부터 내가 해방된 것을 감사했다. '신학자로 태어나서 좋아하는 신학과 함께 죽는다는 것은 얼마나 영광스러운 일이냐'며 격려해 주는 선배님들도 있었다. 에큐메니컬 시대의 도래와 함께 열린 넓은 대화의 광장에서 나는 교파와 종파의 차별이라는 높은 장벽을 넘어서 이 교파 저 교파를 자유롭게 넘나들며 통일·인권·생명 운동을 벌이는 절대 자유인이 됐다. 비록 교단의 권력 정치에 밀려 출교당했지만 누가 나를 목사라고 보지 않겠는가. 유일의 재판관은 파스칼이 하늘 법정에 호소하며 '주여, 나는 당신께만 소송하나이다'라고 절규했던 그분뿐이다."

신은 다원주의에서만 해석될 수 있다_

국내 참여 신학의 초석을 놓은 김재준 목사(한신대 설립자)는 1965년 발표한 한 논문에서 "우리나라에 온 초대 선교사들은 한국인과 한국 문화 속에 무엇이 있었다 해도 일고의 가치도 없는 악의 소산이라 하며 일망타진을 기도했다. 우리는 타 종교가 악마의 소산이라고 생각하기보다 자유하시는 성령의 역사에 의한 말씀이라고 보는 것이 더 타당하다고 생각한다"면서 종교 다원주의를 주창했다. 당시만 해도 혁명적이었던 김 목사의 신학적 견해는 이후 종교 간의 대화, 혹은 기독교 토착화에 상당한 기여를 했다. 이후에도 유동식, 변선환 교수 등 일련의 신학자들은 기독교의 개종 중심 선교 신학은 제국주의적인 발상이라고 비판하며 기독교 토착화와 다원주의의 필요성을 역설해 왔다. 지구촌에 다종다양한 종교가 공존하는 현실과 그 진리성을 인정하되, 종교 간의 대화를 통해 상대방의 종교를 배워 스스로의 정체성을 더욱 확고히 하는 새로운 신학이 정립돼야 한다는 것이다.

가톨릭과 개신교 일부 단체에서 부처님 오신 날에 축하 메시지를 보내고 불교계에서 크리스마스를 앞두고 축하 플래카드를 내거는 요즘의 우호적 분위기에도 2,000년 동안 배타적인 선교 정책을 고수해 온 기독교인들에게 '다른 종교에도 진리는 있다'는 종교 다원주의는 여전히 당혹스러운 과제다. 한국 개신교는 다원주의 사회가 도래하고 있음에도 종교 다원주의에 대해서는 여전히 냉소적이다. 그 대표적인 예가 2000년 초 한신대 김경재 교수와 기독교 장로회 소속 강동선 목사(상수교회)의 논쟁이다.

김 교수가 2000년 2월 한 목회자 세미나에서 "사도 바울이 아테네 아레오비고(이레오파고스)에서 '알지 못하는 신'을 섬기는 아테네 인의 종교성과 지적 정직성을 존중하듯이 기독교도 아시아의 고등 종교를 존중, 이를 창조적으로 융합한 복음의 재해석을 이루자"고 강조한 강연이 기독교 장로회 총회보에 실리자 강 목사가 정면으로 반박하고 나섰다.

김 교수는 이 글에서 "지난 세기 서구 신학자들이 취했던 이교 문화와 종교에 대한 정복론적, 배타주의적 선교 신학은 21세기 한국과 아시아에서 더 이상 통용되지 않는다"면서 "새 천년엔 기독교가 지구촌

안에서 함께 숨 쉬고 있는 고등 종교들과 진지한 대화를 통해 그 본질을 더욱 뚜렷하게 하고 알렉산드리아적·바티칸적 기독교와 다른, 동아시아의 위대한 영성과 창조적 지평 융합을 이룬 복음의 재해석을 이뤄 내야 한다"고 지적했다.

강 목사는 이에 대해 "우리 교단 김경재 교수가 다원주의적 입장을 가지고 불교를 포용할 것 등을 주장하는데, 단순한 개인이 아니고 교단의 목사 후보생을 가르치는 교수요, 그리스도를 증거하는 목사의 신분으로 하는 말이기 때문에 그 중요성을 간과할 수 없다"면서 "하나님의 경륜과 성령의 역사하심이 아시아의 고등 종교 안에서도 현재하셨음을 믿는다는 것은 성경적 신앙에 대한 도전이다"라고 반박했다.

종교 다원주의의 중요한 특징은 그리스도 중심에서 하나님 중심으로 신학을 전개함으로써 타 종교와의 대화를 통한 다원성을 인정하는데 있다. 신학자 존 힉에 따르면 종교 다원주의는 자아 중심에서 실재 중심으로의 인간 존재의 변혁이 모든 위대한 종교 전통 안에서 여러 가지 다른 방식으로 일어나고 있다는 것을 인정하는 것이다. 다양한 종교의 전통을 인간이 거기에서 구원, 해방, 완성을 발견할 수 있는 구원론적 장소 또는 길로 보아야 한다는 것이다.

김경재 교수는 한 언론과의 대담에서도 "대체로 한국 기독교 신도들은 불교 신, 알라신, 한울님이 따로 있다고 믿지만 그런 종류의 여호와 신이라면 결국 유일신관에 위배된다. 한 종교에 귀의한 사람들만 보호해 주면 천국에서 건사해 주는 신밖에 안 된다는 것이다. 결국 진정한 유일신론은 종교 다원론을 지지할 수밖에 없다. 기독교가 유일신관 때문에 종교 다원론을 용납할 수 없다는 것은 잘못된 이해에서 비롯된 것이다"라고 주장했다.

변선환 교수는 그리스도 중심의 포괄주의를 주장한다. 그는 기독교인들은 교회 중심주의를 벗어나야 한다면서, 교회 바깥에 구원의 가능성이 있다는 것과 다른 종교에 구원이 있다는 것을 부정할 필요가 없다고 주장했다. 변 교수는 〈불타와 기독교〉란 글에서 존 힉의 말을 인용해 이렇게 주장하고 있다.

"기독교밖에 구원이 없다는 교리는 신학적인 천동설에 지나지 않는다. 기독교가 여러 종교의 중심이고 다른 종교는 그 둘레를 돌고 있다고 생각했기 때문이다. 코페르니쿠스가 지구가 아니라 태양이 중심이고 지구도 그 주위를 돌고 있다고 말한 것처럼, 우리는 '종교의 우주는 기독교도 다른 종교도 아니고 신을 중심으로 돌고 있다'는 것을 승인해야 한다."

구원은 사실 기독교의 용어다. 기독교는 하나님이 구원의 손을 내밀어 준다고 믿고 있다. 즉 인간은 타락한 존재이므로 스스로는 구원받을 수 없고, 하나님이 보낸 예수를 통해 구원에 이른다는 것이다. 그리고 일반 종교와는 달리 기독교는 영원한 구원과 천국을 제시한다. 조금 생각의 폭을 넓혀 보면 모든 인간이 구원의 대상임을 알 수 있다. 하나님은 기독교만의 하나님이 아니라 불교나 이슬람교, 힌두교 등 모든 종교의 하나님이다. 하나님의 구원 섭리는 다양한 방법으로 이뤄지며, 모든 종교의 길은 하나로 귀일돼 하나님의 구원 섭리가 매듭짓게 되는 것이다. 따라서 얄팍한 믿음으로 구원을 받겠다는 생각보다는 오늘 하나님의 구원 섭리가 어떻게 진행되고 있고, 하나님의 뜻이 어디에 머물고 있는지 파악하는 게 우선시돼야 할 것이다.

신앙의 궁극적 목표를 실현하기 위해서는 이 세계를 바꾸려 하기보다는 먼저 자기 자신을 바꾸는 영적 혁명이 필요하다. 무엇보다도 자기중심적 삶으로부터 벗어나는 무아적 삶이 중요하다.

07_ 고행과 시험, 그리고 영적 승리

예수와 석가의 삶은 상당한 공통점이 있다. 물론 한 분은 농민(목수) 출신이었고 다른 한 분은 귀족 출신이었으며, 한 분은 33세에 십자가의 극형에 처해졌지만 다른 한 분은 80세가 되도록 장수하면서 평온한 죽음을 맞이했다. 그러나 고행과 시험을 극복, 영적 승리를 이룩한 과정에서는 닮은 점이 많다. 특히 예수는 공생애(公生涯) 3년 동안 고난의 연속이라고 할 만큼 기존의 종교와 제도, 권력과 투쟁을 벌였다. 석가도 출가해서 득도에 이르기까지 인간으로서는 감히 겪을 수 없는 온갖 고행을 거쳤다.

종교의 길은 고난의 길이다. 어느 종교건 선교 초기에는 기존 종교로부터 박해를 받는다. 하나님의 인간 구원 섭리는 예수 그리스도의 고난과 죽음, 그리고 부활을 통해 이뤄졌다고 해도 과언이 아니다. 예수는 나자마자 헤롯 왕의 유아 살해를 피하여 이집트로 여행을 떠나지 않으면 안 되었고, 헤롯이 죽은 후 나사렛으로 돌아오는 등 어려서부터 고난을 겪는다. 예수는 하늘나라의 복음을 전하며 병자와 허약한 사람들을 고치고 이적(異蹟) 기사(奇事)를 행하면서 유대인들

사이에서 '뜨거운 감자'로 떠오른다.

특히 죽은 라자로를 예수가 살려 냈다는 이야기가 전파되자 많은 유대인들이 예수를 믿게 되지만 유대교 지도자들은 의회를 소집, 예수를 죽일 음모를 꾸미기 시작한다.(요한복음 11장 53절) 결국 예수는 로마의 총독 빌라도 앞에서 십자가에 못 박힐 것을 선고받고, 이튿날 아침 십자가를 지고 온갖 조롱과 멸시, 천대를 받으며 골고다 언덕길을 올라가 강도들과 함께 신을 모독했다는 중죄인으로서 십자가에 못 박혀 죽게 된다. 예수의 예언대로 그를 따르는 자들이 세상에서 박해를 받게 되고, 초기 기독교는 로마 제국의 권력과 충돌하면서 로마 제국에서 종교적 자유가 허용되는 313년까지 고난의 노정을 걷는다.

불교는 기독교만큼 수난을 겪지는 않았지만 수행 과정이 고통으로 점철된다. 석가의 수행 과정은 인간에게 잠재된 온갖 욕망과 집착 등을 극복할 때만 해탈이 가능하다는 것을 보여 주고 있다. 석가 초기의 전법 운동은 수많은 장애와 곤경을 겪으면서 한 발 한 발 피땀으로 이루어 낸 고행의 과정이었다. 인도 주민의 주류를 이루고 있던 바라문(브라만)과 그 추종 세력들은 그들의 기득권이 도전받자 도처에서 줄기찬 저항과 방해 작업을 펼쳤다. 힌두교는 새로운 석가 운동을 파멸시키기 위하여 가능한 모든 수단을 동원했다. 석가 자신도 분파주의자들의 음모로 몸에 피를 흘렸고, 제자들은 목숨까지 잃었다. 석가가 특히 사랑했던 목갈라나(目連尊者)는 자이나교도들의 공격을 받고 잔인하게 살해낭했다.

초기 불전에는 수많은 대중의 헌신과 죽음이 기록돼 있다. 불교도들에겐 정법을 위하여 몸을 버리는 것은 수행이며 삼보를 위한 헌신으로 받아들여졌다. 그래서 불교도의 순교는 '삼보헌신(三寶獻身)'으로 기록된다. 불교도가 스스로 일으킨 침략적 전쟁은 없었을지라도, 도전자들의 박해와 공격에 의해 불교도들이 끊임없이 피를 흘려 왔기 때문이다.

시험과 수행의 길_

예수나 석가 모두 교화 사업을 벌이기 전에 고통이 뒤따르는 수행 과정을 거쳤다. 물론 예수의 행적은 공생애를 시작하기 전인 30세까지는 거의 알려진 것이 없지만 세례자 요한에게 세례를 받은 이후 성령의 인도로 광야에 나가(마태복음 4장 1절) 40주야의 금식 기도를 하면서 악마로부터 세 가지의 시험을 받게 된다.

예수는 요르단 강에서 요한의 세례를 받을 때, 하나님의 성령으로 기름부음을 받으며 마지막 구원 섭리를 담당하는 메시아직으로 부르심을 체험했다. 그는 그때 하나님의 대권을 전적으로 위임받은 전권대사임을 깨닫게 된다. 예수가 요르단 강에서 세례를 받은 후 성령의 인도로 간 광야는 맹수들과 악령들의 거처이기도 하지만, 하나님으로부터 받은 엄청난 소명에 대해 묵상하고 하나님과 더 긴밀히 사귐을 나눔으로써 그의 메시아적 사역을 준비할 만한 장소였다. 그곳에서 예수는 40일 동안 금식하며 하나님과 사귐의 시간을 가졌다. 그러나 사탄은 예수를 그냥 내버려 두지 않았다.

마가는 예수가 성령에 의해 인도되어 광야에서 40일 동안 있으면서 사탄의 시험을 받았다는 것과 예수가 들짐승과 함께 있었다는 것, 천사들이 그의 수종을 들었다는 것만을 적고 있다. 그러나 마태와 누가는 사탄의 세 가지 시험의 내용과 예수의 응답을 자세히 적고 있다. 마태와 누가는 세 가지의 시험에 대해 거의 일치하는 기록을 했는데, 작은 차이점들 중 보다 중요한 것은 둘째 시험과 셋째 시험의 순서가 뒤

바뀌어 있다는 것이다. 마태에 의하면 광야에서 돌로 떡을 만들도록, 예루살렘의 성전 꼭대기에서 뛰어내리도록, 높은 산에서 자기에게 절하여 세상의 나라들을 얻도록 하라는 순서로 시험했다고 적혀 있다.

이러한 시험은 한결같이 세례 때 '주의 고난받는 종'의 역할을 감당하는 하나님의 아들로 선포된 예수로 하여금 하나님께 철저히 의존하고 순종하려는 의지를 약화시켜 메시아적 사명을 감당하지 못하게 하려는 사탄의 시도로 볼 수 있다. 예수는 세례를 받을 때 하나님으로부터 받은 소명에 충실하고자 하는 결심을 보임으로써 사탄의 시험을 극복했다. 또 예수가 40일간의 고된 수행 과정에서 세 가지 시험을 이겼다는 것은 하나님을 모실 수 있는 영적 기반을 닦았다는 것을 의미한다.

석가 역시 고된 수행 과정을 통해 열반의 경지에 이른다. 석가는 온갖 번뇌에서 벗어나기 위해서는 깨우쳐야 한다는 비상한 결의를 하고, 처자와 왕자의 지위를 버리고 27(또는 29)세의 나이로 출가한다. 그는 부다가야 부근의 산림으로 들어가 당시 출가자의 풍습이었던 고행에 전념했다. 한때 아버지의 사람이 와서 귀국을 권고했지만 그는 요지부동이었다. 그러나 석가는 6년간이나 강행한 수도로 인해 피골이 상접하게 되었어도 해탈을 이룰 수는 없었다. 석가는 이에 고행을 중단하고, 시냇물에 몸을 씻은 후 우루빈라 촌의 보리수 아래에 자리 잡고 앉아 깨닫지 못하면 그 자리에서 떠나지 않기로 결심한다. 마귀들이 나타나 이를 방해하였으나 동요하지 않고 사색에 정진하여 마침내 깨달음을 얻었다. 이 깨달음을 정각(正覺)이라고 한다.

그 후 석가는 베나레스 교외의 녹야원에서 일찍이 고행을 같이하였던 5명의 수행자에게 고락의 양 극단을 떠난 중도(中道)와 사제에 관하여 설하였다. 그들은 모두 법을 깨달아 석가의 제자가 되었고 최초의 불교 교단(僧伽)을 성립했다. 그 후 석가는 적극적으로 설법을 계속하여 그 교화 여행은 갠지스 강 중류의 넓은 지역에까지 미쳤다. 제자의 수도 점차 증가하였으며, 각지에 교단이 조직됐다.

45년의 긴 세월에 걸쳐 설법과 교화를 계속하여 80세에 이른 석가는 여러 차례의 중병에도 교화 여행을 계속했고, 마침내 쿠시나가라의 숲에 이르렀을 때 심한 식중독을 일으켜 열반에 들었다. "나는 피로하구나. 이 두 사라수(沙羅樹) 사이에 머리가 북쪽으로 향하게 자리를 깔도록 하라"라고 말하자, 제자들은 석가의 운명이 가까웠음을 알고 눈물을 흘렸다. 석가는 "슬퍼하지 말라. 내가 언제나 말하지 않았느냐. 사랑하는 모든 것은 곧 헤어지지 않으면 아니되느니라. 제자들이여, 그대들에게 말하리라. 제행(諸行)은 필히 멸하여 없어지는 무상법(無常法)이니라. 그대들은 중단 없이 정진하라. 이것이 나의 마지막 말이니라"라고 설한 후 눈을 감았다.

고통 없는 종교의 길은 없다_

신앙은 고통이다. 석가나 예수가 자진해서 금식을 하는 등 고통의 길을 간 것은 자신에게 있는 고통의 원인을 제거함으로써 평화의 길 찾기를 원했기 때문이다. 고통을 극복하기 위해서는 고통과 정면 승부 하지 않으면 안 된다. 순교의 길도 마찬가지다. 순교는 자기의 목숨을 내걸어 그 죽음을 통해 영원한 생명을 얻는 것이다.

성경에도 신자가 천국에 가기 위해서는 많은 고난을 겪어야 한다고 기록되어 있다. "의인은 고난이 많으나"(시편 34장 19절), "우리가 하나님 나라에 들어가려면 많은 환난을 겪어야 할 것이니라"(사도행전

14장 22절)라고 했다. 그러나 고통은 신자들에게는 연단의 도구이다. 성경에 "나의 가는 길을 오직 그가 아시나니 그가 나를 단련하신 후에는 내가 정금같이 나오리라"(욥기 23장 10절)라고 묘사한 것처럼 연단은 마치 거친 광물이 용광로에 넣어져 빛나는 정금으로 다시 태어나는 것과 같다.

석가는 끝없는 욕망, 갈애, 타는 목마름으로 인해 집착이 생기고, 집착으로 인해 업을 짓고, 업으로 인해 업보를 받아 계속해서 생사윤회의 세계에 묶일 수밖에 없다고 가르쳤다. 그리고 그 원인을 추적해 보면 결국 무지(無知), 무명(無明)으로 귀착된다는 것이다. 즉 모든 것이 고(苦), 무상(無常), 무아(無我)라는 것을 모르는 데서 끝없는 갈애와 욕망과 집착이 생겨난다. 병의 원인을 알아 제거하면 병이 낫듯이 고통도 그 원인을 알아 제거하면 극복된다고 보았다. 12개의 고리(12지 연기설) 가운데서도 가장 중요한 것, 즉 고의 가장 중요한 욕망과 집착의 조건적 원인이 되는 것이 무지다. 이 무지를 제거하면 고통의 종식, 해탈이 가능하다는 것이다.

신앙의 궁극적 목표를 실현하기 위해서는 이 세계를 바꾸려 하기보다는 먼저 자기 자신을 바꾸는 영적 혁명이 필요하다. 무엇보다도 자기중심적 삶으로부터 벗어나는 무아적 삶이 중요하다. 그들은 자기중심적 삶에서 초월적 실재 중심의 삶으로 전환함으로써 자기로부터 해방됐고, 나를 포기함으로써 온 세상을 얻었다. 그리고 자기 부정을 통해 영생을 얻는 비밀을 보여 줬다. 석가와 예수는 사즉생(死卽生)의 진리를 가르치고 몸소 실천하신 분들이다. 자기로부터의 해방을 통해 세계로부터의 해방을 성취했다. 내가 나의 최대의 적이기에 나를 놓아 버림으로써 온 세상을 얻는 거침없는 자유인으로 사신 분들이다. 철저히 자기로부터 해방되었기에 순수한 사랑과 자비의 삶을 살 수 있었다.

　인생은 고해(苦海)라고 했다. 그 고해를 건너기 위해서는 고통을 감수하지 않으면 안 된다. 요즘 편하게 신앙을 하고자 하는 이들이 많다. 자신에게 생각하지도 못한 고통이 찾아오면 하늘을 원망한다. 그러나 예수와 석가가 보여 준 것처럼 고통의 멍에를 벗어 버리려면 먼저 자기와의 싸움에서 승리해야 한다. 자기를 둘러싼 온갖 욕망, 이기심에서 벗어나야 한다. 그리고 “내 이웃을 내 몸같이 사랑하라”라는 예수의 당부를 실천해야 한다. 예수와 석가가 보여 준 진실한 신앙인의 모습을 회복하는 것이 오늘날 종교인이 해야 할 당면 과제이다. 그래서 영원히 시험받지 않는 참사람, 참된 자유를 누릴 수 있는 사람으로 다시 태어나야 할 것이다.

08_ 모든 것 참일 수 없다

1999년 10월 31일 루터교 세계연맹과 로마 가톨릭교회는 아우크스부르크에서 '구원론'에 대한 합의 문서에 공동 서명했다. 1997년 홍콩에서 합의된 '이신칭의(以信稱義 : 믿음을 통해 의롭다고 인정받는 것) 교리에 대한 연합 선언문'에 역사적 서명을 한 것이다. 루터가 95개 조항을 내건 1517년 10월 31일로부터 만 482년째가 되는 날이다. 이날 루터교와 로마 가톨릭교회는 구원론의 본질적 진리들에 관해 합의를 보았고, 여타 차이점들에 대해서는 큰 문제가 없다는 사실을 확인했다. 양측은 또 시로기 서로를 더 이상 정죄하지 않겠다고 다짐했다. 이번 최종 문서는 1972년에 시작돼 약 30년간 진행돼 온 양자 간 신학 협의회들의 총결론이다.

최종 문서는 16세기에 양측이 대립한 구원론 가운데 서로에게 껄끄러웠던 부분들을 각자 양보하는 선에서 타결됐다. 16세기 당시 로마 가톨릭교회 측 트렌토공의회에 따르면 '세례'를 받을 때 하나님으로부터 믿음, 소망, 사랑이라는 초자연적 은사를 주입받음으로써 의롭게 된다. 이는 이미 세례 이전에 일어나는 하나님의 선행 은총(prevenice grace)에 대한 반응으로 성취되는 인간의 질적 변화를 전제한다. 또 이처럼 의롭게 된 사람은 세례 이후 계속해서 '성화(聖化)'의 삶을 살아가는 바, 당시 로마 가톨릭교회는 이 성화를 '구원론'에 포함시켰다.

그러나 루터는 사람이 복음을 성령의 역사로 받아들여(믿음) '의롭다 함'을 받는데, 이때 복음을 받아들이는 사람은 전혀 의롭지 않음에도 예수 그리스도께서 성취하신 의(義)를 옷 입어 의롭다 하심을 받고, 성화(소망과 사랑)로 나간다고 주장했다. 루터는 '밖으로부터 오는 의'를 덧입는다고 하는 복음의 수직적인 차원을 강조했고, 로마 가톨릭교회는 인간이 세례를 전후로 내적 변화를 성취해야 한다는 수평적 차원을 강조한 것이다.

이 최종 문서에서 양측은 구원론에 대한 서로의 입장에 어느 정도 합의를 이루었다. 로마 가톨릭교회는 세례를 전후해 일어나는 인간의 내적 변화를 전적으로 은총으로 돌리는 동시에, 이 세례에서 받는 의롭게 됨이 결코 그 이전이나 이후의 내적 변화에 의존하지 않는다고 입장을 정리했다. 또 루터교는 수직적인 '이신칭의' 차원에서도 믿는 사람은 이미 성령(사랑)을 입은 바 되고 예수 그리스도께서 내주(內住)하시기 때문에 성화의 추진력을 지녔고 소망 가운데 있다고 정리했다.

서로 복음을 공유한다는 점에서 껄끄럽게 지낼 이유가 없는데도 작은 교리 차이 때문에 논쟁을 벌여 온 양 교단이 갈등을 접고 화해를 이룩했다. 이렇듯 나무의 가지만 보게 되면 서로 대립하게 되지만 숲을 보면 하나가 되는 것이 어렵지 않다. 양 교단은 서로를 이해하고자 하는 마음이 부족했기에 서로 자기 주장만 내세우고 긴장 관계를 지속했다. 결국 양측의 주장을 조화롭게 받아들여 서로 미워하지 않는 균형된 마음을 500여 년 만에 찾은 것이다.

갈등으로 점철된 종교의 역사_

인류 역사는 갈등의 역사다. 지금 이 시간에도 개인은 물론 가정과 국가, 세계 곳곳에서 갈등이 빚어지고 있다. 그 갈등의 끝에는 저주와 상처, 파괴만이 남는다. 그동안 많은 성인들이 수없이 해결책을 내놓았지만 그 갈등은 지금도 계속되고 있다.

그런 점에서 한국 종교계도 다를 바가 없다. 한국 종교계가 안고 있는 문제점은 종교 본연의 임무보다는 보다 넓은 종교 통치 영역의 확보에 집착하고 있다는 것이다. 기독교는 그동안 세상을 정복의 대상으로 보아 왔다. 그러나 세상은 봉사와 섬김의 대상이다. 예수는 세상을 정복하려다가 십자가에 희생된 것이 아니라 세상의 죄인을 사랑하다가 처형된 것이다. 예수의 제자들은 권력이나 사회적 지위를 갖추지 못한 힘없는 자들이었다. 그들은 세상 사람들을 불러 모으기 위해 세상에 보내진 것이 아니라 모두와 하나 되도록 하기 위해 파송된 것이다. 그러나 요즘 한국의 일부 기독교인들은 예수의 이러한 정신을 잃어버리고 타 종교인들을 정복의 대상으로 삼거나 자기와 주장이 다르다며 배척하기 일쑤다.

종교는 크게 '닫힌 종교'와 '열린 종교'로 대별된다. 닫힌 종교는 다른 말로 교리적 종교, 율법적 종교, 종교 의례 중심의 종교, 교권주의에 의해 지배되는 종교, 이웃과 대화 협력을 중지하고 배타적 우월 의식에 사로잡힌 종교, 지극히 독선적이고 광신적 종교 행태를 노정하는 종교라고 할 수 있다. 반면에 열린 종교는 자기 종교의 '절대적 신념'을 약화시키지 않으면서도 타 종교의 상대성을 충분히 이해하는 성숙한 자세를 지닌 종교다. 열린 종교는 대화와 협력을 두려워하지 않으며, 이웃 종교들의 영적 체험을 배워 자신의 종교 속에 창조적 변화의 촉매로서 받아들이기를 두려워하지 않는다.

아널드 토인비가 예견하듯이 인류의 찬란한 영적 문명 시대를 열어 가기 위해서, 그리고 정의, 자비(사랑), 평화가 숨 쉬는 대동적 생명 공동체의 실현을 위해서, 각 종교는 서로 협력하고 상호 배움을 통한 '창조적 변화'를 이뤄 가는 용기를 가져야 할 것이다. 한스 큉은 종교 간의 대화의 전제 조건으로 종교의 자체 비판을 들었다. 각 종교가 자신의 과오와 실수를 비판적인 시각으로 성찰할 때 비로소 진리의 빛에 다가서게 된다는 것이다. 이 경우 가장 설득력 있는 명제가 '모든 것은 동시에 선하고 참일 수 없다'는 것이다. 어떤 경우와 어떤 것에 대해서는 참이지만 다른 것들에 대해서는 악일 수도 있다는 것이다.

그동안 기독교는 사랑과 평화의 윤리를 내세우면서도 배타적이고 편협한 차별 정책을 펴왔고, 구원과 은총의 필요성을 강조하기 위해 인간의 죄의식을 병적으로 과장하였으며, 예수 그리스도의 모습을 지나치게 배타적으로 왜곡시켜 왔다. 또 기독교는 사랑과 평화의 윤리를 추구함에도 배타적이며 용서가 없고 공격적이라는 비판을 받아 왔다. 역사적으로 사랑과 평화의 윤리보다는 미움과 전쟁의 철학을 지지해 왔던 것이다.

절대적 진리, 상대적 진리_

갈등의 가장 큰 원인은 이기심이다. 종교나 민족, 경제적 갈등도 기실 따지고 보면 자기중심주의 때문에 생겨난 것들이다. 특히 인류 역사상 갈등의 가장 큰 배경이 된 종교는 선(善)을 앞세우고 있지만 실은 신(神)의 이름 아래 자기의 이익을 챙기는 데 열중하고 있다. 따라서 갈등을 해소하기 위해서는 우선 자기중심주의에서 벗어나야 한다. 즉 이기심을 버려야 한다. 그렇게 될 때만이 상대방이 속마음을 드러내고 나와 하나 되려 할 것이다. 남을 위해 자신을 희생하는 것이 곧 성인들이 말한 사랑이요, 자비이며 인(仁)이다. 상대를 위하는 삶을 살 때만이 비로소 상대와의 조화가 가능하다는 것은 불변의 진리다. 이는 자연과 인간은 물론 인간과 인간, 국가와 국가 등 모든 관계에 적용된다.

그다음 진리에 대해 열린 마음을 가져야 한다. 진리는 상대적 측면이 강하다는 점을 인식해야 한다. '진리'라고 주장하는 것은 절대적이고 보편적이며 영원불변한 것이 아니라 잠정적이고 오류 가능성이 있는 일종의 '믿음'일 수도 있다는 것이다. 코페르니쿠스는 지구가 우주의 중심(천동설)이라는 생각을 뒤엎고 지동설을 주장해 말 그대로 '코페르니쿠스적인 인식의 전환'을 이루었다. 아인슈타인의 상대성 이론은 근대 자연 과학의 기반인 뉴턴의 절대 시간과 절대 공간의 개념을 부정했고, 하이젠베르크의 불확정성 원리는 고전 물리학의 결정론적인 사고를 무너뜨렸다. 이 이론들은 뉴턴식의 고전 물리학이 모든 현상을 설명하기란 불가능하다는 생각을 확산시키는 데 일조했다. 그러고 보면 언제 또 어떤 이론이 등장해 우리가 현재 진리라고 믿고 있는 이론을 반박할지 모른다.

아직 우리에겐 진리를 판정하는 항구적이고 초역사적인 기준이 준비되어 있지 않다. 따라서 그 어떤 이론도 비판으로부터 자유롭지 못하다는 생각을 가져야 한다. 우리가 소유하고 있는 지식은 수정과 개선의 여지가 있는 것들이므로, 새로운 이론이 등장하면 그 한계를 인식하고 더욱 발전된 지식으로 거듭나도록 해야 한다. 결국 진리와 거짓의 구분은 다분히 상대적이며 상황과 맥락에 의존한다는 것을 인정하면 겸손하고 열린 마음을 갖게 된다. 우리에게 필요한 것은 자신의 사고에 오류가 있을 수 있으며, 이를 개선해 나가는 과정으로 인해 보다 높은 수준의 사고에 도달할 수 있다는 '정직한 구도자'의 마음이다.

예수는 요한이 "어떤 자가 주의 이름으로 귀신을 내쫓는 것을 우리가 보고 우리를 따르지 아니하므로 금하였나이다"라고 말하자 "금하지 말라. 내 이름을 의탁하여 능한 일을 행하고 즉시로 나를 비방할 자가 없느니라. 우리를 반대하지 않는 자는 우리를 위하는 자니라"(마가복음 9장 39~40절)라고 강조했다. 이 이야기는 예수의 이름으로 권능을 행하는 문제를 놓고 제기된 집단 간의 논쟁 사례를 설명하고 있다.

오늘날 수많은 교파가 범람하고 있다. 그들 가운데 어떤 교파들은 자기들 식으로 믿지 않으면 구원에 이를 수 없다고 주장한다. 그러나 그러한 주장은 예수가 세운 대전제를 위배하는 행위이다. 예수는 다른 집단이 어떤 교리를 믿느냐에 따라 그 믿음이 참되다 혹은 거짓되다고 판별한 것이 아니라, 그 집단이 예수에 대해 어떤 태도를 가졌느냐에 따라 그 믿음이 참되다 혹은 거짓되다고 판별했다. 그러므로 구원을 자기 집단에게만 한정시키는 것은 예수가 설정한 관용의 원칙에도 어긋나는 것이다. 각 교단이 내세우는 교리는 우리로 하여금 구원의 은총에 이르도록 도울 뿐이지, 그것으로 인해 우리가 구원받는 것은 아니다.

석가는 《금강경》에서 "나의 설법을 물을 건널 때만 필요로 하는 뗏목으로 알라"라고 강조했다. 중생들이 올바른 믿음을 가지고 석가가 가르친 교법대로, 사상(四相: 生·老·病·死)을 멀리 여의고, 육바라밀을 실천함에 있어서 법(法)이니 진리니 하는 모든 상(相)도 버려야 한다는 것이다. 석가는 그 진리조차도 절대화하는 것을 거부했다.

　석가는 이 세상에 존재하는 모든 것은 변한다고 했다. 또 아무리 옳은 것도 상대적으로 옳은 것이지 절대적으로 옳은 것은 아니라고 했다. 따라서 우리는 절대화된 확신은 있을 수가 없는 것이며, 주변의 상황이 변하면 오늘 나의 주장도 변할 수 있다는 것을 인정해야 한다. 무엇보다 나의 주장만이 옳은 것이 아니라 나하고 의견을 달리하는 사람의 의견도 옳은 것이라는 것을 인정해야 한다. 그리고 아울러 상대를 설득시켜 나의 주장을 관철하고자 하는 사람은 먼저 상대의 주장에 설득당할 준비도 하고 있어야 한다. 내 주장이 아무리 옳은 것이라고 해도 상대는 그 의견을 따르지 않을 권리가 있기 때문이다. 아니 반대할 권리까지 있다는 것을 알아야 한다.

　한국 종교인들은 자기 주장을 절대시하는 경향이 있다. 각 종교에서 주장하는 진리도 문화, 정치, 사회, 언어, 역사의 제약을 받는 상대적 측면이 강한데도 말이다. 어떤 사람이 자신의 작은 눈으로 하늘을 보고 난 뒤, 그가 본 하늘만이 진짜 하늘이며 하늘의 전체라고 주장한다면 문제가 아닐 수 없다. 인간은 누구나 낯설고 나와 다른 것에 대해 경계심을 갖기 마련이지만 상대방을 이해하는 만큼 보이고, 보이는 만큼 사랑하고, 사랑하는 만큼 서로 협력할 수 있다. 따라서 이제 한국 종교세도 만나고 대화히고 하나가 될 수 있는 프로그램을 개발할 필요가 있다. 예수나 석가도 오늘날의 종교인에게 종교 본연의 모습으로 돌아갈 것을 기대할 것이라는 점을 잊지 말아야 할 것이다.

66 우주 만물이 서로 사랑해야 하는 이유는 그 모두가 사랑 때문에 생겨났
고, 그 사랑이 아니면 우주의 질서가 유지될 수 없기 때문이다. 99

09_ 종교가 사랑을 외치는 이유

"딸랑, 딸랑, 딸랑." 매년 12월이 되면 따뜻한 이웃 사랑을 일깨워 주는 구세군 자선냄비가 어김없이 길거리에 등장한다. 생활보호대상자, 노숙자, 결식아동 등 어려운 이웃을 위해 마련된 자선냄비엔 고사리 손길부터 이름을 밝히지 않는 독지가까지 수많은 시민의 성금이 답지한다. 우리 주변엔 돈 많은 사람보다 어렵게 살아가는 사람들이 더 많다. 우리 사회에 훈훈한 정이 아직도 살아 있음을 구세군 자선냄비를 통해 확인할 수 있다.

사랑이 없이 서로 미워만 한다면 살맛이 나지 않을 것이다. 겨울 추위를 녹여 주는 자선냄비가 해마다 화제를 모으고 있는 것은 우리나라가 외형적으로는 선진국 대열에 들어서고 있지만 갈수록 빈부 격차가 커지는 등 그 이면에 어두운 그림자가 크게 드리워지고 있기 때문이다. 그래서 불우 이웃을 돕는 사랑의 손길이 더욱 의미를 갖는다. 남을 돕겠다는 마음이 바로 종교 정신이다. 모든 종교가 하나같이 사랑을 외치고 있는 이유도 여기에 있다. 우리 사회에 불우한 이웃이 많다는 것은 그만큼 종교가 해야 할 일이 많다는 의미도 된다.

종교가 사랑을 외치고 수없이 선행을 베풀고 있지만 아직까지는 이중적인 모습을 보이고 있다. 어느 종교보다도 사랑을 강조하는 기독교가 타 종교를 가장 배타시하고, 자비를 말하는 불교가 종권을 둘러싼 분규로 세상 사람들의 얼굴을 찌푸리게 하는 사례들만 봐도 알 수 있다. 내 종교만이 최고이고 자파의 주장이 정통이라는 신념으로 무장한 종교인들은 이처럼 독선과 분쟁도 마다하지 않는다.

공자의 인(仁)과 석가의 자비 사상_

군자(君子)는 공자가 말한 이상적 인간상이다. 군자는 학식과 덕행을 겸하며 말보다는 행동을 앞세우는 실천가이다. 군자가 되기 위해서는 나를 극복하고 예(禮)로 돌아가야 한다. 즉 극기복례(克己復禮)를 해야 한다. 그것은 바로 '나를 죽이고라도 인을 이룩하는 것〔殺身成仁〕'이다. 현대적 표현으로 군자는 '학문을 쌓아 올바른 정치와 현실 참여로써 인류애를 구현하는 지식인'이라 할 수 있다. 공자는 "사람이 진리를 넓게 구현시키는 것이지 진리가 사람을 넓히는 것이 아니다〔人能弘道 非道弘人〕"라고 했다. 세계 평화의 구현은 나라고 하는 인간을 완성하는 데서부터 기대할 수 있다.

공자는 배움의 최고 목표를 예에 두었다. 예의 본래 뜻은 하늘에 제사를 지내고 하늘의 계시를 받아 그것을 실천하는 것, 즉 '승천사인(承天事人)'이다. 이것은 바로 천도를 따라 인간사 제반을 다스린다는 뜻이기도 하다. 따라서 옛날에는 모든 문물제도나 행동 규범을 하늘의 뜻에 따라 정했다. 그 외형만을 예라고 착각하기 쉬우나 예의 본래 뜻은 천도를 따르는 것이다.

공자는 예를 지극히 높였다. 종교적 차원에서 높인 것이 아니라 인간의 이성적 차원에서 높였다. 공자가 "나를 극복하고 예로 돌아가라"라고 한 것이나 "넓게 배우고 예로써 중심 삼으라"라고 한 것은 현실적 차원에서의 개인이나 지식을 뛰어넘어 하늘이라는 영원한 진리의 실체에 복귀하라는 뜻이라고 할 수 있다.

인(仁)은 사랑이다. 인의 구현은 바로 남을 사랑하고 만민을 안락하게 해주는 것, 즉 '수기이안민(修己以安民)'이다. 그래서 공자는 인을 '남을 사랑함〔愛人〕'이라 했다. 또 '남에게 넓게 베풀고 모든 무리를 구제하는 것〔博施濟衆〕'은 인을 넘어선 성(聖)의 경지라 했다. 인은 부모 형제에 대한 골육의 애정, 곧 효제(孝悌)를 중심으로 하여 타인에게도 미친다는 사상이다. 《논어》에서는 "효와 제는 인을 이룩하는 기본〔孝悌也者 爲仁之本〕"이라고 했다. 효제는 사랑의 횡적 표현이다. 이 사랑을 가정에서 펴고 나라에 펼치고 세계 인류에게 확대하여 사해가 함께 형제가 되어 평화로운 세계, 하나의 집안을 이루는 것이 공자가 말한 인의 이상이다.

불교 사상의 핵심은 자비다. 더불어 사는 세상에서 '나'만의 평화는 근본적으로 존재할 수 없음을 알아야 한다. 그러려면 '내 것'이 없음을 깨닫고 나눔과 베풂을 통해 서로 사랑해야 한다. 다른 분들의 고통이 나의 고통이요, 남의 기쁨이 나의 즐거움이 되는 세상을 만드는 근본이 바로 자비이다.

본래 불교 용어인 자(慈)는 산스크리트 어로 '우정', 즉 깊은 자애심을 가리키고, 비(悲)는 '동정'의 의미를 갖는다. '비'의 원래 의미는 '탄식한다'로 중생의 괴로움에 대한 깊은 이해와 동정, 연민의 정을 나타내는 말이다. 살아 있는 모든 것에게 '행복을 가져다주는 것〔與樂〕'이 자(慈)이고, '불행을 없애 주는 것〔拔苦〕'이 비(悲)이다. 그리고 '대자

대비(大慈大悲)'라고 말할 때는 부처나 보살의 자비를 나타낸다. 부처의 자비는 살아 있는 모든 자의 괴로움을 자기의 괴로움이라고 여기므로 '동체(同體)의 대비'라 하며, 위를 덮을 만한 것이 없을 정도로 넓고 크므로 '무개(無蓋)의 대비'라고도 한다.

《열반경(涅槃經)》,《대지도론(大智度論)》등에 따르면 자비는 무릇 살아 있는 모든 것에 대해서 일어나는 중생연(衆生緣)의 자비, 모든 존재는 실체가 없다는 것을 깨닫고 집착을 버린 상태에서 일어나는 법연(法緣)의 자비, 아무런 대상도 없이 일어나는 무연(無緣)의 자비 등 세 가지가 있다. 이 가운데 무연의 자비는 무조건적인 절대 평등의 자비로서, 공(空)을 깨달은 부처에게만 있다고 한다.

석가는 모든 존재는 서로 불가피한 인과 관계로 맺어져 있다는 연기(緣起) 사상을 주장했는데, 자비 사상을 통해 '자타불이(自他不二)' 정신을 구현하게 되는 것이다. 즉 내가 소중하듯이 남도 소중하기 때문에 타인과 기쁨을 같이하고 슬픔도 같이하는 것이다. 여기서 무조건적, 절대적 사랑이 구현된다.

사랑은 모든 것의 중심_

예수는 십자가에 처형당하기 직전 자신을 시험하러 온 유대교 율법 학자들에게 사랑의 중요성을 다음과 같이 강조했다. "첫째는 이것이다. '이스라엘아, 들어라. 우리 하나님이신 주님은 오직 한 분이신 주님이시다. 네 마음을 다하고, 네 목숨을 다하고, 네 뜻을 다하고, 네 힘을 다하여, 너의 하나님이신 주님을 사랑하여라.' 둘째는 이것이다. '네 이웃을 네 몸같이 사랑하여라.' 이 계명보다 더 큰 계명은 없다."(마가복음 12장 29~31절) "또 마음을 다하고 지혜를 다하고 힘을 다하여 하나님을 사랑하는 것과, 이웃을 자기 몸같이 사랑하는 것이, 모든 번제와 희생제보다 더 낫다."(마가복음 12장 33절)

사도 바울은 "내가 사람의 방언과 천사의 말을 할지라도 사랑이 없으면 소리 나는 구리와 울리는 꽹과리가 되고, 내가 예언하는 능이 있어 모든 비밀과 모든 지식을 알고 또 산을 옮길 만한 모든 믿음이 있을지라도 사랑이 없으면 내가 아무것도 아니요, 내가 내게 있는 모든 것으로 구제하고 또 내 몸을 불사르게 내어 줄지라도 사랑이 없으면 내게 아무 유익이 없느니라"(고린도전서 13장 1~3절)라고 했다. 바울은 믿음, 소망, 사랑 가운데 제일은 사랑이라고 강조했다. 또 "모든 율법은 '네 이웃을 네 몸과 같이 사랑하여라' 하신 한마디 말씀 속에 다 들어 있다"(갈라디아서 5장 14절)라고 설명했다.

기독교의 사랑이나 불교의 자비, 유교의 인은 서로 다르지 않다. 표현만 다를 뿐 지향하는 목표는 같다. 인간이 존재함도 사랑 때문이기에 인간을 존재하게 한 궁극적 실재를 사랑 그 자체로 표현한다. 성경에는 하나님이 곧 사랑이라고 밝히고 있다. "하나님이 우리를 사랑하시는 사랑을 우리가 알고 믿었노니 하나님은 사랑이시라. 사랑 안에 거하는 자는 하나님 안에 거하고 하나님도 그 안에 거하시느니라."(요한일서 4장 16절), "사랑하지 아니하는 자는 하나님을 알지 못하나니 이는 하나님은 사랑이심이라."(요한일서 4장 8절)

우리가 어떻게 스스로 생겨날 수 있는가. 우리를 있게 한 분은 가까이는 부모요, 조상이며, 그 위로는 근원자, 기독교 용어로는 하나님이라고 하는 인연이 있기 때문이다. 그분들은 나를 있게 한 소중한 분, 곧 사랑 그 자체이다.

기독교가 사랑을 외치는 것은 성경에 근거한다. 하나님은 사랑이라고 가르치고 있는데도 하나님의 이름을 내걸고 전쟁도 마다하지 않은 것이 기독교의 역사이다. 그리고 한국 교회는 입으로는 사랑을 외쳤지만 실제로는 남보다 앞서고 남보다 더 많은 복을 받는 데 혈안이 되어 있다. 그래서 사랑보다는 은총과 축복, 성공이 강조되었던 것이다. 이러한 기독교의 문제점을 한신대 김경재 교수는 〈한국 기독교의 나갈 길〉이라는 글에서 다음과 같이 질타하고 있다.

"지난 30년 동안(1960~1990) 한국 기독교의 가장 큰 변화는 양적 성장 면에 있어서 1960년대 중반에 설정했던 300만 기독교인 전도 목표를 4배나 초과 달성했지만, 그 대가로 잃어버린 것은 한국 초대 교회 신앙의 순수성, 경건성, 민족애, 사회 봉사성을 급진적으로 약화시키거나 망실해 버림으로 인해 기독교라는 종파 세력의 확장과 기독교계 안에서 교파나 개교회의 성장을 복음화 그 자체라고 견강부회하는 자만과 착각에 빠졌다는 점이다. 자본주의 사회 제도의 속성인 '무한 경쟁', '성장과 성공이 곧 선이고 진리다'라는 비기독교적이고 반복음적인 명제를 당연시하고 작은 교회, 약자들의 교회, 작은 공동체의 목회자들을 멸시하였다. 교회론에서의 타락만이 아니라 지난 30년간, 진정한 복음의 본질 선포가 교회 강단에서 약화되고, '축복, 다산, 건강, 번영, 성공'이라는 화두가 '십자가 신앙'이라는 당의정 안에 담겨 도매 산업처럼 흥행했다. 지난 30년 동안 한국 사회의 자본주의화 과정에 편승하고 그러한 사회적 변화 속에서 성공한 기독교인이 있었을시는 몰라도 기독교 영성 수련의 중요한 요소인 청빈, 비움, 검손, 버림, 절제, 자기희생적 헌신 등의 영성적 덕목은 설 자리를 얻지 못하고 주변적인 영성 신학의 나열적 장식물로 전락해 갔다. 도리어 남보다 강해지는 법, 남보다 앞서 나가는 법, 남을 이기고 성공하는 법을 가르치는 교회의 강단이 인기를 얻게 되었다. 그리고 삼위일체 하나님을 기독교 신자들로 하여금 비신자들보다 그러한 이득을 얻도록 도우시는 하나님으로 신앙하게 오도했다. 고난은 '생명의 원리'임을 부정하고 고난을 면죄해 주고 막아 주는 종교로서 기독교 신앙을 선전함으로써 교회는 대중을 기만했다."

종교가 제 역할을 하지 못하게 되면서 사랑의 질서가 파괴되었고 온갖 혼란이 나타나고 있다. 그중에서도 가장 근간이 되는 부모, 부부, 자녀의 사랑이 제자리를 찾지 못하고 있다. 부모와 자식의 관계는 천적으로 맺어졌지만 그 자식을 참사랑으로 키우고 부모를 진정한 효로 모시는 가정이 많지 않다는 것이다. 이혼 가정이 급격히 늘어나고 버려진 자식들이 넘쳐 나는 세상이 된 것은 사랑의 질서가 파괴되고 있기 때문이다.

참사랑은 인간의 사지백체(四肢百體)에 비유할 수 있다. 건강하다는 것은 사지백체의 어느 한 곳도 이상 없이 질서 정연하게 움직이고 있음을 뜻한다. 마찬가지로 참사랑이 녹아나는 세상은 남의 아픔을 자신의 아픔으로 생각하고 남의 기쁨을 자신의 기쁨으로 생각하는 세상이다. 참사랑의 동산은 공동체 정신이 꽃피는 세상이다. 참사랑은 모든 문제, 인류 현안을 해결하는 최대 방안일 수밖에 없다.

우주 만물이 서로 사랑해야 하는 이유는 그 모두가 사랑 때문에 생겨났고, 그 사랑이 아니면 우주의 질서가 유지될 수 없기 때문이다. 그런데도 종교인들이 서로 얼굴을 붉히고, 각종 세계 분쟁에 끼어들어 서로를 적대시하는 것은 우리를 있게 한 분에 대한 모욕이요, 고귀한 가치를 갖고 태어난 인간에 대한 부정이다. 우리 자신을 지옥이나 천국이란 말로 옭아매지 말고 '사랑'이란 무기를 통해 모든 구속으로부터 해방시킬 때가 됐다.

10_ 자기를 버릴 때 참신앙 찾는다

종교에 대한 의미가 다양한 만큼 종파도 수없이 많다. 종교인들은 하나같이 자신의 종교가 최고라고 믿고 있다. 믿는다는 것은 의심하지 않고 받들고 따른다는 것이다. 신앙은 신이나 절대자 등을 굳게 믿어 그 가르침을 지키고 그에 따르는 일을 말한다. 종교는 신이나 절대자를 인정하고 일정한 양식 아래 그것을 믿고, 숭배하고, 받듦으로써 마음의 평안과 행복을 얻고자 하는 정신문화의 한 체계이다. 이 때문에 종교는 인류 역사가 만들어 낸 최고의 유산이다. 하지만 서로 교리와 이해관계에 얽혀 분열이 일어나는 등 많은 문제점을 안고 있다.

각 종파와 교파가 서로 자기가 최고라고 떠드는 바람에 사실 참종교의 길이 무엇인가는 거의 논외에 있다. '그것이 그것이다'라는 게 일반적 평가다. 어느 정도 체계를 갖추고 있는, 소위 고등 종교라고 하는 기독교, 불교, 이슬람교, 힌두교 등은 국가적 지원에 힘입어 수많은 신자를 확보하고 있지만 그들 역시 인류에게 정신적으로 큰 영향을 주거나 덩치에 걸맞은 역할을 해내지 못하고 있다. 이미 상당수의 종교가 한계를 보이고 있거나 역사의 뒤안길로 밀려나고 있다.

한국 종교도 마찬가지다. 전환기를 맞고 있는 한국 종교는 가치관의 혼란을 겪고 있는 국민을 위한 메시지를 내놓지 못하고 있다. 게다가 대형주의와 교권주의, 교파주의, 세속주의에 매몰돼 개별 교회는 물론 교단, 종단이 분열과 분쟁의 늪 속으로 빠져들고 있다.

종교가 이처럼 위기에 처한 것은 전적으로 이기주의 때문이다. 개인이 그렇고 교단이 그렇고 종단이 그렇다. 교파 분열은 자기식대로 성경을 해석한 결과이다. 자기 우월주의에 빠져 남의 종교를 적대시하는 것은 사실상 오만의 결과이다. 종교적 자만에 빠질 때 분별력은 사라질 수밖에 없다.

모든 종교가 인간의 이기심을 가장 큰 적으로 돌리고 있는데도 모든 종교인들이 이기심에 매몰돼 있다. 종교 지도자들은 신자들에게 내 종교가 최고라는 독선과 자만을 심어 주고, 교세 확장을 부추기고, '내 편과 네 편'을 강조하면서 종단 간의 갈등과 반목을 심화시키고 있다. 그것도 부족해 영성과 불성을 일깨워야 할 일부 종교 지도자는 헌금을 명목으로 갖가지 종교 세일즈 기법 개발에 몰두하고 있다.

21세기 종교의 가장 큰 역할은 복을 짓고 천당 가고 극락 가는 법을 가르치는 것이 아니라 인류의 공동 선(善)을 실현하는 것이다. 인류가 살아남느냐, 멸망하느냐는 종교가 여하히 인류의 공동 선 실현을 위해 얼마나 노력하느냐에 달려 있다 해도 과언이 아니다. 종교가 시장 논리에 매달려 종교 집단의 이익에만 몰두한다면 인류의 미래는 암담할 수밖에 없다.

'나'는 없다_

　창립 18년째를 맞이했지만 아직 예배당이 따로 없는 새길교회는 강남청소년수련관 강당을 빌려 주일 예배를 열고 있다.

　새길교회는 세 가지가 없다는 점에서 일반 교회와 다르다. 목사가 없고, 교회 건물이 없고, 교단이 없다. 목사를 두지 않는 것은 성직자와 평신도의 위계 구조를 넘어서기 위한 것이다. 교회 건물이 없는 것은 소유와 욕망을 놓겠다는 의지다. 교단에 소속되지 않은 것은 교권에 매몰되지 않겠다는 뜻이다. 1987년 설립된 새길교회는 헌금의 65%를 선교와 봉사에 사용한다. 목회자 봉급도, 교회 관리비도 필요 없기 때문에 사회를 위해 쓸 수 있는 것이다. 이곳의 선교란 외국으로 선교사를 파견하는 그런 식이 아니다. 인권 운동과 민주화 운동을 하다가 탄압받고 고생하는 이들을 돕고, 한 달에 한 번씩 교인 30~40명이 외국인 노동자들을 찾아가 의료 봉사를 하고 있다.

　원불교 서울 강남교당의 박청수 교무는 '한국의 테레사'라고 불릴 만큼 지구촌 곳곳에 참사랑을 실천한 보기 드문 종교인이다. 그는 딱한 사람을 보면 가슴이 아프고 그 응어리를 풀지 않으면 못 견디는 성미라서 세계 각국의 어려운 사람들을 돕는 데 팔을 걷고 나섰다고 한다. 그는 지난 35년 동안 무지, 질병, 빈곤 퇴치를 위해 51억여 원을 모금해 세계 51개국을 도왔다. 1988년 캄보디아 난민 돕기를 시작으로 중국 연변조선족자치주인 훈춘에 장애인 어린이 특수학교 개설, 인도 히말라야 인근의 라다크 지방에 병원 설립, 북한·러시아 동포 돕기 사업과 성나자로 마을 돕기 등 수많은 사업을 전개해 국민훈장(목련장) 등을 받기도 했다.

　법정 스님은 박 교무에 대해 1,000개의 손과 눈을 가지고 한량없는 자비를 베푸는 관음보살을 연상케 한다고 말했다. 종파나 나라 안팎을 가리지 않고 사방팔방으로 다니면서 어려운 이웃들에게 그 손과 눈으로 끝없는 자비를 실천하고 있기 때문이라는 것이다. 박 교무는 종교의 본질에 대해 다음과 같이 언급하고 있다.

"종교의 본질은 바른 가르침이라고 본다. 편견과 굴절에 빠지기 쉬운 인간들을 바르게 살아가도록 가르치는 것이다. '선행자는 상생의 과보를 받고 악행자는 상극의 과보를 받는다'고 했다. 종교는 실천이 밑천이다. 실천이 따라야 사회에서 순기능을 맡을 수 있는 것 아닌가."

종교는 남을 위한 봉사가 본질이다. 남을 위해 자기를 희생할 것을 가르치고 있다. 따라서 종교가 다르다는 이유로 남을 미워하거나 자기중심적인 사고방식을 갖는 것은 종교의 본질에서 벗어나는 행위다. '나의 적이 스승'이라는 가르침을 실천했던 티베트의 독립 운동가 애니 파첸 스님이나 "원수를 사랑하라"라고 가르쳤던 예수님의 뜻은 모두 나를 먼저 바꿀 것을 요구한다.

이기심은 '자기의 이익만 꾀하는 마음'이다. 이기주의는 '다른 사람이야 어떻든 자기의 이익만을 추구하는 방식이나 태도'를 말한다. 이기심이나 이기주의에는 '나'나 '자기'가 있다. 그런 까닭에 종교는 '나', '자기', '자아'를 없앨 것을 유난히 강조한다. 자기를 없애는 것, 자기를 비우는 것, 자기를 부정하는 것은 종교적 삶의 기본 태도이다.

예수는 제자들에게 "누구든지 나를 따라오려거든 자기를 부인하고 자기 십자가를 지고 나를 따를 것이니라"(마태복음 16장 24절)라고 했다. 유대교가 지배하는 당시 사회에서 바울이 '이단의 괴수'(사도행전 24장 5절)로 지목된 것을 볼 때 예수는 그 이상의 취급을 당했을 것임이 뻔하다. 더구나 '유대인의 왕'이라고 비꼬면서 예수를 십자가 형틀에 못 박아 처형하는 상황에서 예수를 따른다는 것은 목숨을 내놓지 않으면 안 되는 것이었고 자기를 부인하지 않으면 갈 수 없는 길이었다.

그리고 예수는 "한 알의 밀이 땅에 떨어져 죽지 아니하면 한 알 그대로 있고 죽으면 많은 열매를 맺느니라. 자기 생명을 사랑하는 자는 잃어버릴 것이요, 이 세상에서 자기 생명을 미워하는 자는 영생하도록 보존하리라"(요한복음 12장 24~25절)라고 했다. 자기 자신을 둘러싼 단단한 껍데기를 부숴 버릴 때 새 생명이 움터 나온다는 것을 비유적으로 설명했다.

자기를 비울 때 그 빈자리에 하나님이 찾아온다. "너희는 하나님의 밭이요, 하나님의 집이니라"(고린도전서 3장 9절), "너희가 하나님의 성전인 것과 하나님의 성령이 너희 안에 거하시는 것을 알지 못하느뇨"(고린도전서 3장 16절)라는 성경 구절처럼 인간은 하나님이 거하실 성전이다. 아널드 토인비가 "종교라고 했을 때 내가 의미하는 것은, 우주를 초월하는 영적 실재와의 관계에 들어감으로써, 그리고 우리의 의지를 그것과 조화시킴으로써 개인과 단체에서 자기중심주의를 극복하는 것을 말한다"라고 한 것도 결국 하나님과 하나 되기 위해서는 자기를 비우지 않으면 안 된다는 것을 강조한 것이다.

남을 위해 산다는 것_

석가는 '현실은 고(苦)다'라는 자각에서 출발하여 수행과 해탈의 과정을 거쳐 불교 사상을 정립했다. '고'란 자기가 원하는 대로 되지 않는다는 것을 뜻한다. 그것을 해결하기 위해서는 자기 밖의 것이 아니라 자기 안에 있는 문제가 먼저 해결돼야만 한다. 자기의 뜻대로 안 되는 것을 바란다는 것에 고의 본질이 있으며, 이 문제를 해결하기 위해서는 자기 부정이 우선시돼야 한다.

불교는 자기 탐구, 자기 발견의 길이다. 그러나 불교는 '제법무아(諸法無我)'를 설한다. 모든 것에 실재하는 자아란 없다는 가르침이다. 인간의 무한정한 탐욕과 번뇌, 그것들의 밑바닥에 있는 집착을 버림으로써 '무아'에 이르고 진정한 자유를 찾을 수 있다고 보고 있다. 이러한 현실에 대한 깨달음과 해탈이 완성되었을 때 아무것에도 흔들리지 않는 열반의 적정(寂靜)이 실현될 수 있다.

공(空) 사상도 마찬가지다. 《반야심경》의 핵심인 공은 산스크리트 어로 수냐(Sunya)라고 하며 '텅 비었다'라고 해석할 수 있다. 일체법(一切法)은 인연을 따라 생긴 것이므로 거기에 아체(我體), 본체(本體), 실체(實體)라고 할 만한 것이 없으므로 공이라고 말하는 것이다. 즉 모든 존재는 인연에 의하여 생겨난 것이므로 고정된 실체가 없으며 연기적 존재에 불과하다는 뜻이다.

노자의 《도덕경》 제7장에는 "하늘과 땅은 영원한데 하늘과 땅이 영원한 까닭은 자기 스스로를 위해서 살지 않기 때문입니다. 그러기에 참삶을 사는 것입니다. 성인도 마찬가지. 자기를 앞세우지 않기에 앞서게 되고, 자기를 버리기에 자기를 보존합니다"라고 기록돼 있다. 그리고 제16장에서는 "완전한 비움에 이르십시오. 참된 고요를 지키십시오. 온갖 것 어울려 생겨날 때 나는 그들의 되돌아감을 눈여겨봅니다. 온갖 것 무성하게 뻗어 가나 결국 모두 그 뿌리로 돌아가게 됩니다. 이를 일러 제 명(命)을 찾아감이라 합니다. 제 명을 찾아감이 영원한 것입니다. 영원한 것을 아는 것이 밝아짐(明)입니다"라고 했다.

하늘과 땅이 영원한 것은 자기 스스로를 위해 살지 않기 때문이라는 노자의 철학은 우주의 근본 질서, 그리고 천도를 말하는 것이다.

우리는 모든 것을 자기중심으로 생각하고 살아가지만, 그것은 천도를 거역하는 일임을 《도덕경》은 가르쳐 주고 있다. 따라서 나 자신을 둘러싸고 있는 삿된 욕망과 자기중심적 사고, 거짓된 자기를 죽이고 열반의 경지에 이르거나 궁극적 실재를 발견해 가는 체험 과정이 바른 신앙의 길이라 할 수 있다.

자기를 버린다는 것은 남을 위한다는 말과 같다. 남을 위해 살게 됨으로써 결국 자신의 존재를 확인하게 되는 것이 종교인의 길이다. 만일 종교가 가르치는 대로 자기를 버리고 남을 위해 희생 봉사할 수 있다면 타 종교에 대한 증오와 싸움이란 있을 수 없다. 기독교인들이 예수 믿으면 천당 가고 하나님의 구원을 받는다고 말하지만, 예수가 가르친 대로 남을 사랑하고 자기중심주의에서 벗어나는 것보다 더 중요한 것은 없다.

사랑은 자기를 비우고 자기를 희생하는 것이다. 내 이웃을 내 몸같이 사랑하는 것은 말만으로 되는 것이 아니다. "사랑 안에 거하는 자는 하나님 안에 거하고 하나님도 그 안에 거하시느니라"(요한일서 4장 16절)라고 한 것도 사랑을 실천하라는 말이다. 예수의 이름으로 선지자 노릇을 하고 귀신을 쫓아내고 권능을 행하더라도 그것이 불법인 것(마태복음 7장 22~23절)은 예수의 진정한 사랑을 실천한 것이 아니라 오로지 자기 자신과 교파, 그리고 자기 집단의 이익을 위해 예수의 이름을 팔아 자기 뱃속만 채웠기 때문이다. 참종교의 길은 성인들이 주장한 사랑의 혁명을 이루는 데 있으며, 그것을 위해서는 먼저 자기를 비우는 것이 중요하다는 것을 새삼 확인하게 된다.

하나님께서 거하시는 곳이 진정한 성전이다. 그리스도인의 몸이 바로
하나님의 전(殿)인 것이다. 예수 믿는 사람들이 단순히 모여 있다고 해서
교회라고 할 수 없다.

11_ 하나님의 참성전을 추구한 예수

　유럽을 여행하다 보면 하늘 높이 치솟은 첨탑과 화려한 성화로 단장된 예배당을 보고 감탄하는 사람들을 만나게 된다. 영국의 캔터베리대성당, 솔즈베리대성당, 웨스트민스터대성당과 프랑스 파리의 노트르담성당, 샤르트르대성당, 림즈대성당 등이 유명한 성당이다. 이들 건축물은 영적인 것보다는 외형적이고 형식적인 것에 치중하던 중세에 만들어졌다. 그런데 지금 그 크고 아름다운 예배당에는 관광객만 북적일 뿐 정작 예배드리는 사람은 손가락으로 꼽을 정도라고 한다.

　하나님은 아브라함을 부르시고 그에게 언약하신 대로 그의 후손들을 애굽에서 구원하시되 중보자 모세를 통해 자신이 임재할 처소요, 교제의 장소인 성막을 세우도록 명하셨다. 이 성막은 임시 처소요, 광야 생활에서의 이동식 장막(tent)이었지만, 하나님은 이 성막을 통해서 언약 백성들과 함께하셨다. 그들은 성막을 통하여 하나님과 교제하는 구원의 은혜를 누렸으며 하나님과 더불어 사는 영광을 가졌던 것이다. 그리고 그것이 그 백성들에게는 유일한 생명이었다.

　그러나 그 성막은 성소와 지성소 사이를 휘장으로 막아 구분함으로써 인간의 죄로 말미암아 가운데에 막힌 담이 있음을 계시했다. 대표자인 제사장을 통해, 인간의 죄 때문에 동물이 대신 피 흘리는 제물 안에서 하나님과 간접적이고 부분적인 교제와 사귐을 가졌다. 하나님은 유월절 양으로 예표된 예수 그리스도 안에서의 온전한 구원, 완전한 교제를 성취하고자 했다. 그러므로 이 성막은 하나님의 구원 사역 준비 과정에서 나타나고 세워졌던 것으로 하나님의 구원 섭리, 영원한 중보자 되신 예수 그리스도 안에서의 구원 사역을 대망하며 하나님의 언약 안에서 믿음으로 살도록 하신 은혜의 방편이었다.

하나님의 계시를 따라 만들어진 성막은 이스라엘 백성의 40년 광야 생활에 함께 있었고, 하나님의 언약대로 그 백성들이 가나안에 들어가서 그 약속의 땅이 완전히 정복되는 다윗 왕의 시대까지 이동하며 존속했다. 다윗 왕 때에 이르러 이동식 장막이 아니라 정복한 땅에 맞는 정착된 성막, 곧 성전을 건축하게 된다. 그러자 하나님은 다윗으로 하여금 성전 건축에 필요한 것, 곧 성전의 규모와 그 성전 건축에 필요한 모든 것들을 친히 계시하여 준비하도록 하고, 그의 아들 솔로몬의 순종을 통해 그 사역을 감당하도록 하셨던 것이다.

하나님이 함께하실 수 없는 성전_

이렇게 하나님의 성전이 건축되고부터 백성들은 하나님의 진리를 떠나 의식화되기 시작했다. 하나님의 언약 안에서 하나님을 섬기며 장차 예수 그리스도 안에서 이룰 하나님의 구원 섭리를 대망하는 믿음의 길에서 완전히 벗어나 율법 종교, 성전 종교에 매몰되고 말았던 것이다. 그들은 하나님의 섭리를 외면한 채 율법과 성전을 소유한 선택받은 민족으로 자신들을 높였고, 반면에 그들과 다른 생을 사는 이 방인들은 하나님의 저주받은 백성들이라며 멸시하고 조롱하기에 이 르렀다.

그 후 로마가 유대를 정복한 후 헤롯 왕은 B.C. 19년 유대인들의 슬 픔과 탄식을 해소해 주고 그들의 환심을 사기 위해 46년간의 대역사 를 통해 아름답고 화려한 모습으로 성전을 증축했다. 그러나 예수는 "돌 하나도 돌 위에 남지 않고 다 무너뜨리우리라"라고 예언했다. 준 비된 백성은 오신 메시아를 영접할 줄 모르고 그들만의 축제에 취해 있었고, 성전의 한 부분(이방인의 뜰)은 이미 장사들의 소굴로 변해 있었다. 성막과 성전을 세우신 하나님의 섭리를 따라 헌신하는 백성 의 모습이 아니라 그 성전을 이용해 자신의 이득을 취하는 장사꾼으 로 바뀐 것이다.

그래서 예수는 채찍을 들고 동물들을 성전에서 내쫓고 환전상들의 돈을 흩뿌리고 상을 엎으면서 "내 아버지의 집으로 장사하는 집을 만 들지 말라"(요한복음 2장 16절)라고 외쳤다. 그는 성전을 청결케 하는 일 자체가 이 악한 백성들 앞에서 자신을 나타내는 표적이었다. 부정 과 탐욕으로 물든 백성들은 회개하고 자기들의 죄를 고백하기는커녕 "당신이 이 거룩한 성전을 엉망으로 만들고 거룩한 제사에 쓸 제물들 을 부정하게 만드는 이유가 도대체 무엇이냐"고 반문하며 그런 권한 이 있다는 표적을 보여 달라고 요구하기까지 하였다. 그때 예수는 "너희가 이 성전을 헐라. 내가 사흘 동안에 일으키리라"(요한복음 2장 19절)라는 충격적인 답변을 한다. 예수의 대답에 충격을 받은 백성들 은 46년 동안 지은 성전을 사흘 만에 어떻게 지을 수 있느냐며 항변할 뿐이었다.

그때까지 유대인들을 유대인으로 지탱할 수 있게 해준 것이 바로 성전이었다. 성전이 있어야만 그 민족의 마음을 한곳에 모을 수 있고 단결할 수 있다고 믿었다. 성전을 부정하는 것은 이스라엘의 특수성을 무너뜨리는 것이요, 그 민족을 분리하는 반역으로 취급될 정도였다. 그러나 성전은 건물 자체가 아니요, 하나님이 함께할 수 있는 신앙을 말한다. 성전이 건물로서 존재함으로 말미암아 그 백성의 악이 멈추어지지 않고 계속되었을 때 하나님은 예수의 예언대로(마태복음 24장 2절) 로마의 권세, 곧 물리적인 힘을 동원해서 A.D. 70년 성전이 돌 하나도 돌 위에 남지 않고 파괴되도록 하신 것이다.

이 악에 대한 하나님의 진노로 이스라엘 민족 100만 명 이상이 학살되었고, 살아남은 자들은 노예 시장에 팔리며 또다시 세계 각국을 유랑하며 살아야 하는 초라한 신세로 전락하게 됐다. 수천 년 동안 유랑하던 그들이 하나님의 은혜로 다시 그 땅으로 돌아왔을 때는 성전이 파괴된 장소에 이방의 신전(무함마드 성전)이 세워져 있었다. 성전을 세울 엄두도 못 내고 있으나 십자가에 못 박힌 예수를 메시아(그리스도)로 고백하지 않는 완악한 백성의 소망은 아직도 그 자리에 그들의 성전을 세우는 것이다. 또 성전 제사를 회복하는 것이 유일한 목표일 뿐이다.

예루살렘 성전은 예수의 희생 사역으로 허물어졌으며 또 로마의 물리적인 힘을 빌려 파괴해 버렸으므로 다시 세울 수 없는 것이며, 또 세워서도 안 되는 것이다. 그리스도 안에서 도래한 하나님의 나라, 곧 새로운 질서 아래서는 건물로서의 성전은 있을 수가 없는 것이다.

하나님의 진정한 성전은 인간의 몸_

한국 땅에도 수만 개의 교회가 서로 하늘을 찌를 듯 솟아 있다. 예수가 허물어 버린 성전을 다시 일으켜 세운 것이다. 초라하더라도 성도들이 모여서 교제하고 교육하는 장소요, 예배 처소로 만족하지 않고, 거대한 성전을 세우고 또 아름답고 위엄 있게 꾸며서 하나님 앞에 봉헌한다는 것이다.

거대 성전을 관리하고 운영하는 데는 문제가 없는가. 거대한 성전을 운영하기 위해 한국 교회들은 기업 운영 기법을 동원하고 있다. 신도들이 다른 곳으로 빠져나가지 못하도록 하기 위해 별별 수단을 다동원한다. 교회 직분을 늘리고 각종 친선 모임과 구역 제도를 도입해 울타리를 치고, 먼 곳으로 이사를 가면 버스를 동원해서라도 실어 오는 것이다.

'교회' 하면 십자가가 달린 종탑이 있는 건물을 연상한다. 그것은 예배드리는 장소인 예배당에 불과한 것이지 성경에서 말하는 교회는 아니다. 신약 성경에서 '교회'라고 할 때는 '에클레시아'라는 단어를 사용했는데, 그 문자의 뜻은 집으로부터 어떤 공공의 장소로 불러낸 시민들의 모임, 곧 회중을 뜻한다. "고린도에 있는 하나님의 교회 곧 그리스도 예수 안에서 거룩하여지고 성도라 부르심을 입은 자들과 또 각처에서 우리의 주 곧 저희와 우리의 주 되신 예수 그리스도의 이름을 부르는 모든 자들에게"(고린도전서 1장 2절)라는 구절에서 보듯이 교회란 '그리스도 안에서 거룩하여지고 성도라 부르심을 입은 자와 예수 그리스도의 이름을 부르는 모든 자'라고 정의할 수 있다.

예배당을 성전으로 표현하는 사람들이 많지만 성전의 성경적 의미는 하나님께서 특별히 구별하신 거룩한 곳이며 하나님께서 거하시며 사람들과 만나시는 곳이다. 하나님은 "거기서 내가 너와 만나고 속죄소 위 곧 증거궤 위에 있는 두 그룹 사이에서 내가 이스라엘 자손을 위하여 네게 명할 모든 일을 네게 이르리라"(출애굽기 25장 22절)라고 했다. 이스라엘 사람들에게 성전은 하나님의 집이었고 하나님이 임재(臨在)하는 곳이었다. 그들에게 성전이란 오직 예루살렘 성전 외에는 없었다. 그래서 이스라엘 백성들은 타국에 거하면서도 언약궤가 있는 예루살렘을 향해 기도했다.

예수는 마태복음 24장에서 이미 예언했듯이 돌 하나도 돌 위에 남겨지지 않게 성전을 허물겠다고 했다. 영적인 것을 좇지 않고 외형적이고 종교적인 형식만을 따르는 사람들에게 큰 경고를 주신 셈이다.

신약 시대에 들어와서는 그리스도인들이 곧 하나님의 성전이 된다. "너희가 하나님의 성전인 것과 하나님의 성령이 너희 안에 거하시는 것을 알지 못하느뇨"(고린도전서 3장 16절), "너희 몸은 너희가 하나님께로부터 받은바 너희 가운데 계신 성령의 전(殿)인 줄을 알지 못하느냐 너희는 너희의 것이 아니니라"(고린도전서 6장 19절), "우리는 살아계신 하나님의 성전이라 이와 같이 하나님께서 가라사대 내가 저희 가운데 거하며 두루 행하여 나는 저희 하나님이 되고 저희는 나의 백성이 되리라 하셨느니라"(고린도후서 6장 16절)라는 구절 등이 그 예다.

결국 하나님께서 거하시는 곳이 진정한 성전이다. 그리스도인의 몸이 바로 하나님의 전(殿)인 것이다. 예배당은 성전이 아니다. 예수 믿는 사람들이 단순히 모여 있다고 해서 교회라고 할 수 없다. 하나님이 함께하는 곳이 교회요, 성전이다.

요즘 한국에는 자산의 '사유화'를 거부하며 아예 예배당을 갖지 않는 교회들이 하나 둘 늘고 있다. 이는 한국 교회가 헌금만 모이면 예배당 확장에 온 힘을 쏟아 실제로 나눔과 섬김의 역할을 제대로 못하고 있다는 비판에 대한 자성에서 비롯됐다. 대형 교회의 하나인 주님의 교회의 경우 정신여고에 강당을 지어 주고 예배 시에만 임대해서 사용하고 있다. 또 경향교회(경향고), 다일교회(대광고), 한영교회(한영고), 삼일교회(숙명여대) 등도 학교 강당을 예배실로 빌려 쓰고 있다. 결국 이들 교회는 외형적 건물 중심, 성전 중심의 목회를 극복해야만 한국 교회가 사회 속에서 바르게 서고, 사회를 변화시킬 수 있을 것이라고 보고 있다. 이들은 하나님을 교회당에 모시는 것이 아니라 자신의 마음 가운데 모시고 살아가고 있다.

하나님의 뜻대로 산다는 것은 무엇을 의미하는가. 하나님의 뜻을 따른다는 것은 지금까지 지녀 온 거짓 행동이나 이기심, 자기중심적 사고방식을 버리고 하나님을 마음 가운데 모시고 생활하는 것이다.

12_ 믿는다는 것과 예수처럼 산다는 것

　종교는 믿음 혹은 신앙이라는 말과 통한다. 보통 믿는다는 것은 성스러운 존재에 대한 신뢰와 무조건적인 복종을 뜻한다. 기독교에서는 하나님의 계시에 대한 인간의 응답 내지는 하나님의 섭리에 대한 인간의 순종(신뢰)이라는 인격적 관계를 의미한다.

　인간은 직접적 경험이나 타인의 경험에 의해 얻어진 지식의 범위 내에서 생각하고 행동한다. 물론 지식은 무한히 변화하면서 진보하기 때문에 논리적으로 생각할 때 지식의 확실성은 항상 불완전하다. 그러나 불확실하고 충분히 검증되지 않은 지식이라도 하나의 가설로 인정되거나 주관적으로 완전하다고 긍정되는 경우가 있다. 이처럼 전적으로 지적인 근거에만 의거해 생각이나 행동을 결정하는 심적 태도가 신념이다.

　신앙은 정의(情意)의 면까지를 기능적으로 통일하면서 실존적 상황에서 생사를 걸고 초월적 존재와 전인격적(全人格的) 관계를 갖는 것이다. 특히 신앙은 종교적 체험이나 의례를 되풀이함으로써 인격의 내부에서부터 차츰 변화가 나타나게 된다. 신념은 합리적 경험의 범주에 그치는 사고 형식을 갖는 데 비해, 신앙은 지·정·의의 경험 전체, 그리고 경험을 초월한 영역까지도 관련이 되기 때문에 기존의 사고 형식을 넘어선 새로운 것을 낳을 수 있다.

참된 믿음은 인간의 머리로 만들어 놓은 관념이나 교리 때문에 상당한 방해를 받고 있다. 갈릴레이가 코페르니쿠스의 지동설을 옹호하다가 로마의 이단 심문소로부터 소환되는 등 큰 고통을 겪은 사건이 대표적 사례다. 당시의 종교는 지구가 우주의 중심으로 그 둘레를 달이나 태양, 5행성이 공전하고 있다는 천동설을 믿고 있었다. 갈릴레이가 죽은 후 공적(公的)으로 장례를 치를 수 없었고 묘소를 마련하는 일조차 허용되지 않았지만, 로마 교황청은 1992년 10월 31일 10여 년 동안 특별재심과학위원회를 열어 1633년 6월 22일의 종교 재판에 대한 과오를 인정하고 갈릴레이의 복권을 선언했다.

로마 교황청이 뒤늦게나마 잘못을 인정한 것은 다행이지만 이 같은 교리상의 오류는 수없이 많다. 한 하나님을 믿는 가톨릭과 개신교 사이에도 상반된 교리가 너무 많다. 대표적인 것이 교황의 권한과 마리아의 숭상 문제이다. 또 가톨릭은 연옥(煉獄)을 주장하지만 개신교는 이를 부인하고 있다. 성직자의 사죄권을 놓고도 상반된 견해를 보이고 있다. 가톨릭은 교회의 전통과 성례를 매우 중시하며 이를 성경의 권위보다 앞세우지만 개신교는 성경을 가장 우위에 두고 있다. 물론 가톨릭의 개혁을 부르짖고 나온 개신교가 수많은 교파로 갈라진 것 역시 교리 차이 때문이라고 볼 수 있다.

결국 이처럼 상반된 교리로 인한 신자들의 혼란과 서로 적대시하는 상황을 어떻게 지혜롭게 극복하느냐가 문제다. 결국 인간이 만든 교리 때문에 하나님을 제대로 믿을 수 없다는 것은 비극이 아닐 수 없다. 따라서 하나님과의 관계를 어떻게 회복하느냐에 신앙의 지향점을 뒤야 한다. 교리나 목회자, 어떤 신앙의 선배가 나를 구원해 주는 것이 아니라 하나님과 올바른 관계를 맺는 것이 무엇보다 중요하다는 것을 알아야 할 것이다.

교리적 오류에서 벗어나는 길_

기독교 교리의 상당 부분은 서양 세계의 가장 보편적 세계관이었던 그리스 철학의 영향을 받아 형성된 하나의 역사적 산물이다. 따라서 역사적 조건에 의해 고정된 특수 교리를 어떻게 받아들이느냐가 매우 중요한 문제다. 역사적 문맥과 상관없이 이런 교리를 덮어놓고 받아들인다면 오히려 예수의 본래적 메시지를 놓칠 수 있다. 예수와 그의 메시지는 전통적 해석, 다시 말해 당시의 시대적·문화적 소산으로부터 걸러 내는 것이 중요하다.

예수를 믿는다는 것은 교회가 특정한 시기에 만들어 낸 교리를 믿는 것이 아니다. 예수를 믿는다는 것은 예수의 하나님에 대한 믿음을 따르는 것이요, 예수와 같은 믿음을 갖는 것이다. 곧 예수와 같이 되는 것이다. 예수도 하나님에 대한 굳건한 믿음 때문에 인간적 제약을 극복하고 승리했으니 우리도 그렇게 할 수 있다는 굳은 믿음을 가지고 그를 따르는 것, 그리고 그가 실존의 한계를 초월하여 자유를 얻은 것처럼 우리도 그 자유의 세계를 향해 나아가겠다는 마음이 그 핵심이다.

"예수는 완전한 하나님이고 동시에 완전한 인간"이라는 기독교의 전통적 교리대로 예수가 신성과 인성을 동시에 갖고 있다고 믿어야 하는가. 4세기 이후 8세기까지의 교회 공의회에서 제정·공포된 이 같은 고전적 기독론은 그 당시 보편적 세계관이었던 그리스 철학의 영향을 받아 형성된 것이다. 이것을 그대로 받아들인다면 예수는 하나님이고 하나님의 아들이니까 우리와 완전히 다르고 그러므로 우리가 예수처럼 산다는 것은 감히 엄두도 못 낼 일이라며 포기하게 된다면 그 교리는 우리 신앙에 아무런 도움이 될 수 없다.

예수는 모든 일에 "우리와 한결같이 시험을 받은 자"(히브리서 4장 15절)이다. 예수는 우리와 같은 인간으로서 슬픔과 고독, 절망, 고뇌, 고난, 유혹을 다 당하고 우리처럼 넘어지고 좌절할 수밖에 없는 처지에서 일어나 하나님께 가장 큰 효도를 한 것이다. 그리고 인간이 걸어야 할 본을 보인 분이다. 이것이 우리와 다른 점이요, 예수가 하나님의 아들임을 보여 주는 대목이다.

우리가 예수처럼 살기 위해서는 어떻게 해야 하는가. 우선 우리는 '메타노이아(metanoia)'의 단계를 거쳐야 한다. 이는 단순한 회개가 아니라 '의식의 개변'이다. 예수는 "회개하라 천국이 가까웠느니라"(마태복음 4장 17절)라고 했다. 그는 "회개치 아니하면 다 이와 같이 망하리라"(누가복음 13장 3절)라고 했다. 이는 곧 회개가 우리의 생사 문제와 직결된다는 이야기다. 천국이 왔는데도 그동안의 관념에 갇혀 있다면 곧 죽음에 이를 수밖에 없다. 천국인이 되기 위해서는 천국인의 의식, 곧 온갖 죄악으로 점철된 낡은 의식에서 깨어나 천국의 주인인 하나님이 함께할 수 있는 깨끗한 의식을 갖지 않으면 안 된다.

사도 바울은 로마의 감옥에서 빌립보에 있는 초대 교회에 편지를 보내면서 다음과 같이 언급했다. "그는 근본 하나님의 본체시나 하나님과 동등 됨을 취할 것으로 여기지 아니하시고 오히려 자기를 비워 종의 형체를 가지사 사람들과 같이 되셨고 사람의 모양으로 나타나사 자기를 낮추시고 죽기까지 복종하셨으니 곧 십자가에 죽으심이

라."(빌립보서 2장 6~8절) 예수가 얼마나 자기를 비우고 하나님의 뜻
에 따라 살아왔는가를 보여 주는 대목이다.

하나님의 뜻대로 산다는 것은 무엇을 의미하는가. 하나님의 계명을
자구에 따라 지키라는 것이 아니다. 어떤 교파의 주장을 따르라는 것
도 아니다. 하나님의 뜻을 따른다는 것은 지금까지 지녀 온 거짓 행동
이나 이기심, 자기중심적 사고방식을 버리고 하나님을 마음 가운데
모시고 생활하는 것이다. 예수는 "나더러 주여 주여 하는 자마다 다
천국에 들어갈 것이 아니요, 다만 하늘에 계신 내 아버지의 뜻대로 행
하는 자라야 들어가리라"(마태복음 7장 21절)라고 했다. 자신을 내세
우는 사람, 자기 교리가 최고라고 주장하는 교권주의자는 결코 하나
님의 뜻대로 살았다고 할 수 없다.

성경을 믿는다는 것_

사실 하나님의 뜻대로 사는 사람에게 기독교의 어느 교파, 어느 교
리는 중요하지 않다. 오히려 그것은 방해가 될 수도 있다. 교파가 갈
라지고 교리가 다른 것은 물론 교회 지도자들의 정치적 이해관계 때
문이기도 하지만 크게는 성경의 해석이 다른 점에 기인하고 있다. 성
경을 있는 그대로 읽지 않고 자기식으로 읽기 때문에 오류가 나타난
다. 상충적인 해석을 내놓는 것은 성경을 자기의 관점, 자기 주관, 아
전인수 격으로 보기 때문이다. 그리고 그 시대의 관점에서 보기 때문
에 오류가 나타나고 서로 다른 해석이 나오게 되는 것이다. 더구나 성
경을 문자 그대로 믿는다면 성경이 시사해 주는 본뜻을 잃어버릴 우
려가 있다.

대다수 기독교인들은 성경을 일점일획도 틀림없는 완전무오한 하나님 말씀이라고 믿고 있다. 그런데 문제는 교권을 절대시하던 중세 가톨릭교회에 반대해 일어난 프로테스탄트교회가 어처구니없게도 교권 대신 성경 자구 하나하나를 절대시하는 위험에 빠지게 됐다는 점이다. 성경의 문자를 절대시하고 더구나 성경에 대한 자신의 해석을 절대적 진리로 받아들이지 않으면 이단으로 정죄하는 것이다. 결국 이러한 독단이 기독교의 교파 난립과 배타주의의 원인으로 지적되고 있다. 한스 큉은 "기독교는 성경을 믿는 것이 아니라 성경이 증거하는 그 분을 믿고, 전통을 믿는 것이 아니라 성경이 증거하는 그 분을 믿고, 교회를 믿는 것이 아니라 교회를 선포하는 그 분을 믿는 종교"라고 했다. 따라서 성경의 일점일획에 왈가왈부할 것이 아니라 예수가 말하고자 한 그 의도를 아는 것이 중요하다. 그런 점에서 한신대 김경재 교수의 글은 우리에게 시사하는 점이 크다.

"한국 기독교의 보수적 완고성과 폐쇄성이 끊임없이 확대 재생산되는 내적 메커니즘은 다름 아니라 '성경 문자 무오설'이라는 성경 문자주의자들의 잘못된 신학적 태도에 있다. 한국인들은 500년 이상 유교 문화 속에서 살아오면서 학문과 경전을 존중하는 무의식적 집단의식을 형성해 왔다. 하물며 성경이 지닌 진리의 영감성과 풍부한 영적 진리의 보고로서 신구약 성경은 교인들에게 '성경의 문자적 영감성과 문자 무오설'을 설파하기에 가장 좋은 근거를 제공했다. 성경에 대한 사랑과 열정이 오늘의 한국 기독교를 이루어 냈다고 해도 과언이 아니다. 그러나 동시에 "의문(儀文)은 죽이고 영(靈)은 살린다"는 사도 바울의 경고에 귀를 기울이지 않은 대가로 한국 기독교는 한국 기독교인들을 성경 문자에 묶어 놓고 그 창조적 역동성의 발휘를 억압하고 있는 형국이 되고 말았다. 성경 문자주의는 이 우주과학시대에 한국 기독교인들을 성장과 성숙을 정지한 문화 지진아로 만들어 버릴 위험과, 광신주의적 신도로 만들어 버릴 위험을 내재하고 있다."(《한국 기독교의 나갈 길》 중에서)

한국 교회의 대표 원로인 강원룡 목사도 《내가 믿는 그리스도》라는 책에서 "한국의 기독교인 가운데 상당수의 성도들이 성서를 잘못 이해해 자기 자신은 물론 가정과 사회에서 많은 문제를 일으키고 있는 것이 현실"이라며, "오늘날 상당수 교회들이 하나님을 그저 복 받는 데 이용함으로써 기독교를 기복 종교로 변질시켰다"고 현 세태를 진단했다. 강 목사는 "성서란 하나님이 어느 날 하늘에서 땅으로 내려주신 절대 영감의 천계서(天啓書)가 아니"며, 이러한 광신주의가 오늘날 한국 기독교의 발목을 잡고 있다고 진단한다. 물론 그는 "성서는 시대와 역사의 제약성, 인간 언어의 한계성, 입으로 또 문자로 내려오며 원자료를 편집하고 전승하는 과정에서 발생하는 다양한 오류나 한계를 지님에도 성서는 여전히 인간의 구원에 필요 충분한 진리와 권위를 품고 있다"고 보고 있다.

성경은 인간에 의해 씌어진 만큼 그 당시의 시대상이 반영될 수밖에 없다. 따라서 성경의 기록과 번역, 해석의 과정에서 왜곡이 일어날 수 있다는 점을 인식하고 역사와 시대에 맞게 재해석을 해야 한다는 사실을 간과해서는 안 된다. 21세기에 와서까지 성경 문구 하나하나를 역사적·시대적·공간적 배경을 무시한 채 곧이곧대로 받아들인다면, 더 이상 기독교의 발전은 없을 것이다. 성경을 올바로 읽을 때만이 하나님의 뜻, 예수 정신은 살아날 수 있다. 성경이 우리에게 전하고자 하는 하나님과 예수의 뜻이 무엇인가를 파악하는 일만큼 시급한 것도 없다.

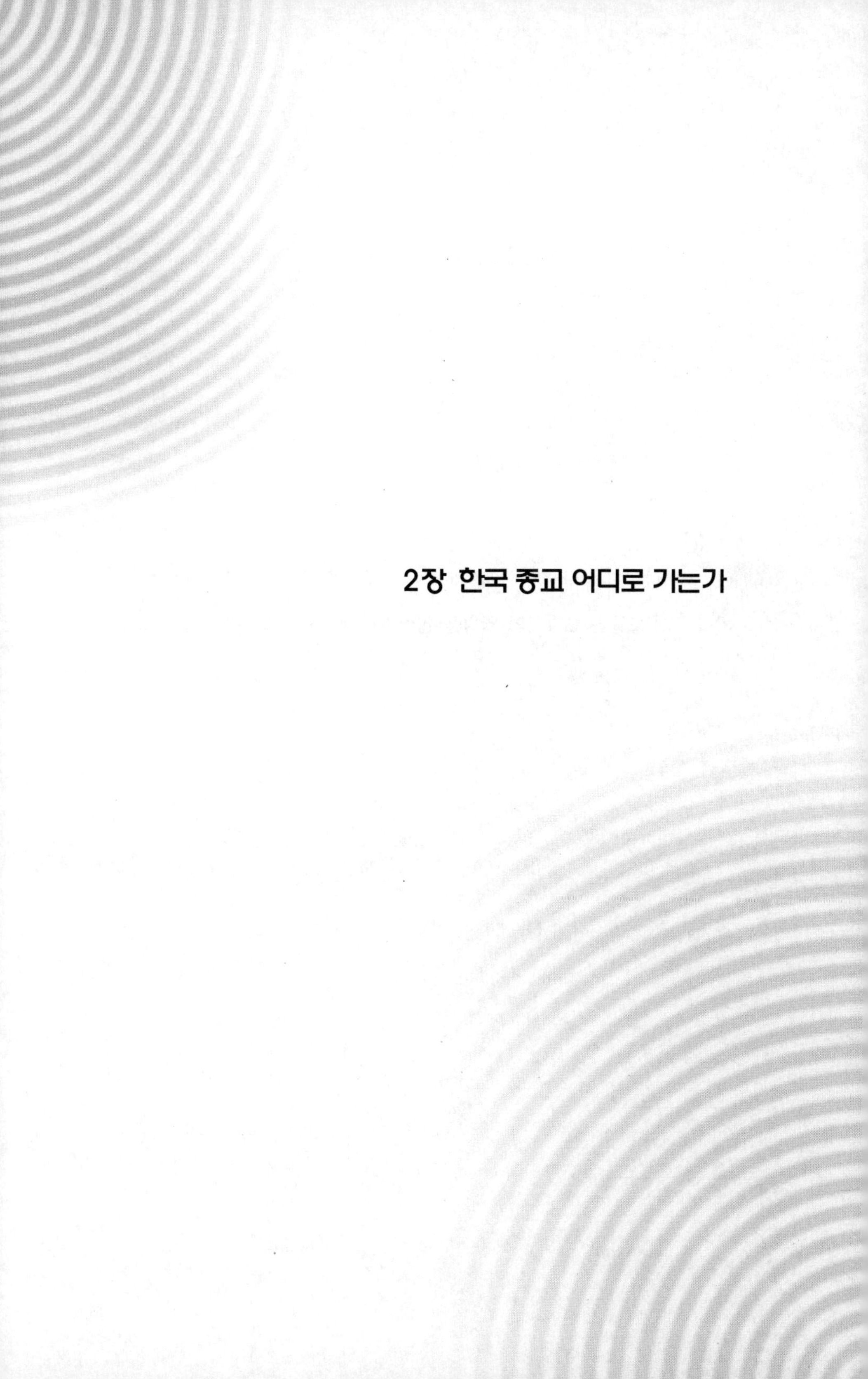

2장 한국 종교 어디로 가는가

" 하나님이 서야 할 자리를 목회자가 차지하면서 목회직은 절대화되고 평신도들은 초창기의 열정을 잃어버린 채 차츰 교회에서 멀어지고 있다. "

13_ 성장통 앓는 한국 교회

요즘 한국 기독교가 내우외환에 시달리고 있다. KBS가 기독교계의 집단 반발에도 불구하고 2004년 10월 2일 〈선교 120주년, 한국 교회는 위기인가〉라는 제목으로 탐사 보도 프로그램을 내보냈다. 이날 방송은 세계 역사상 유례를 찾을 수 없을 만큼 고속 성장을 이룩한 한국 교회의 문제점을 집중적으로 파헤쳤다. 최근 한국 교회의 교인 수와 헌금 액수가 급속히 줄고 일부 대형 교회를 중심으로 신도들 간 잦은 갈등이 일어나고 있는데, 그 원인을 성장 제일주의와 일부 대형 교회에서 이뤄지고 있는 목사직 세습 논란, 불투명한 재정 운영, 목회자의 도덕성 등에서 찾았다.

한국 교회의 규모는 국민 4분의 1이 개신교 신자이고 세계 2위의 선교 대국이라는 외형에서 잘 나타난다. 또 세계 10대 대형 교회 중 5개가 한국에 있다. 국회의원 255명 중 120명이 개신교 신자이며, 상장기업 임원의 43%가 기독교인이다. 이렇듯 기독교는 선교 200여 년 만에 엄청난 발전을 이룩했음에도 그 내부는 상당히 곪아 있다.

KBS 제작진은 프로그램을 위해 여론조사기관 미디어리서치에 의

뢰하여 전국 성인 남녀 1,200명을 대상으로 여론조사를 실시했다. 이 조사에서 '한국 교회가 바람직한 방향으로 가고 있다'(31.3%)고 보는 사람보다는 '바람직한 방향으로 가지 못하고 있다'(59.3%)고 응답한 사람이 많았다. 한국 교회의 가장 큰 문제점으로는 '자기 교파와 자기 교회 중심'(40.3%), '교회의 대형화 등 성장 제일주의'(23.9%), '자격이 부족한 목회자'(12.6%), '비민주적 의사 결정과 불투명한 재정 운영'(9.5%), '세습'(5.8%) 등을 지적했다.

한국 교회가 외적으로는 상당한 발전을 이룩했지만 기독교 본연의 역할을 하는 데는 소홀했다는 지적이 제기되고 있다. 특히 한국 교회가 하나님이 함께하실 수 있는 제단으로 거듭나야 한다는 목소리가 높다. 결국 한국 교회가 본연의 모습을 회복하기 위해서는 개혁과 갱신에 눈을 돌리지 않으면 안 된다는 것이 일부 젊은 지도자들의 주장이다.

비판받는 개신교 지도자들_

한국 교회가 세계에서 유례를 찾을 수 없을 만큼 놀라운 성장을 거둔 이면에는 짙은 그림자가 드리워져 있다. 그것은 한국 교회의 성장을 이끈 지도급 인사들이 더 이상 비전을 제시하지 못하고 자신이 쌓아 올린 자리 유지에 급급하기 때문이다. 다시 말해 하나님이 서야 할 자리를 목회자가 차지하면서 목회직은 절대화되고 평신도들은 초창기의 열정을 잃어버린 채 차츰 교회에서 멀어지고 있다.

서울 강북의 A교회는 담임 목사의 진퇴 문제를 놓고 갈등을 겪었다. 이 교회의 갈등은 2001년 장로들이 담임 목사의 설교 능력과 리더십 부족 등을 이유로 불신임하면서 촉발됐다. 신도들도 편을 갈라 서로를 비난하며 자주 몸싸움을 벌였다. 이 과정에서 12건의 고소와 고발이 제기되는 등 극심한 진통을 겪었다. 결국 목사와 장로들이 동반 퇴진하기로 가닥을 잡으며 내분은 수습됐지만 그 앙금은 여전하다.

서울 송파구의 B교회는 상황이 더 심각하다. 몸싸움은 물론이거니와 담임 목사는 반대 신도들에게 머리카락을 뜯기기도 했다. 이 교회 사태는 2003년 12월, 38년간 이 교회를 일군 김 목사가 은퇴하면서 불거졌다. 후임인 이 목사는 이 교회 출신으로 인근 교회에서 목회 활동을 하고 있었다. 이 목사는 취임하자마자 교회 지출 내역 등을 공개하면서 교회 개혁을 천명했다. 여기에는 전임 목사와 관련된 부분이 적지 않았다. 이 목사는 교회 주변의 의혹을 밝히고 외부에 회계 감사를 받도록 했다. 그러자 김 목사 주변에서 교회의 평온을 깬다며 이 목사의 즉각 퇴진을 주장하는 등 교회는 벌집을 쑤신 듯 하루도 조용할 날이 없었다.

서울 중랑구의 C교회 당회장 김 목사는 횡령 혐의로 1심에서 징역 3년에 집행 유예 3년, 벌금 750만 원을 선고받았다. 재판부는 판결문에서 김 목사가 감독회장 선거에서 부정 선거 자금과 당선 사례금, 미국 유학 중이던 큰 사위의 생활비, 아들 명의 교회 건축비, 부인 명의 별장 건축비 등 총 31억어 원을 교회 공금으로 지급했다고 적시했다.

세계 최대 교회라고 자랑하는 D교회도 비판의 도마 위에 올랐다. 2004년 10월 18일 '교회개혁실천연대(교회연대)'는 이 교회 당회장에게 교회 헌금 유용 의혹과 후계자 문제 등에 관한 질의서를 보냈다. 교회연대는 개혁 의지를 보이지 않는다면 형사 고발 등을 포함해 모든 수단을 강구하겠다고 밝혔다. 이 교회에 대한 의혹의 핵심은 교회 재산과 헌금이 불투명하게 사용되고 있다는 점이다. 수조 원에 이르는 재산과 한 해 1,700억 원에 달하는 헌금 가운데 상당 부분이 정당한 절차를 거치지 않고 사용되었다는 것이다. 이 문제는 2000년에도 불거진 적이 있다. 당시 교회사랑모임(교사모)의 장로들이 교회 헌금이 유용되고 있다고 주장해 한바탕 홍역을 치렀다. 교사모 소속 장로 4명을 출교 처분하고 10명을 제명했지만 그 후유증은 쉽사리 가라앉지 않고 있다.

교회 세습 문제로 분규에 시달리는 교회도 많다. 기독교계의 세습 논란은 1997년 서울 강남의 E교회에서 크게 불거졌다. 현 당회장의 부친인 김 목사는 1997년 후임 당회장을 기립 투표로 정했다. 물론 당시 김 목사 앞에서 반대를 표한 사람은 없었다. 아들을 후계자로 만들기 위해서 김 목사는 교회 규정도 고쳤다. 담임 목사가 되기 위해 필요한 목회 경력 5년 이상, 45세 이하라는 조건을 없앴다.

또 다른 강남의 대형 교회는 둘째 아들을 후계자로 내정하자 이에 항의하는 신자들이 목사의 예배를 거부, 퇴진 운동까지 벌이고 있다. 아들에게 자신의 교회를 물려주거나 선교 단체를 사위에게 물려준 사례 등 목회직 세습은 여러 형태로 이뤄지고 있다. 더구나 서울 강남의 한 대형 교회는 경기도 성남시 분당에 본교회보다 더 큰 지교회를 지어 아들에게 넘겨줌으로써 실질적으로는 교회를 세습했다는 비판을 받고 있다.

목회자의 부정한 사건은 꼬리에 꼬리를 물고 있다. 2003년 말 성결 교단의 이 모 목사가 불륜 사실이 드러나 출교됐다. 2003년 1월에는 스물두 살이나 어린 내연녀 집에 찾아가 난동을 부린 목사가 경찰에 입건되었고, 9월에는 여신도와의 불륜 사실이 드러나자 교회 문을 닫고 교회 재산을 빼돌린 목사가 체포됐다. 인천의 장 모 목사는 내연녀 집에 있다가 현장을 급습한 내연녀의 남편을 피해 베란다 에어컨 시설에 10여 분간 매달려 있다가 30미터 아래로 떨어져 숨졌다.

한국 교회 갱신을 위해_

한국에 천주교 예배가 시작된 것은 1785년부터다. 1549년 프란시스 사비에르가 일본에서 선교를 시작했고, 마테오 리치가 명나라에서 1581년에 선교한 것과 비교하면 한국은 상당히 늦은 편이다. 일본, 중국과 달리 한국의 선교는 평신도들의 자발적인 참여로 이뤄졌다는 점이 특징이다. 1610년 허균이 북경에서 천주교로 개종했다는 기록이 있고, 병자호란 후 볼모로 잡혀갔던 소현 세자가 심양에서 독일 신부와 친교를 하기도 했다. 이미 1758년에는 황해도와 강원도에 천주학이 자발적으로 성행하였으며, 1777년에 권철신, 정약용, 정약전, 이벽 등이 여중에서 천주 교리를 연구했고 자체적 신도 조직을 갖기도 했다. 그러던 중 1784년 이승훈이 북경에서 최초로 영세를 받았고, 1785년 김범우의 집에서 천주교 창설 예배가 있었다. 그 후 천주교는 수많은 박해에도 불구하고 꿋꿋하게 성장하여 1831년 독립적인 한국 교구가 생기게 된다. 한국 최초의 신부인 김대건 신부가 입국하여 순교한 것은 1846년의 일이다.

영국 선교사 토머스 목사가 대동강에서 소각당한 미국의 제너럴셔먼호에 타고 있다가 순교당한(1866년) 이후 스코틀랜드의 로스 목사가 만주에서 한국인들에게 세례를 주었고(1876년), 그와 한인들에 의해 복음서가 차례로 번역됐다. 또 그에게서 세례를 받은 상인 서상륜이 최초의 목사가 되어 황해도 솔내에 최초로 교회당을 세우기도 하였다.(1884년)

한국 개신교는 1884년 미국 북장로회 의료 선교사 알렌이 선교한 것을 시작으로 보고 있지만, 외국 선교사들이 이 땅에 들어오기 전에 이미 한국에는 많은 기독교 신도들이 존재했고 또 세례 받기를 원하는 사람도 많았다. 한국 기독교사에서 기억할 만한 것이 있다면 '네비우스 선교 정책'이다. 중국 선교사였던 네비우스는 한국에서의 선교 정책으로 '자치·자립·자전'을 원칙으로 내세웠는데, 이는 한국 선교는 한국인들의 손으로 해야 한다는 것이다.

한국 교회가 성장통을 앓고 있는 것은 선교 초기에 보여 줬던 평신도들의 역할이 줄어들고 교회가 지도자 중심의 이중 계급 구조로 고착됐기 때문이라는 주장이 제기되고 있다. 거기다가 한국 교회 지도자들의 비전 결핍증이 한몫하고 있다. 즉 교회의 대다수를 차지하는 평신도의 열정은 식고 소수 목회자들의 힘에 의해 움직이다 보니 외형 경쟁에 몰두할 수밖에 없다는 지적이다.

그리고 한국 교회가 성장의 결과를 어떻게 한국 사회와 세계에 돌려줄 것인가 하는 기독교적 비전이 거의 전무하다는 것이다. 그동안 고작 교회 건물을 신축하고 교세를 넓히는 일에 투자할 뿐이었다는 지적이다. 물적·인적 자원의 규모와 동원 능력이 목회의 성공 척도가 됐고, 그 결과 하나님과 재물을 모두 섬기게 됐다. 한국 교회가 추구한 성장 제일주의와 개교회주의는 출석, 기도, 성경 공부, 헌금, 전도 등 수직적 신앙만을 강조하게 됨으로써 질적 성숙과 사회봉사에 소홀하게 됐다.

황규학 목사(칼럼니스트)는 자신의 저서 《장로교는 없다》에서 한국 교회의 위기를 성장을 주도한 1세대의 군중을 휘어잡는 리더십이 후세대 목회자들에게는 없기 때문이라고 진단한다. 즉 어설프게 1세대의 권위를 흉내 내다 보니 선무당이 사람 잡는다는 식으로 어설프게 그런 권위를 휘둘러 교회가 몸살을 앓고 있다는 것이다. 그리고 황 목사는 한국 교회가 기득권 유지에 급급해하기 때문이라고 덧붙인다. 이에 대해 다음과 같이 적고 있다.

"대표적인 교회들이 세상에 수치스러운 면으로 노출되고 있는 것은 영적인 공간에 정치 공간이 들어오고, 순교의 자리에 기득권이 들어서며, 섬김의 자리에는 명예가 들어섰기 때문이다. 떠난 목사는 떠난 대로 세습이나 변칙 세습에 여념이 없고, 계승된 목회자는 자신의 기반을 구축하기 위하여, 즉 새로운 기득권의 담을 공고히 쌓기 위해 끊임없이 정치적 세를 결집하고 있다. 또 당회는 당회대로 기득권을 구축하고, 목회자는 목회자대로 자신의 살 길을 위해 제직회(諸職會)나 또 다른 그룹을 대상으로 기득권을 구축하려고 애쓰고 있다. 성도들 역시 그들은 그들대로 교회 개혁과 진리를 추구하기 위해서 파당을 형성하기도 한다. 아무것도 모르는 순진한 성도들만 교회 정치의 희생물이 되고 있다."

한국 교회의 위기는 교회 내부에서부터 시작되고 있다. 물론 사람들도 교회가 교회로서의 모습을 상실해 가는 것을 목도하면서 더 이상 교회에 거는 기대가 없다고 한다. 그리고 본질이 변질되었다고 그들은 말한다. 교파와 교단의 이기주의, 나눠 먹기 식의 교회 정치 행태 또한 교회를 타락시켰다.

이제 한국 교회는 하나님과 사람들 앞에서 잘못을 인정하고 회개하는 것부터 시작해야 한다 한국 교회의 문제는 그 책임이 지도자인 목회자에게 있다. 지도자가 뼈를 깎는 인고를 감수해야 하며 과감하게 기득권을 포기하는 결단을 해야 한다. 공적인 일과 사적인 일조차 구별하지 못하는 어리석음에서 빨리 벗어나야 한다. 그리고 평신도들이 교회의 주역으로 나서야 한다. 한국 교회의 성장을 주도한 1세대 목회자들의 리더십 붕괴에 따른 한국 교회의 위기 상황에 평신도들이 대안 세력으로 나선다면 다시금 한국 교회는 희망을 찾게 될 것이다.

하나님과 나 사이를 가로막았던 미신적이고 주술적인 중재자를 과감하게 제거해야 한다. 그리고 하나님의 이름을 내걸고 인위적으로 만들어 놓은 온갖 논리와 관념들에서 벗어나야 한다.

14_ 한국 교회에 보내는 예수의 충고

시대가 달라졌으니 종교도 달라져야 하는 것인가. 예수는 골수 율법주의자인 바리새인과 율법 해석을 주 업무로 하는 서기관 앞에서 중풍 환자들의 병을 고치고 난 뒤 죄 사함을 받았다고 선언했다. 그리고 예수는 세리와, 죄인들과 먹고 마시는 등 소외층과 함께했다. 예수는 유대교 전통으로 볼 때 실로 파격적인 행동을 보였다. 그러자 유대교 지도자들은 "참람한 말을 하는 자는 누구뇨. 오직 하나님 외에 누가 능히 죄를 사하겠느냐"(누가복음 5장 21절)라며 분노했다.

물론 예수도 물러서지 않았다. 예수는 다음과 같은 비유를 들며 기득권층을 비판했다. "새 옷에서 한 조각을 찢어 낡은 옷에 붙이는 자가 없나니 만일 그렇게 하면 새 옷을 찢을 뿐이요, 또 새 옷에서 찢은 조각이 낡은 것에 합하지 아니하리라. 새 포도주를 낡은 가죽 부대에 넣는 자가 없나니 만일 그렇게 하면 새 포도주가 부대를 터뜨려 포도주가 쏟아지고 부대도 버리게 되리라. 새 포도주는 새 부대에 넣어야 할 것이니라."(누가복음 5장 36~38절)

유대교의 낡은 안목으로 새 시대 지도자인 예수의 행동을 이해하기란 어렵다. 율법의 노예가 된 유대교 지도자들은 새 시대가 도래했지만 새 진리를 받아들일 수 없었던 것이다. 그들의 머리는 굳어질 대로 굳어져 있었고 모든 판단 기준은 율법의 자구에 의존하고 있었다.

옛날이나 지금이나 대다수의 사람들은 기존 관념을 통해 사안을 판단하고 행동한다. 2,000년 전 유대 사회에서 예수의 파격적 행동을 받아들인 유대교 지도자는 거의 찾아보기 힘들었다. 그를 따르는 이들은 환자나 어부, 세리, 죄인 등 소외층이 대부분이었다. 만일 예수가 오늘날 한국 사회에 온다면 기독교인들 가운데 몇 명이나 예수를 받아들일 수 있을까? 그 생각을 하면 두려움이 앞선다.

예수의 파격적 행동_

예수는 유대교의 신앙 기반을 가진 이들을 제자로 삼지 않았다. 갈릴리 해변에서 그물을 던지고 있는 베드로와 그의 동생 안드레에게 "나를 따라오라 내가 너희를 사람을 낚는 어부가 되게 하리라"(마태복음 4장 19절)라고 말했다. 그리고 "다른 두 형제 곧 세베대의 아들 야고보와 그 형제 요한이 그의 아버지 세베대와 함께 배에서 그물 깁는 것을 보시고 부르시니 그들이 곧 배와 아버지를 버려두고 예수를 따르니라"(마태복음 4장 21~22절)라는 구절도 어부를 제자로 삼는 과정을 보여 주고 있다. '세관에 앉아서' 일을 하고 있는 마태를 부른 것도 마찬가지였다. 당시 세리는 '경멸의 대상'이었다.

예수는 세례자 요한처럼 '수도자' 같은 삶을 살지도 않았다. 그와 함께 지낸 사람들은 세리와 창녀들, 혹은 죄인 등 사회에서 경멸당하는 자들이 대부분이었다. 이러한 불경건한 사람들 사이에서 그는 함께

식사를 나누는 친구였다. 이들은 절대적 빈곤에 시달리고 있었으며, 율법을 지키려고 해도 그럴 만한 능력이 없었다. 이들은 바로 그 신심이 깊다는 자들로부터 철저히 소외당하고 있었다. 예수는 이들에게 손을 뻗치고 힘없는 자들, 고난에 처한 자들, 막노동을 하는 자들과 함께했다.

예수는 율법주의자들이 고집하는 안식일과 단식, 지정된 예식 등에 동의하지 않았다. 예수는 겉모양만 가지고 율법을 따르거나 이행하는 것을 거부했다. 즉 하나님의 원의는 능동적인 것이며 모든 곳에 존재하기 때문에 지나친 외형적 행위로 뒤집어씌워 하나님의 현존을 가리는 행위를 거부한 것이다.

예수는 율법을 위해 온 것이 아니라 인간의 구원을 위해 왔다고 했다. 다시 말해 예수는 "안식일이 사람을 위하여 있는 것이요, 사람이 안식일을 위하여 있는 것이 아니니"(마가복음 2장 27절)라고 본 것이다.

예수는 하나님의 나라를 선포하며, 가난하고 억압받는 이들 편에 서서 부자와 억압자들에게 대항하며 맞섰다. 예수의 선포는 필연적으로 '가난한 이들에게는 기쁜 소식'이며 부자들에게는 '나쁜 소식'이었다. 그 소식은 모든 억압이 끝나는 새로운 사회의 선포였으며, 억압받는 이들을 해방시키고 억압자를 권좌에서 물러나게 할 것이기 때문이다. "권세 있는 자를 그 위에서 내리치셨으며 비천한 자를 높이셨고 주리는 자를 좋은 것으로 배 불리셨으며 부자는 빈손으로 보내셨도다."(누가복음 1장 52~53절)

예수는 가난과 착취가 없어지는 새로운 사회 질서를 선포하였다. 그래서 예수는 여론의 압력을 받지 않았으므로, 기존 권위의 폭력에 굽히지도 않았다. 그는 안식일의 규정을 어겼으며, 정결 예식을 무시하였고, 환자를 어루만지고, 사회적으로 낙오된 이들, 세리와 죄인들과 어울려 밥을 먹었다. 예수의 사명은 모든 형태의 구속으로부터 해방을 가져오는 것이었다. 그래서 예수는 우리를 죄와 잘못으로부터 자유롭게 해주었다. 그는 사회가 거부하는 이들을 절망적인 고립으로부터 해방시켰다.

홀연히 나타난 예수, 그의 당부_

요즘 한국 교회에선 예수 정신을 찾아보기 힘들다고 한다. 하나님의 나라를 추구하는 교회가 세상의 가치를 숭배하면서 세상과 다름없는 집단으로 변질됐다는 것이다. 세상이 교회에 '예속화'되거나 '노예화'된 것이 아니라, 교회가 세상 가치에 '노예화'되고 세상 방식에 '예속화'된 것이다. 이제 교회 안 세상과 교회 밖 세상 사이에 다름이 없고 긴장이 없다. 공룡과 같은 거대한 몸체를 가지고 있으나 이미 역동성을 상실한 공동체가 되어 버렸다. 숭실대 박정신 교수는 〈한국 교회의 어제, 이제 그리고 올제〉라는 논문에서 한국 교회를 다음과 같이 진단한다.

"한국 교회, 그리고 한국 교회 지도자들에 대한 우리 사회의 시선이 곱지 않다. 교회가 세상의 여느 기관이나 단체처럼 운영되고, 기도원이나 수련원을 짓는다며 환경을 무차별 파괴한다. 교회 지도자들이 세상 기업가들처럼 고급 승용차를 타고 고급 호텔에 모여 세미나를 하고 기도회를 한다. 교회 지도자들이 세상의 사업가들처럼 교회 재정을 불투명하게 사용한다. 교회 지도자들이 세상의 부자들처럼 교회가 사유 재산인 양 자식에게 대물림시킨다. 교회 지도자들이 노회(老會)나 총회 때만 되면 세상 정치꾼도 하지 않는 돈 봉투를 뿌리고 고급 식당에서 총대들에게 향응을 베푼다. 이 땅의 교회는 크고 작은 세상의 사업체가 되었고, 목회자들은 사업가가 되었다. 예수 믿는다는 이들과 예수 믿지 않는 사람들이 구분이 되지 않는다. 이제 일반 사회의 언론까지도 교회와 교회 지도자들을 비판하고 나섰다. 어떻게 하여야 하는가. 아무런 일 없다는 듯이 '단잠'을 계속 자도 되는가.”

예수가 이 땅에 다시 온다면 기독교인은 그를 어떻게 대할까. 하나님으로부터 준비된 유대교가 예수를 십자가에 매단 것처럼 또다시 기독교가 예수를 배척하지는 않을까. 2,000년 전과 똑같이 예수가 파격적 행동을 보인다면 기독교인들은 유대교인들과 마찬가지로 이해할 수 없을지도 모른다.

성경은 말세가 되면 거짓 그리스도와 거짓 선지자가 나타나 이적(異蹟)과 기사(奇事)를 행하며 미혹할 수 있다는 예언을 하고 있다. 인자가 홀연히 나타날 때 의심 없이 받아들일 수 있는 기독교인이 몇 명이나 될까. 그래서 예수는 늘 깨어 있으라고 했다. 이는 예수가 아무런 기반 없이 유대 사회에 나타나 하나님의 아들임을 선포하고 복음을 전할 때 보였던 유대교 지도자들의 실수를 반복하지 말라는 경고다. 잠자지 않고 깨어 있으려면 무엇보다 열린 자세가 필요하다. 자신의 귀를 막고 있는 기존 관념을 툴툴 털어 버려야 한다. 참된 진리가 무엇인지 알아들을 수 있는 귀와 어떤 진리도 받아들일 수 있는 아량을 가져야 한다.

예수가 오늘날 한국 교회에 온다면 어떤 말을 할까. 자신의 이름을 내걸고 경쟁적으로 십자가를 높이 세운 수많은 교회와 그곳에 모여 주님을 찬양하는 수많은 신자들의 모습을 보며 어떤 생각을 할까. 예수가 또다시 “암탉이 그 새끼를 날개 아래 모음같이 내가 네 자녀를 모으려 한 일이 몇 번이냐. 그러나 너희가 원치 아니하였도다”(마태복음 23장 37절) 하고 탄식하시지는 않을까.

예수는 먼저 교회와 지도자와 신앙 문제를 놓고 근본적 질문을 할 것이다. 예수는 이스라엘 민족에게 수없이 천국의 진리를 가르쳤지만 쇠귀에 경 읽기였다. 많은 사람이 몰려다녔지만 아무도 깨닫는 자가 없었다. 한국에는 곳곳에 교회가 널려 있고 신령한 설교자가 많지만 진실로 하나님의 참뜻을 깨닫는 자가 과연 얼마나 될까. 새벽 기도회, 수요 기도회, 금요 철야 기도회, 주일 예배를 빠짐없이 참석하는 사람들이 세계 어느 나라보다 많지만 이들로 인한 사회의 변화는 이루어지지 않고 있다. 총인구의 4분의 1이 기독교인이지만 교회가 사회에 긍정적인 영향을 미치지 못하고 있다. 도리어 사회의 짐이 되고 국민의 우려 대상이 되고 있다.

한국 교회가 이웃을 위해 자선과 봉사 활동을 하지 않았기 때문에 그런 것이 아니다. 노숙자에게 점심을 나눠 주고 독거노인을 찾아가 친구가 됐다고 해서 예수가 원하는 것을 다했다고 할 수 없다. 교회의 개혁은 외형적인 것, 형식적인 것에 있지 않다. 교회가 새롭게 되고 온전하게 되기 위해서는 깨닫는 사람들이 있어야 한다. 진정으로 하나님의 진리를 간파하는 사람들이 있어야 한다. 하나님과 올바른 관계를 회복해야 한다.

"형제 여러분, 나는 내 동족이 구원받기를 마음으로 간절히 원하며 하나님께 간구합니다. 나는 하나님에 대한 그들의 열성만은 충분히 인정합니다. 그러나 그 열성은 바른 지식에 근거를 둔 것이 아닙니다. 그들은 하나님께서 인간을 당신과 올바른 관계에 놓아 주시는 길을 깨닫지 못하고 제 나름의 방법을 세우려고 하면서 하나님의 방법을 따르지 않았습니다. 그리스도께서 나타나심으로 율법은 끝이 났고 그를 믿는 사람은 누구든지 하나님과 올바른 관계를 가지게 되었습니

126

다.”(로마서 10장 1~4절)

　모세가 율법을 통해 올바른 관계를 유지하고자 했고 예수가 등장함으로써 그 율법의 시효가 끝났다. 이처럼 이 시대 우리가 하나님과 올바른 관계를 갖기 위해서는 하나님의 진리가 무엇인가를 깨달아야 한다. 그동안 교회의 부패는 늘 이 진리에 대한 오도 때문이었다. 교회는 하나님의 진리를 자기식으로 해석하고 자파의 이익을 위해 하나님을 이용해 왔다.

　신앙은 하나님과 나와의 관계이다. 그 사이를 오직 한 분 예수 그리스도가 중재해 왔다. 하나님과 우리 사이를 복원하는 길은 그 사이에 놓인 장막을 거둬 내는 것밖에 없다. 그동안 하나님과 나 사이를 가로막았던 미신적이고 주술적인 중재자를 과감하게 제거해야 한다. 그리고 하나님의 이름을 내걸고 인위적으로 만들어 놓은 온갖 논리와 관념들에서 벗어나야 한다. 신앙은 결국 개인적 체험의 문제다. 책임 있는 신앙인이 되기 위해서는 나와 하나님과의 관계를 복원하는 것이 우선시돼야 한다. 그것이 예수가 오늘날 우리에게 던지는 마지막 당부다.

" 지금 한국 종교계는 중요한 실험을 하고 있다. 특히 개신교는 위기 극복을 위해 초대 교회에 눈을 돌리고 있다. '소교회 운동'이 바로 그것이다. **"**

15_ 한국 종교는 지금 실험 중

한국 종교계에 아직 미풍이지만 변화의 바람이 불고 있다. 특히 교권주의와 성직 세습, 고질적인 파벌 싸움, 성장 만능주의와 물신주의의 팽배 등 온갖 부정적 이미지로 얼룩진 한국 개신교 일각에서 변화와 자성의 움직임이 나타나고 있다. 외형 성장에만 몰두해 세상과 담을 쌓아 온 교회들이 내적 성찰과 사회 참여에 눈을 돌리고, 목회의 객체였던 평신도들이 교회 사역과 갱신의 주체로 나서고 있다. 한국 개신교 120년을 지배해 온 대형 교회 중심주의에서 벗어나 초대 교회의 순수함과 열정을 되찾기 위한 운동이 확산되고 있다. 종교계의 이러한 흐름은 본질을 향한 몸부림이라고 볼 수 있다.

예수 그리스도나 석가모니, 무함마드, 그리고 공자는 생전에 지금과 같은 형태의 종교를 세우지 않았다. 사후에 제자나 추종자들이 종교라는 공동체를 만들고 교리를 체계화해 몸집을 키웠다. 만일 종조들이 오늘 이 땅에 온다면 무엇을 가르칠까? 2,000년, 3,000년 전의 이야기를 그대로 가르칠까, 아니면 새로운 그 무엇을 가르칠까? 과연 오늘과 같이 기업화하고 대형화된 교회나 사찰에 대해 어떤 생각을

할까? 종조들의 재세 당시의 가르침이 어느 정도나 적용되고 있다고
볼까?

종교는 종조들의 가르침을 받들어 참된 삶을 살아가게 하는 데 존
재 이유가 있다. 그들의 가르침을 제대로 파악하는 것은 종교가 처한
위기 상황을 극복하는 데 있어 가장 중요한 지름길이다.

한국 교회에 부는 변혁의 바람_

지금 한국 종교계는 중요한 실험을 하고 있다. 특히 개신교는 위기
극복을 위해 초대 교회에 눈을 돌리고 있다. '소교회 운동'이 바로 그
것이다.

서울 강동구 천호대로 부근의 허름한 상가 건물 3층에 자리한 들꽃
향린교회. 25평쯤 되는 공간에 출석 교인이 20여 명에 불과한 작은
교회이다. 명동향린교회가 강남향린교회를 개척할 때 담임 목사로 파
송되었던 김경호 목사는 10여 년 만에 다시 교회를 분가해 들꽃향린
교회를 새롭게 개척했다.

들꽃향린교회는 강남향린교회로부터 건물 임대 보증금을 지원받고
교인의 약 15%인 25명이 떨어져 나와 개척에 나섰다. 보통 부목사나
새로운 목사를 개척 교회 목사로 파송하는 것이 일반적이지만, 김 목
사는 강남향린교회 창립 초기부터 그곳에서 10년 이상 목회를 하지
않겠다고 선언한바 있다. 한 곳에 너무 오래 머무르면 매너리즘에 빠
질 수 있다는 것이 김 목사의 생각이다. 또 교인 수는 30~40명 정도
가 가장 적당하다고 그는 보고 있다.

들꽃향린교회의 개척 방식은 일부 대형 교회가 분가 선교를 할 경

우 행하는 '지(枝)성전' 방식과는 큰 차이가 있다. 대형 교회들이 중앙에서 인사 및 예산권을 독점한 채 문어발식으로 지성전을 확장하고 있다면 들꽃향린교회의 경우는 모교회의 초기 지원만 받고 완전히 별개의 독립 교회를 세운 형태다. 나눔을 통해 일찌감치 군살을 빼는 방식이다. 외형을 키우겠다는 욕심보다는 목회의 본질에 더 충실하겠다는 정신이 그 안에 담겨 있다.

김 목사는 성서에는 교회당이라는 말이 없다고 말한다. 그냥 교인들이 가정집에 모여 밥상 앞에서 예배하는 형태였다는 것이다. 교인수가 너무 많으면 의사소통에 문제가 생기고 새로운 일을 추진하는 것도 힘들어진다는 주장이다. 결국 교회가 대형화되면 교인들끼리 누가 누군지 모르게 돼 초기 교회의 정신을 잃어버리게 된다는 것이다. 또 사회 지도층 인사가 대거 유입되면 교회의 본질을 잃어버리고 사회의 모습을 그대로 따라가게 된다고 우려한다. 더 이상 바깥 세상에 비판의 목소리를 낼 수 없다는 것이다.

기존 교회의 문제점을 극복하려는 대안 교회도 생겨났다. 2004년 11월 서울 송파구 방이동 지역사회교육회관에서 창립 예배를 갖고 정식 출범한 디딤돌교회는 교회당 없이 운영된다는 점이 특이하다. 대신 한 민간단체가 운영 중인 송파구 지역사회교육회관을 일요일에만 일정 시간 사용료를 내고 임대해 예배를 올린다. 디딤돌교회 윤선주 목사는 대형 교회의 경우 전체 예산의 30%, 중소 교회의 경우 50%에 달하는 건물 운영비만 절약해도 많은 일을 할 수 있다고 설명한다. 그리고 초기 교회에는 예배당이 없었고 신자들이 가정집에 모여 예배를 드렸다면서 교회당에 들어가는 비용을 고스란히 사회에 환원할 생각이라고 말했다.

윤 목사는 창립 준비 기간인 지난 1년 동안 이를 실천해 왔다. 헌금의 30% 이상을 미자립 장애인 가정과 교회 개혁 운동단체 등에 지원한 것이다. 또 교회 최고의결기구인 사무 처리회 의장을 담임 목사가 아닌 장로 가운데 한 명이 맡고 목사, 장로, 안수 집사 등에 임기제를 적용하고 있다. 또 목회자와 평신도는 수직적 관계가 아니라 수평적으로 대등한 관계를 유지하기로 했다. 윤 목사의 바람은 디딤돌교회가 잘 운영돼 자정 능력을 상실한 한국 교회에 대안을 던져 주는 것이라고 한다.

지금껏 한국 교회는 소외된 이웃과 사회적 약자를 돕기보다는 교회 자체의 몸집 불리기에 치중해 왔다. 교회가 마치 예배당을 위해 존재하는 것처럼 인식되고 교인들은 그들만의 폐쇄적인 친목 단체로 전락했다. 예배당 건립이나 유지에 들어가는 예산만 줄여도 사회를 위해 많은 일을 할 수 있다. 이를 자성하고 바른 교회를 만들겠다며 노력하는 몇몇 교회의 모습에서 한국 교회의 희망을 볼 수 있다.

본질을 향한 몸부림_

한국 교회가 가장 비판받고 있는 지점은 외형적 성장에 치우치면서 내실을 기하지 못하고 있다는 것이다. 중세 교회처럼 성전 건축에 너무 많은 돈을 투입해 세간의 눈총을 받고 있다. 그러나 큰 성전을 지어야 은혜를 받을 수 있다며 사람들을 끌어들이는 것은 부질없는 일일 수 있다. 교회당을 성전으로 아는 한 참다운 복음은 전파되지 않을 것이기 때문이다. 오늘 한국에 예수가 온다면 분명 호화찬란하게 꾸민 대형 교회보다는 가난하지만 진실한 믿음이 샘솟는 작은 교회, 하나님이 그리워 오늘도 철야 정성을 들이는 믿음이 있는 가정을 찾을 것이다.

예수는 마구간에서 태어났다. 그리고 예수는 공생애 노정에서도 성전이 아닌 광야에서 40주야 단식기도를 하는 등 정성을 들였다. 공생활에서의 최초의 유월절(과월절)을 맞아 예루살렘을 순례하고, 거기서 성전 안의 장사꾼들을 몰아냈다. 본질에서 벗어난 성전에 대한 예수의 거부감을 느낄 수 있다.

예수는 유대인들이 그토록 경외하며 섬겼던 예루살렘의 성전은 하나님이 계신 곳이 아님을 깨우쳐 주었다. 하나님이 거하지 않으면 참 성전이 될 수 없다는 것이다. 예수는 하나님이 계시는 곳은 어디든 하나님의 성전이 될 수 있다고 생각했기에 들판이나 산과 거리에서 복음을 전한 것이다.

"너희가 하나님의 성전인 것과 하나님의 성령이 너희 안에 거하시는 것을 알지 못하느뇨. 누구든지 하나님의 성전을 더럽히면 하나님이 그 사람을 멸하시리라. 하나님의 성전은 거룩하니 너희도 그러하리라."(고린도전서 3장 16～17절)

성전은 하나님이 계시는 집이지 사람이 지은 인위적인 건물이 아니다. 사람이 지을 수 없는 인간의 몸, 생명의 주 되신 하나님께서 지어 주신 사람의 몸만이 성전이 될 수 있는 것이다. 우리 자신이 하나님의 성전이 되기 위해서는 하나님이 거할 수 있는 터전을 만들어야 한다. 오늘 한국 교회에 하나님이 찾아올 수 있는가. 하나님에게 외형은 아무런 의미가 없다. 오직 하나님이 함께하실 수 있는 조건을 갖췄느냐 하는 것이 중요하다. 한국 교회를 이끌어 가는 지도자들에게는 더 말할 나위가 없다.

한국 교회에 지금 세간의 비판을 겸허히 수용하는 참회의 바람이 불고 있다. 한국복음주의협의회가 2005년 4월 8일 서울 강남구 도곡

동 강변교회에서 마련한 '제가 잘못했습니다'라는 주제의 조찬 기도회에서 한국 교회를 대표하는 원로 목사들이 공개적으로 자신의 잘못을 고백했다.

세계 최대 교회를 일궈 온 여의도순복음교회 조용기 목사는 "그동안 목회 생활을 하면서 칠십에 이르고 보니 회한이 많다. 가장 마음에 통회하고 싶은 것은, 참으로 그리스도를 따라 살지 못한 것이다. 또 마음에 크게 고통스러운 것은 말로만 사랑을 하고 사랑을 진실로 실천하지 못했다. 테레사 수녀나 슈바이처 박사의 생애를 생각해 보면 모골이 송연하다"라고 말했다. 그리고 "나 자신도 잘 먹고 잘 입고 잘 살았다. 우리 교회 사람들만 구원받으면 된다는 좁은 신앙에서 벗어나야겠다는 것을 느꼈다. 칠십 평생을 돌아보니 죄밖에 없다. 지금이라도 값싼 은혜 속에 안주하는 삶을 탈피하고 하나님의 영광을 위해 살기를 원한다"라고 고백했다.

또 경동교회 강원룡 원로 목사도 "40년간 대화 운동을 해왔는데 가정 먼저 해야 할 대화 운동은 우리 기독교 안의 대화라고 생각한다. 오늘의 한국 땅에서 장로교니 감리교니 해서 내 교파만 옳다고 하는 것은 대단히 잘못됐다. 기독교 내 대화 운동에 소홀했다"라고 자신의 잘못을 인정했다. 그는 "교회는 영혼을 구원하는 것이 중심이었다. 가장 기본적인 것은 생명 중심이다. 그런데 이 역할을 제대로 못했다. 지구가 죽어 가고 있다. 우리들이 이웃 사랑을 한다고 하는데 교회가 이것을 위해 무엇을 했느냐"라고 말했다.

충현교회 김창인 원로 목사는 해방 직후 평양, 부산 등지에서 재건 교회를 하면서 다른 사람에게 함부로 입을 열어 저주했었다며 밥도 같이 먹을 수 없다는 교만함으로 가득했었다고 참회했다.

이날 세 목회자의 고백과 회개가 이어지는 동안 참석자들은 진지하고 침통한 표정을 잃지 않았으며 일부는 눈물을 흘리기도 했다. 교회에서 아무리 지위가 높고 하나님을 위해 큰일을 한다는 평가를 받고 있더라도 하나님의 뜻과 동떨어져 있고, 하나님이 함께하실 수 있는 성전이 되지 않는 한 하나님과는 아무런 관계가 없다. 한국 교회의 대표적 목회자의 이날 참회는 신앙의 길을 가는 한 인간의 진솔한 고백이요, 초대 교회의 정신으로 살겠다는 다짐이었다. 한국 교회에 지금 작은 혁명이 일어나고 있다.

한국 교회는 이제 초대 교회로 돌아가야 한다. 신학교도 없고 예배당
도 없지만 성령이 충만한 교회, 하나님의 사랑이 숨 쉬는 교회로 돌아가야
한다.

16_ 초대 교회와 평신도 교회

불교의 목표가 스스로 깨닫는 데 있다면 기독교는 하나님을 믿고 구원받는 데 있다. 기독교는 불교와는 달리 그 목표를 달성하기 위해 중보자를 내세운다. 같은 기독교라도 가톨릭에서는 중보자로서 신의 대리인이라고 하는 교황을 내세우고 있지만 개신교에서는 중보자의 중요성을 크게 보지 않고 있다.

불교나 기독교 모두 종국에는 신앙은 개인의 문제로 돌아갈 수밖에 없다고 보고 있다. 깨달음이나 신에 대한 체험, 헌신, 봉사 등 신앙적 행위는 개인적 문제이기 때문이다. 그리고 신앙의 궁극적 목표인 참된 인간 추구는 다른 사람의 협조에 의해 이뤄질 수 없다.

기독교인들이 하나님을 믿는 것은 하나님의 뜻대로 살자는 데 있다. 하나님의 뜻대로 산다는 것은 하나님이 인간을 창조한 목표 즉, 하나님이 함께하실 수 있는 성전이 되는 것이다. 그리고 불교에서 깨달음을 얻는 것은 곧 부처가 되는 것이다. 부처가 된다는 것은 인간으로서는 최고의 경지에 이르는 것을 말한다. 결국 불교나 기독교나 인간이 완성의 경지에 이르는 것은 개인적 신앙과 노력에 달려 있다고 보고 있다.

신앙의 길에서 형식적인 것은 별로 중요하지 않다. 오랜 수행을 통해 깨달음을 얻거나 하나님과 나와의 관계를 회복하는 것이 무엇보다 중요하다. 이는 사도 바울이 에베소 감옥에서 빌립보 교회에 보낸 편지에도 잘 나타나 있다. 그는 "내가 율법을 지킴으로써 하나님과의 올바른 관계를 얻는 것이 아니라 내가 그리스도를 믿을 때 내 믿음을 보시고 하나님께서 나를 당신과의 올바른 관계에 놓아 주시는 것입니다"(빌립보서 3장 9절)라고 고백했다. 이처럼 형식적으로 율법을 지키는 것보다는 예수를 진실로 믿음으로써 하나님과의 관계를 형성해야 한다.

예배에 참석하고 헌금을 하는 것도 중요하지만 그것보다 더 큰 일은 신앙심으로 거듭 태어나 하나님과의 관계를 회복하는 것이다. 불교 신자 역시 다른 이의 지도를 받는 것도 필요하지만 부처님의 뜻을 받아들여 스스로 깨달음의 경지에 이르는 것이 무엇보다 중요하다. 도의 길은 깊은 사색과 끊임없는 수련의 과정을 거치지 않으면 안 되기 때문이다.

하나님과 가까운 자가 지도자가 되어야_

오늘날 교회 내에는 평신도와 성식자 두 계급이 있다. 이 두 계급은 결코 좁혀질 수 없는 간격으로 벌어져 있다. 성직자들은 '하나님의 대리인' 또는 '하나님의 종'으로 불리기도 한다. 종교 개혁자들이 그러한 구분을 철폐시켰는데도 한국 교회에는 엄연히 두 계급이 존재한다. '만인사제론'을 주장한 루터는 "교황, 주교, 사제 및 승려를 '영적 계급'이

라고 부르고 군주, 영주, 직공 및 농부를 '세속적 계급'이라 부르는 것은
조작적인 것이다. 이것은 순전히 거짓과 위선이다"라고 말했다. 사제
는 하나의 관리인 이외에 아무것도 아니라는 것이다.

베드로는 "오직 너희는 택하신 족속이요, 왕 같은 제사장들이요, 거
룩한 나라요, 그의 소유된 백성이니 이는 너희를 어두운 데서 불러내
어 그의 기이한 빛에 들어가게 하신 자의 아름다운 덕을 선전하게 하
려 하심이라"(베드로전서 2장 9절)라고 했다. 모든 그리스도인이 바로
왕 같은 제사장이라고 선언하고 있다. 이 성구는 루터가 '만인사제론'
을 주장하게 된 근거이기도 하다.

사도행전을 보면 오늘날 평신도라고 부를 수 있는 집사 빌립이 세
례를 주기도 하고(8장 12절), 집사 스데반이 전도사 역할을 하기도 했
다(6장 10절~7장 60절). 그리고 모든 그리스도인을 주님의 제자로
불렀다.(6장 1절)

중세 때 수도원 출신이 사제에 임명된 것처럼 오늘날에는 신학교
졸업자에게 목사 안수의 자격이 부여된다. 성경에는 "그가 혹은 사도
로, 혹은 선지자로, 혹은 복음 전하는 자로, 혹은 목사와 교사로 주셨
으니 이는 성도를 온전케 하며 봉사의 일을 하게 하며 그리스도의 몸
을 세우러 하심이라"(에베소서 4장 11~12절)라고 기록돼 있다. 사도,
선지자, 복음 전하는 자, 목사, 교사는 사람들에 의해서 뽑히고 임명되
는 직분이라기보다는 하나님께서 원하는 사람에게 주는 하나님의 은
사라는 것이다. 그리고 하나님께서 그러한 은사를 신자들에게 주심은
신자들로 하여금 성도를 완전케 하며, 봉사를 하게 하며 그리스도의
몸인 교회를 세우려는 것이다. 성직이 하나님의 은사란 사실은 이것
을 인간의 제도로 양산할 수 없다는 말이 된다. 신학교는 목회자들의
질을 향상시키기 위한 교육 기관으로서는 의미가 있지만 성직자의 자

격을 부여할 수는 없다는 것이다.

교회가 부흥하려면 목사의 권위가 강력해야 한다고들 주장한다. 물론 목회자의 권위는 존중되어야 한다. 그러나 절대적이어서는 안 된다. 절대적인 권위가 세워지려면 오류가 없어야 하는데 과연 오류가 없는 존재가 있을 수 있는가. 가톨릭은 오직 한 명인 교황에게 그런 권위를 부여하고 있는데 종교 개혁자들은 이를 한목소리로 반대해 왔다.

자신의 권위를 절대화하려는 목회자가 있다면 그는 십중팔구 거짓 선지자일 수 있다. 목회자는 일반인보다 겸손해야 하며 양심적이어야 한다. 목회자는 결코 초인간적인 존재가 아니다. 물론 그들도 그것을 알고 있다. 세속적 유혹에 넘어가 중도에 하차하는 목사들이 수없이 많다. 그런데도 사람들 앞에서 초인간적인 존재로 여김을 받고 싶어 한다. 이 얼마나 위험스러운 일인가.

과연 목회자와 평신도의 신분 구별이 필요한가. 교회 내 성숙한 그리스도인 중에서 특별히 하나님의 은사를 받은 사람이 있어 그를 신자들이 확인 과정을 거쳐 자연스럽게 목사나 교사로 추대한다면 어떤 문제라도 생기는가. 평신도에 대한 잘못된 개념이 평신도들의 영적 성장 의욕을 꺾어 놓고 있다. 평신도들은 주일에 교회에 출석하여 십일조하고 적당히 봉사하면 모든 의무를 다한다고 생각한다. 아무리 성경을 많이 알고 성령이 충만해도 그는 영원히 평신도일 뿐이며 언제나 사역에서 소외될 수밖에 없다. 그렇다면 그들이 교회의 중심에 설 수 있는 길은 없는가.

평신도가 주인이 되는 교회_

초대 교회에는 신학교도 없었고 예배당도 없었고 교인이 수만 명씩 되는 교회도 없었다. 그리고 교파도 없었고 노회도 없었다. 오늘날의 교회 형태도 나름대로 발전된 것이기는 하지만 내용은 초대 교회보다 특별히 나아진 것이 없다. 역사적으로 볼 때 교회들은 언제나 초대 교회로 돌아가려고 애써 왔다.

초대 교회 때에 조그만 가정집에서 예배를 드렸다면 지금은 화려하고 큰 예배당에서 예배를 드리고 있다. 당시에 카타콤(비밀 지하 묘지)에서 횃불을 켜놓고 어떤 악기도 없이 찬양했다면 지금은 화려한 상들리에 밑에서 전자 오르간에 맞춰 찬양을 한다. 초대 교회 때 가정집에서의 성령 충만한 예배와 비교해 볼 때 오늘날의 예배가 특별히 하나님을 더 기쁘게 하는가. 초대 교회의 성령 충만함과 수많은 사람의 회심, 그것이 추구해야 할 교회의 전형이다.

한국 교회는 이제 초대 교회로 돌아가야 한다. 신학교도 없고 예배당도 없지만 성령이 충만한 교회, 하나님의 사랑이 숨 쉬는 교회로 돌아가야 한다. 초대 교회 사람들은 핍박을 피해 사방으로 흩어졌다. 그들은 예배당이 없어도 예배드리는 데 아무런 장애를 느끼지 못했다. 자기 집이나 공원, 해변 같은 데 모여서 예배를 드렸다. 지금처럼 건물을 알아보고 사람들이 많이 모이는 자리를 모색하기 위해 시간을 낭비할 필요가 없었다. 만일 한국 교회가 초대 교회와 같은 신상을 가졌더라면 훨씬 효과적으로 많은 지역, 많은 사람들에게 복음을 전할 수 있었을 것이다.

중국에는 정부에서 인정하는 삼자 교회와 지하 조직으로 운영되는 처소(가정) 교회가 있다. 삼자 교회는 예배당도 갖추고 있고 정부에서 인정하는 목사도 있으며 여러 가지 종교적 의식도 가지고 있다. 그러나 처소 교회는 예배당도 목사도 없이 그리스도인들이 삼삼오오 모여 예배를 드린다. 그런데 삼자 교회보다 처소 교회에 놀라운 은사가 내리는 이유는 무엇일까.

호주에서는 가정 교회들이 늘고 있다고 한다. 가정 교회를 인도하는 장로들은 정기적으로 연합 모임을 가지며, 교회 구성원 전체가 연간 두 차례씩 모여 수련회를 갖고, 몇몇 가정 교회가 연합하여 새로운 가정 교회를 개척하기도 한다. 가정 교회에 대한 기존 교계의 인식은 처음에는 적대적이었다. 1970년대부터 각 교회 지도자들이 가정 교회에 뭔가 특별한 것이 있다는 인식을 하기 시작한다. 1980년대에 들어서서 가정 교회의 모습을 눈으로 확인한 그들은 가정 교회를 인정하게 됐으며, 1990년대에는 감리교와 침례교가 가정 교회를 허용하게 된다. 호주의 가정 교회는 평신도 교회와 같은 형태를 지니고 있다.

한국에도 요즘 평신도 교회가 세워지고 있다. 평신도 교회의 대부분은 유치원이나 태권도장 혹은 학원 등을 빌려 예배를 드린다. 교회 건물을 지으려면 많은 돈이 필요하기 때문에 당연히 헌금이 강조되게 된다. 오늘날 많은 교회의 헌금 사용 내역서를 보면 거의 대부분이 자체 소비이다. 만일 그중 상당 부분을 사회를 위해 내놓았더라면 비기독교인들이 교회를 보는 눈이 지금과는 달라졌을 것이다.

목회자는 봉급을 받지 않기 위해 직업을 갖는다. 만일 사역자에게 봉급이 나가지 않는다면 그 헌금을 사회봉사와 선교에 사용할 수 있을 것이다. 목회자가 사역비를 받지 않는다면 유혹도 덜 받을 수 있다. 그것이 진정한 의미의 헌신이자 봉사이다.

종교의 궁극적 목표는 한 개인이 신앙을 통해 참사람을 성취한 뒤 참가정을 형성하고 그러한 가정이 종족과 세계로 확산돼 평화가 숨 쉬는 천국을 이룩하는 데 있다. 개인이 올바로 서지 못한다면 세상이 천국이 되었다고 할지라도 자신과 상관이 없다. 따라서 신앙은 결국 개인의 문제로 귀결될 수밖에 없다. 목회자는 신앙 교육을 할 수는 있지만 그 열매는 스스로 따야 한다. 평신도가 교회의 주인이 되어야 하는 이유는 하나님 앞에 독립된 개체로 서야 하기 때문이다. 개인이 바로 하나님의 성전임을 일깨워 줘야 하기 때문이다. 그래서 신앙생활에는 자율성과 함께 책임이 뒤따른다. 깊은 기도와 수행을 통해 거듭나는 것은 개인의 노력에 달려 있다. 사랑의 실천도 강요로 될 수 있는 일이 아니다.

특히 한국 교회에는 목회자에게 맹목적으로 충성하는 성도들이 많다. 그리고 목회자가 절대적 권위를 갖는다. 목회자들은 하나님과 성도가 연결될 수 있도록 매개 역할을 하다가 어느 단계에 이르게 되면 자신이 필요 없는 존재임을 빨리 파악하고 한 발짝 뒤로 물러서야 한다. 신앙을 자신의 생활권에 정착시키는 것은 성도 개인의 몫이기 때문이다. 이는 불교 신도들에게도 마찬가지로 적용된다.

17_ 헌금과 공급

교회에서 예배와 함께 가장 강조되는 것이 헌금이다. 헌금은 흔히 하나님에게 바치는 것으로 알려져 있다. 신도들은 이 헌금이 거룩하게 쓰일 것으로 믿는다. 그러나 제대로 쓰이지 않을 경우 헌금의 의미는 퇴색되고 만다는 점에서 헌금의 용도는 상당히 민감한 사안이다.

구약 성경에는 헌금과 관련된 언급이 많다. 대표적 사례로 "땅의 10분의 1, 곧 땅에서 난 것의 10분의 1은 밭에서 난 곡식이든지, 나무에 달린 열매이든지 모두 주에게 속한 것으로서, 주에게 바쳐야 할 거룩한 것이다"(레위기 27장 30절)라는 구절을 들 수 있다.

하나님은 그간의 헌금 관행에 대해 어떻게 생각할까? 하나님은 인간이 주는 '예물'을 흔쾌히 받으실까? 봉헌 기도자들은 헌금을 냄으로써 하나님이 천배 만배 더 많은 물질적 축복을 내려 주기를 기원한다. 집례자는 신도들에게 헌금을 많이 바치면 바칠수록 큰 축복이 내릴 것으로 믿게 한다. 과연 그럴까?

우리가 가지고 있는 재물은 예외 없이 하나님으로 말미암은 것이니 당연히 하나님께 내놓아야 한다. 헌금은 그 일부라도 드리면서 전체를 드렸다는 조건을 내세우는 것이다. 그리고 하나님이 허락한 그 재물들을 잘 관리하고 잘 사용하겠다는 일종의 다짐이다. 즉 헌금은 자신이 가지고 있는 물질의 주권(主權)이 하나님께 있음을 확인하는 행위이다.

기독교인들은 하나님이 십일조나 헌금 액수에 관심을 갖고 있다고 생각한다. 하나님의 진정한 관심은 돈에 있는 것이 아니다. 우리가 소유할 소득 중 얼마를 떼어 내놓는, 다시 말해 소유를 포기하는 우리의 마음에 있다. 일단 손아귀에 들어온 것을 꺼내어 놓는다는 것은 어려운 일이다. 그렇기에 헌금은 예물로서의 가치가 있다. 하나님은 바로 그 점을 생각하는 것이다. 하나님이 궁하기 때문에 인간들의 돈주머니를 털려고 하는 게 아니다.

십일조란 소득의 10분의 1을 하나님께 바치는 헌금이다. 한국 교회의 신자들은 십일조와 헌금을 세계 어느 나라의 신자보다 열심히 내고 있다. 그런데 십일조를 내는 것은 강조되면서 십일조의 사용에 대해서는 별로 알려진 게 없다. 헌금은 대부분 목회자나 교회 간부들이 관리한다. 그 돈은 하나님의 것이요, 공금이다. 따라서 헌금의 액수보다 어떻게 사용하느냐가 더 중요함은 두말할 나위가 없다.

물질이 아니라 마음이 중요하다_

성경에는 아브라함이 전쟁에서 조카 롯과 빼앗긴 재물을 찾아 돌아올 때에 살렘 왕이자 하나님의 제사장인 멜기세덱이 빵과 포도주를 가지고 나와 그를 맞이하며 축복하는 장면이 나온다. 이때 아브라함은 노획한 재물의 10분의 1을 멜기세덱에게 주었다.(창세기 14장

17~20절) 이것이 십일조의 기원이다. 하나님은 레위지파를 제사장 직무를 수행하는 지파로 삼고(민수기 18장 20절) 그 직무를 잘 수행하도록 하기 위해 세상의 어떠한 일도 하지 않고 오직 성막 안에서 직무를 감당하게 했다. 그들의 생계를 위해 이스라엘 백성들로 하여금 소산의 10분의 1을 레위지파에게 바치게 하면서(민수기 18장 21절) 보다 구체적으로 십일조가 언급된다.

예수는 십일조에 대해 구체적으로 말하고 있지 않다. 예수가 외식하는 서기관과 바리새인들을 책망하면서 "위선자인 서기관들과 바리새인들아, 너희에게 화 있으리라. 이는 너희가 박하와 아나스와 커민의 십일조는 바치면서 율법과 공의와 자비와 믿음의 더 중요한 것을 빠뜨렸기 때문이라. 너희는 이것들도 마땅히 행하고 또 저것들도 저버리지 말아야 하리라"(마태복음 23장 23절)라고 했다. 예수는 율법의 참의도가 무엇인지를 알게 하려고 이 말을 했다. 그는 그때까지는 율법의 시대이기 때문에 십일조도 하고 또한 율법의 목적인 '공의와 자비와 믿음'도 같이 행하라고 한 것이다. 이것이 신약의 성도들을 위해 한 말씀으로 볼 수 있느냐는 또 다른 차원의 문제다.

초대 교회에서는 모든 성도가 재산을 공동으로 소유하며 생활했다. 당시에는 십일조를 대신해 연보(모금)라는 것이 있었다. 엄청난 가뭄이 유대에 임하여 예루살렘 교회가 기근으로 어려움에 처하게 되자, 그 소식을 들은 안디옥 교회와 고린도 교회가 능력만큼 거둔 모금을 전달한다.

바울은 헌금에 대해 "먼저 할 마음만 있다면 사람이 가진 대로 받으실 것이며, 없는 것을 받지 아니하시리라"(고린도후서 8장 12절)라고 강조했다. 이는 구약에서 언급된 십일조와 상반되는 구절로 성도의 개인 양심에 따라 물질을 드릴 것을 강조하고 있다. 헌금을 "각 사람은 미리 마음에 정한 대로 할 것이요, 인색함이나 억지로는 하지 말아야 하리니 이는 하나님께서 기쁨으로 드리는 자를 사랑하심이라"(고린도후서 9장 7절)라고 본 것이다.

요즘 신도들은 헌금을 한 뒤 "하나님! 저희가 정성껏 드린 이 예물을 하나님께서 기뻐하시고 원하시는 일에 적합하게 써주시옵소서. 비록 얼마 안 되지만 '오병이어의 기적'을 일으키셔서 크게 쓰시옵소서……" 하고 기도한다. 헌금을 내놓는 것을 하나님에게 무슨 대단한 득이라도 되는 줄로 생각한다. 그것은 오히려 우주의 주인인 하나님에 대한 모욕이 될 수 있다. 돈 몇 푼 내놓았다고 하나님을 위해 무엇을 한 것처럼 착각해서는 안 된다.

헌금은 아이가 엄마, 아빠가 준 용돈 중 얼마를 따로 떼어 두었다가 엄마, 아빠를 위해 쓰자는 것과 다름이 없다. 엄마, 아빠는 아이들이 사온 작은 선물을 받고도 감격해 눈물을 글썽인다. 선물이 문제가 아니라 그 마음이 기특해서다. 그러다가 그 자식이 자라 자기 용돈에서 1%가 아니라 10%, 마침내 용돈 전체를 기꺼이 내놓았을 때 그 마음이 부모로서는 예쁜 것이다. 부모는 철든 자식을 보며 기뻐 어쩔 줄 몰라한다. 하나님이 뭐가 아쉬워 우리에게 돈 몇 푼 내놓기를 바라겠는가. 하나님이 원하는 것은 돈이나 금붙이가 아니다. 우리가 가지고 있는 재물에 대한 주권이 하나님에게 있음을 기억하고 인정하는 우리의 '마음'을 원하는 것이다.

따라서 하나님의 이름으로 거둬들인 헌금이 어디에 쓰이고 있느냐 하는 것이 중요하다. 밤잠 안 자고 번 돈, 못 입고 못 먹고 얻은 수입에서 어렵게 떼어 내놓은 돈이 어디에 사용되고 있는가. 하나님께 바쳐진 헌금을 목회자가 함부로 썼다면 이는 스스로 하나님 자리에 올라간 것이 아니고 무엇인가. 그렇지 않고서야 하나님과 아무런 상의도 없이 그 돈을 함부로 쓸 수 있단 말인가. 신자들이 헌금을 일종의 '투자'로 생각하거나 자신의 잘못을 감하려는 수단으로 생각하는 것도 문제지만 헌금을 목회자 마음대로 사용하는 것은 더 용서받기 어렵다.

헌금이 잘못 쓰이고 있다_

헌금의 본래 의미가 퇴색되면서 많은 부작용을 낳고 있다. 헌금이 가장 악용된 사례는 가톨릭이 신자들에게 죄를 사해 주는 조건으로 기부를 받고 교황의 이름으로 발행한 면죄부 사건이다. 16세기 성베드로대성당을 지으면서 돈이 필요했던 로마 교황청은 헌금을 권하면서 속죄 증명서, 즉 면죄부를 발행했다. 성당 건축 헌금을 위한 '대사령장'만 지참하면 교회법적인 제한 없이 어떤 신부에게 가서도 고백 성사를 받을 수 있었다. 신부들도 그 '대사령장' 소유자에 한해서는 제한 없이 교회로부터 받은 사죄권을 행사할 수 있었다. 1517년 젊은 수도사요, 교수였던 마르틴 루터가 면죄부 발행에 반대해 그 폐단을 지적하는 '95개조 항의문'을 내붙이고 공개 토론을 주장한 것이 종교 개혁의 불씨가 됐다.

그렇다면 면죄부 제도를 반대했던 개신교는 지금 어떤가. 목회자들은 예배 시간에 헌금을 낸 사람의 이름을 일일이 거명하면서 '축복'을 한다. 헌금을 많이 하면 복을 받는다는 것이다. 십일조 외에도 주일 헌금, 건축 헌금, 감사 헌금, 심방 헌금 등 별의별 명목으로 헌금을 거둬들인다.

2005년 1월 21일자 〈오마이뉴스〉의 기사에 따르면 전북 J교회 담임 목사의 연봉은 1억 2,420만 원에 이르고 있다. 이 교회의 '2005년도 일반 회계 세입 세출 예산서'에는 담임 목사를 위한 지출이 생활비 5,400만 원, 자녀 학비 보조비 4,920만 원, 목회비 600만 원, 교역자 연구비 600만 원, 교역자 도서비 480만 원, 여비 360만 원, 교역자 수양비 60만 원 등으로 나와 있다. 여기다가 접대비 1,000만 원, 축조의비 700만 원, 도서 및 정보 통신비 500만 원을 비롯해 교회가 제공한 차량과 유류 대금, 30평 아파트와 각종 공과금 등을 모두 합하면 담임 목사에게 들어간 비용이 2억 원가량 된다는 것이다. 1,200명 정도의 교인이 출석하는 이 교회의 한 해 총예산인 10억 5,000만 원 중 20%를 담임 목사가 가져간 셈이다.

대형 교회의 담임 목사는 이같이 고액의 연봉을 받고 있지만 개척 교회나 농촌 교회의 목사나 전도사는 연봉이라고 부르기 곤란할 정도의 비용을 받으며 생활고에 시달리고 있다. 연봉은 바르고 건전한 목회에 전념할 수 있도록 교회가 목회자에게 지급하는 생활비인데도 이렇게 과다하게 지급된 것은 헌금의 사용처가 임의로 정해지고 있다는 것을 보여 주는 대목이다.

물론 헌금의 중요성을 인식하고 철저히 공적으로 관리하는 곳도 있다. 서울광염교회의 경우 1992년 설립 이래 '교회 예금 계좌에 100만 원 이상 쌓아 두지 않는다'는 원칙을 고수하고 있다. 대신 고정비를 제외한 교회 예산의 대부분을 사회 구제와 선교, 장학 사업에 쓰고 있다. 출석 교인만 2,600여 명에 이르는 대형 교회인데도 아직 번듯한 교회 건물도 없는 것은 헌금을 교회를 짓는 데 쓰기보다는 가난한 이웃을 돕고 사회를 위해 쓰겠다는 뜻이다. 한국 교회가 그동안 소외된 이웃과 사회적 약자를 돕기보다는 교회 자체의 몸집 불리기에 치중해 온 것과 비교하면 신선한 충격이 아닐 수 없다. 하나님 이름으로 모은 공금을 제대로 쓰자는 이러한 분위기는 현재 상당히 확산되고 있는 추세이다.

인간의 참된 가치는 타인과의 관계에서 나타난다. 그것은 인간이 공적 존재라는 뜻이다. 더구나 하나님은 인간의 사적 욕망과 미움이 인간의 타락으로 연결됐다고 보고 인간의 공적 가치를 중요시하고 있다. 헌금의 참뜻은 자기가 가진 것을 공적인 것으로 전환시키는 데 있다. 전체를 바치지 못하더라도 그 일부를 바침으로써 전체를 바쳤다는 조건을 세우는 것이다. 이는 남을 사랑했다는 조건이 될 수 있으며, 자기의 모든 것을 공적 가치로 승화시키는 계기가 된다.

헌금은 하나님의 이름으로 거둔 만큼 하나님의 일을 위해 사용해야 한다. 교회 회계의 투명성은 물론이고, 헌금이 어디에 사용되었는지를 정확하게 공개해야 한다. 이는 교회를 해되게 하는 것이 아니라 교회를 건강하게 하는 길이다. 십일조와 헌금은 신자 개인 소유의 일부를 드리는 것이 아니라 하나님께서 맡겨 준 것의 10분의 1 또는 그 이외의 것을 드리는 것이다. 기독교인의 경제관은 물질을 자신의 소유가 아니라 단지 위임받은 것으로 여기는 것이다. 그것은 독점이 아닌 공유이며 나눔이다. 10분의 1이라는 나눔의 훈련을 통하여 10분의 1 이상을 나눌 수 있는 사회를 만들 수 있도록 해야 한다.

하나님이 선한 일을 한 사람에게는 복을 주고 악한 일을 한 사람에게는 화를 준다고 한다면, 그 하나님은 율법적 하나님은 될 수 있을지언정 사랑의 하나님은 아니다.

18_ 병을 고치고 복을 준다는 것

성경에는 예수의 치유 사역 장면이 자주 나온다. 예수는 병자에게 손을 대거나 안수하여 병을 낫게 했다. 즉 나환자는 예수가 손을 대자, 18년간 꼬부라진 병을 앓은 여자는 안수를 하자, 혈루증 여인은 예수의 옷을 만지자 병이 낫는다. 그리고 예수는 멀리 있는 사람의 병까지도 고친다. 백부장의 하인과 왕의 신하 아들이 집 안에 머물고 있는데도 예수는 그들을 만나지 않고서도 고친 것이다.

예수는 인간의 영적 장애물을 제거함으로써 병을 낫게 했다. 대표적 사례가 거라사 지방의 군대 귀신이 들린 자를 쫓아내는 장면이다. 군대 귀신 들린 자는 정상적인 인간으로 살지 못하고 무덤 사이에서 살아야 하는 소외된 사람이다. 벙어리 귀신이 들어간 외아들은 간질병까지 겹쳤다. 악령은 이 아이를 물불을 가리지 않고 넘어지게 하며 거품을 흘리게 하고 이를 갈게 했다.

예수는 신적인 존재, 즉 하나님의 아들이며 비교할 수 없는 능력을 소유한 이로 성경은 적고 있다. 따라서 그의 능력은 초월적으로 행해졌다. 원래 인간은 하나님의 형상대로 지음을 받아 하나님과 깊은 교제를 하도록 되어 있었지만 인간이 하나님을 불신하면서 수많은 병리 현상(질병)을 갖게 되었다. 그 결과 하나님의 형상은 파괴되었고, 인간들은 신체적·정신적·영적 측면에서 깊은 상처를 입게 되었다. 예수는 치유 사역을 통해 하나님과 인간의 관계를 회복하고자 한 것이다. 이는 곧 인간 구원이요, 인간 회복을 의미한다.

목회자들의 치유 사역_

한국 교회가 그동안 세계 최고의 성장세를 유지할 수 있었던 것은 교회에 가면 복을 받고 병을 고칠 수 있다는 이유 때문이었다. 실제로 세계 최대의 규모를 자랑하는 서울의 모 교회가 발전할 수 있었던 것은 이 교회의 목회자가 설교에서 이 두 가지를 유별나게 강조했고, 거기에 많은 사람이 감동받아 몰려들었기 때문이다. "사랑하는 자여 네 영혼이 잘됨같이 네가 범사에 잘되고 강건하기를 내가 간구하노라"(요한삼서 1장 2절)라는 구절에 기초한 "하나님은 사랑이시며 하나님은 성도들을 축복하길 원하신다"는 메시지가 주일 신도들에게 전달된다. 그리고 성령 충만을 강조하는 뜨거운 기도가 신도들의 마음을 움직였던 것이다.

특히 이 교회 담임 목사는 예배 시간에 반드시 병자를 위한 기도를 하고, 병이 나았다고 선포한다. 그는 한 언론과의 인터뷰에서 "1964년경 내 몸이 더욱 쇠약해져 기도를 많이 할 때였어요. 예배 시간에 교인들을 위해 신유 기도를 하는데 마음속에서 누가 말하는 것처럼 '암이 나았다, 관절염이 나았다'는 확신이 들더군요. 나중에 확인을 해보니 정확히 일치했어요. 그때부터 담대히 치유를 예언했지요"라고 말하기도 했다.

그러나 이 교회의 목회 방식에 대한 논란이 계속되고 있다. 과연 그것이 기독교 본연의 모습인가 하는 지적이다. 참된 신앙은 병을 고치거나 복을 받는 데 있는 것이 아니라, 하나님이 원하는 참사람이 되는 데 있다. 그런 점에서 이 교회의 목회 방식은 너무 이기적이고 노골적이라는 것이다.

그리고 병을 고치고 복을 준다는 것이 신앙에서 어떤 의미가 있느냐는 것이다. 병든 자의 병을 치유해 주고 불행한 사람에게 복을 준다면 그것보다 좋은 것은 없다. 초기 기독교 신앙에도 신비주의 요소와 신유의 은사는 있었다. 그리고 그런 것은 오늘에도 존재할 수 있다. 그러나 모든 것은 절제가 필요하다.(갈라디아서 5장 23절) 지나친 신비주의 경향이나 치병 강조는 기독교의 근본 진리를 훼손할 위험이 있다.

병이란 몸과 마음의 전체 또는 일부에 일시적 또는 지속적으로 장애가 일어나서 정상적인 생리(생활) 기능을 영위할 수 없는 상태와 이에 따른 증상을 말한다. 비정상적으로 건강치 못한 심신 상태를 의미한다. 세계보건기구(WHO) 헌장에서는 건강을 단순히 신체에 병이 없디거나 신체가 약하지 않다는 것뿐만 아니라 육체적, 정신적, 사회적으로 완전히 조화된 좋은 상태라고 정의하고 있다. 정상적 상태를 파괴하는 불안, 근심, 분개, 증오, 시기심, 적개심, 죄책감, 질투, 억압감 등을 느끼는 심리적 상태가 지속되면서 질병에 방치되는 것이다.

기독교에서는 건강은 하나님의 은사(창세기 22장 4절)이기 때문에 질병에 걸리면 환자는 위대한 의사인 하나님에게 치유를 기대할 수밖에 없다고 보고 있다. 예수의 치유 사역도 하나님과의 온전한 관계 회복을 도와주며, 종국에는 악의 세력 대신에 하나님의 통치, 곧 하나님의 나라가 임재하게 하시는 구속사적인 행위로 볼 수 있다.

예수가 이스라엘 민족에게 보여 준 것처럼 우리도 그 일을 할 수 있는가. 그동안 한국 교회의 치유 사역은 많은 문제점을 노출했다. 일반 신자들이 치유 사역에 대해 부정적인 것은 다 그만한 이유가 있었다. 치유 사역이 자기 과시처럼 시행됐기 때문이다. 신유 집회라고 하면 이상한 사람이 하는 집회를 떠올리는 이유도 여기에 있다. 치유 방법도 문제가 되고 있다. 손톱으로 상처를 할퀴거나 안찰한다면서 두들겨 패다가 사람이 죽기도 했다. 손가락으로 눈을 찔러 상하게 하기도 했다. 그러다 보니 치유 사역을 이상 행동 내지는 미신적인 일로 받아들일 수밖에 없었던 것이다.

치유는 하나님의 이름으로 하는 것이다. 그런데 혹 차도가 있으면 무리한 대가까지 요구한다. 본래 치유 사역은 거저 받았으니 거저 나누는 것이다. 오직 하나님께만 감사하고 그분께만 영광을 돌리면 된다. 엘리사는 나아만의 문둥병을 치료해 주고 어떤 대가도 요구하지 않았으며, 보상도 거절했다. 이것이 하나님의 사람들이 가져야 할 태도이다. 치유 사역은 교회 밖의 한수 낮은 사람들이나 하는 일로 여겨져 왔다. 비정상적으로 행해져 왔기 때문에 교회들이 치유 사역에 마음의 문을 닫고 있는 것이다. 이것은 한국 교회가 가진 불행한 경험이다.

복을 받는다는 것의 의미_

하나님의 복은 누가 나눠 주는가. 아픈 자가 안수 기도로 낫듯이 하나님에게 간절히 기도하면 복이 쏟아지는 것인가. 그러나 복은 결코

사적인 것이 아니다. 하나님과의 관계에서만 성취될 수 있는 공적인 것이다. 복은 기도를 한다고 해서 하나님이 내려 주시는 것이라기보다는, 하나님과 온전한 관계가 회복될 때에 큰 복을 받을 수 있는 그릇이 마련되는 것이다. 그리고 복을 받을 만한 조건이 성립된다면 하나님이 주시지 않더라도 복은 오게 돼 있다.

대부분의 종교는 선한 일을 행하면 복을 받고 악한 일을 하면 벌을 받는다는 인과응보(因果應報)를 말한다. 그리고 역천자(逆天者)는 망하고 순천자(順天者)는 흥한다고 믿고 있다. 과연 그러한가. 세상에는 불의한 자가 망하지 않고 의로운 자가 고난을 당하는 사례가 많다.

성경에 나오는 욥이라는 사람도 이 문제에 의심을 갖고 있었다. 친구 엘리바스가 욥을 찾아와 지금 당하는 고난은 분명 그럴 만한 이유가 있다고 말한다. 욥의 구체적인 죄목까지 들면서 잘못에 대해 회개하라고 충고한다. 그러나 욥은 하나님의 법도대로 행했는데 왜 이렇게 고난을 당하고 있는지 모르겠다고 고민을 털어놓는다. 욥은 자신의 고난에 침묵하시는 하나님께 항변했다.(욥기 23장) 그리고 악인들을 당장 심판하지 않고 침묵하시는 하나님께 불평했다.(욥기 24장)

기독교인들은 이 문제를 놓고 두 가지 딜레마에 빠진다. 첫째는 악인들이 더욱 기세등등하여 활보하고 다니는 것이고, 둘째는 하나님의 공의를 믿고 신실하게 사는 자들이 어려움을 겪는 것이다. 이걸 보며 낙심한다. 어떤 이는 교회에 나와 성실하고 정직하게 살면서 하나님의 축복을 기대했는데 하는 일마다 실패하고 계속 어려움을 겪는다. 반면 불의를 행하면서 사는 이는 승승장구한다. 이 모습을 지켜보며 사람들은 하나님께 배신당했다며 신앙을 포기하고 만다. 물론 지도자들은 하나님은 참을 뿐이지 언젠가는 공의의 심판을 한다며 믿음을 요구한다.

시편 73편에 이 문제에 대한 이야기가 나온다. 시편의 저자도 악인이 잘되고 오만한 자가 잘되는 것을 보고 질투한다. 악인이 생각지도 않은 많은 부를 가지고 있으면서 가난한 자를 무시하는 내용도 나온다. 그는 자기처럼 조석으로 하나님을 찾는 사람은 어렵게 살고, 불의를 행하는 사람은 '항상 편안하고 재물이 더해 가니 이게 웬일인가' 하고 고민한다.

만일 우리가 하나님의 처지라면 어떨까. 자식이 잘못한다고 해서 늘 가난하게 살도록 하고, 부모에게 잘한다고 해서 떵떵거리며 살게 한다면 과연 그를 부모라고 할 수 있을까. 미국이 흥한 것은 선한 나라이기 때문이고 저 아프리카 저개발 국가들이 못 사는 것은 나쁜 일을 많이 했기 때문인가. 종교사에 근거해서 보면 인과응보를 너무 강조하는 종교는 저급한 종교에 속한다. 고등 종교는 이런 인과응보보다는 윤리적 차원, 사랑의 눈으로 접근한다. 하나님은 비록 잘못을 저지르면서 산 탕자가 있다고 하더라도 그가 다시 회개하고 돌아올 날만 기다리고 계시기 때문에 인과응보의 원칙을 적용하실 수 없는 것이다.

가령 나쁜 일을 한 사람이 죽어 천국에 못 가는 것은 당연한 일인데, 어쩌다 그들이 천국에 가게 되었다고 치자. 하나님은 절대 그들을 지옥으로 다시 보내지 않는다. 그들 스스로 양심의 가책 때문에 천국에서 살지 못하고 지옥을 찾아가는 것이다. 그리고 하나님은 지옥을 찾아간 사람들이 회개하고 돌아오기를 기다린다.

하나님의 눈에는 잘살고 못사는 것이 아무런 의미가 없다. 잘살고 못사는 것은 물질적·경제적·사회적 관점에서 판단할 수 있는 것이지 영적인 차원에서는 중요한 것이 아니다. 결국 의로운 자가 잘살고 참된 행복을 누리게 돼 있다. 그렇지만 그 판단도 인간적 시각이 아니라 하나님의 처지에서 보라는 것이다. 진정한 행복은 하나님이 인간을 창조한 이유대로 살아가는 것이다.

그렇게 볼 때 하나님의 뜻을 전파하기 위해 순교를 당한 사람, 불우한 이웃을 위해 자기를 희생하면서 살아가는 사람, 가난하지만 떳떳하게 살아가는 사람이 결코 불행한 것이 아니다. 갈라디아서 6장 9절에서는 선을 행하되 낙심하지 말라고 했다. 성숙한 신앙인은 고난이나 시련도 하나님의 탓으로 돌리지 않고 복으로 전환시킬 준비가 돼있다.

결국 하나님이 선한 일을 한 사람에게는 복을 주고 악한 일을 한 사람에게는 화를 준다고 한다면, 그 하나님은 율법적 하나님은 될 수 있을지언정 사랑의 하나님은 아니다. 하나님은 탕자까지도 구원하고 싶어 하시는 사랑의 하나님이다. 이 우주 만상은 그야말로 하나님이 주신 복으로 움직이고 있다. 그리고 정도를 가고 선하게 산 사람이 결국 복을 받는 것은 하나님의 천리 법도가 그렇게 되어 있기 때문이다. 다시 말해 하나님이 헌금을 많이 하고 선한 일을 한 사람을 찾아 일일이 복을 주는 것이 아니라 하나님의 뜻에 따라 살게 되면 종국에 복을 받게 되는 것이 우주 원리라는 것이다. 따라서 복을 받고 천국에 간다는 것은 일시적 선행의 결과가 아니라, 이 땅에서 사랑을 실천하고 하나님의 뜻대로 살 때 가능하다.

기도는 인간이 영성을 회복해 하나님에게 다가서는 방법의 하나라 할 수 있다. 그런 기도가 이기적 야망이나 충족시키는 수단으로 변질되고, 장사꾼의 심보와 다를 바 없는 요구가 된다면 하나님은 과연 들어주실까.

19_ 하나님, 부처님을 격하시키는 기복 신앙 행태

지금으로부터 2,500여 년 전 불교의 석가와 유교의 공자가 태어났고, 그때부터 500여 년이 지나 기독교의 예수, 또 500여 년이 지나 이슬람교의 무함마드가 태어났다. 이들 4대 성인에게서 눈여겨볼 것은 모두 중요한 사명을 갖고 태어났다는 점이다.

예수는 공생애 노정에서 천륜을 가르쳤고 공자는 인륜을 가르쳤다. 석가모니는 '참나'를 깨닫는 것, 구도의 길을 가르쳤다. 무함마드는 유대교와 기독교의 계대를 이어 모든 계시를 완성하는 '마지막 예언자'로서 역할을 다히고자 노력했다. 지금까지 그들의 가르침은 인류의 정신문명에 지대한 공을 끼쳤고, 인간이 개화되는 데 큰 역할을 해왔다. 이들은 모두 제자들을 가르치면서 자신의 뜻을 폈다.

석가는 당시 출가자의 풍습이었던 고행에 6년 동안 전념한다. 그러다가 다시 보리수 아래에 자리 잡고 깊은 사색에 정진하여 마침내 깨달음을 얻게 된다. 석가는 베나레스 교외의 녹야원에서 일찍이 고행을 같이하던 5명의 수행자에게 고락의 양 극단을 떠난 중도와 사제에 관하여 설하였고, 그들은 모두 법을 깨달아 제자가 되었다. 그 후 석가는 적극적으로 설법을 하여, 그 교화 여행은 갠지스 강 중류의 넓은 지역에까지 미쳤다. 제자의 수도 점차 증가하였으며 각지에 교단이 조직되었다.

공자는 위정자(爲政者)는 덕을 쌓고 도덕과 예로써 나라를 다스려야 한다고 했다. 모든 사람이 인덕(仁德)을 지향하고, 인덕을 갖춘 사람이 정치적으로 높은 지위에 앉아 인애(仁愛)의 정치를 한다면 세계의 질서도 안정을 찾을 수 있다고 생각했던 것이다. 그는 노나라의 창시자로 주왕조의 건국 공신이기도 한 주공(周公)의 정신을 살린 질서 있는 문화 국가 건설을 계획했다는 사실이 드러나면서 56세에 공직에서 물러난다. 그 뒤 14년간 문하생을 데리고 여러 나라를 돌아다니면서 유세를 계속하여 이상 실현을 꾀했다. 그러나 69세 때 그것이 불가능함을 깨닫고 고향에 돌아가 제자들의 교육에 전념하였다.

석가나 공자와는 달리 예수는 공부를 한다거나 수행을 한 기록이 구체적으로 나타나 있지 않지만 세례 요한으로부터 세례를 받은 뒤 성령의 인도로 광야에 나가(마태복음 4장 1절) 40주야의 단식기도를 하면서 악마로부터 세 가지 시험을 받았다. 그 후 예수는 사람들에게 하나님의 용서와 사랑을 전파하기 시작하였다. 그는 짧은 공생애 노정에서 하나님 나라를 선포하고 복음을 전하지만 신을 모독하였다는 중죄인으로 몰린다. 결국 십자가를 지고 온갖 조롱과 멸시, 천대를 받으며 골고다 언덕길을 올라가 강도들과 함께 십자가 나무틀에 못 박혀 최후를 맞게 된다.

모두가 부처다_

　예수와 석가, 공자는 기존의 사상과 이념을 뛰어넘는 새로운 가르침으로 제자들을 지도했다. 그러나 성전이나 공동체를 만들어 제자들을 지도하지는 못했다. 자신의 가르침을 더 많은 사람에게 전달하기 위한 형식적 문제에 치우칠 여력이 없었다. 그래서 이곳저곳 정처 없이 다니면서 계층을 불문하고 복음을 전수했다. 개인적 욕망을 채우려는 것이 아니라 오직 참된 인간, 참된 세계 건설을 위해 제자들을 가르친 것이다.

　성인들은 제자들에게 참된 인간의 길이 무엇인가를 가르쳤고, 인간과 인간이 어울려 살아가는 세상, 그리고 인생의 끝은 어디인가라는 인간과 우주의 근본에 대해 가르쳤다. 그들은 인간이 사는 목적이 무엇이며, 어떻게 살아야 제대로 사는 것인가, 그리고 참된 세계는 어떻게 하면 이뤄질 수 있는가 하는 문제에 관심을 가졌다.

　각 종교의 근본은 종조의 정신으로 돌아가는 데 있다. 불교란 '부처님의 가르침'이라는 뜻이다. 부처란 '깨달은 자'를 뜻하며, 깨달은 자라면 누구나 부처이다. 그러므로 부처는 고타마 싯다르타 한 사람이 아니며 누구나 깨닫기만 하면 될 수 있다. 그러므로 불교의 궁극적인 목표는 부처를 교주로서 숭배하는 것이 아니라 수행을 통하여 자기 자신이 부처가 되는 것이다. 모든 인간은 부처이기 때문에 부처의 본래 정신으로 돌아가지 않으면 안 된다.

　문제는 자신이 부처인 줄을 모른다는 것이다. 인간이라는 존재는 현상 속에 있게 되면 표면 의식에 점령당해 버리기 때문이다. 불교에서는 이 표면 의식을 육식(六識)이라 한다. 육식이란 '눈·귀·코·혀·몸·뜻'을 말한다. 육식에는 온갖 집착과 아집과 이기심과 자기 합리화와 경험의 한계에서 오는 편견이 들어 있다. 그렇다면 당연히 인간은 이 잘못된 표면 의식을 뛰어넘어야 한다. 그래야만 본래의 자기 즉, 부처가 될 수 있다. '부처'란 근원적 자아, 그러니까 모든 잘못된 악에서 벗어나 자유로워진 완벽한 자아를 의미한다.

불교에서는 선(禪)을 통해 표면 의식을 가라앉혀 자신의 한계를 객관적으로 파악하고 그것을 극복하도록 하고 있다. 특히 좌선을 꾸준히 하게 되면 표면 의식을 자신이 꿰뚫어 볼 줄 알게 되고, 스스로 자신의 의식을 다스리고 조종할 수 있게 된다는 것이다. 그래서 불가에서는 좌선을 중생이 부처로 가는 길 중에서 가장 빠르고 필요 불가결한 길이라고 보고 있다. 물론 진정한 선이란 인간이 존재하는 모든 순간에 어떻게 살아 있는가이다. 즉 모든 순간순간에 선의 정신으로 생각하고 행동하는 것만이 진정한 선이다. 그러므로 부처를 우상시하고 자신의 복을 비는 불교는 석가의 가르침이 아니다.

물론 복을 비는 모든 행위, 즉 기도는 자기 자신의 내적 혁명 작업이어야 하며, 자신의 본래 진면목을 탐구하는 것이어야 한다. 또 기도는 현상적·물질적 풍요를 요구하는 방편이 아니라 이타적 실천의 맹세인 서원으로 회향돼야 한다. 그러나 자신의 영달만을 추구하는 비도덕적인 기복 행위, 즉 남이야 어찌 됐든 나만 잘되면 된다는 이기적인 사고와 행동이 사회 전반의 화합을 깨뜨리고, 나아가 단절된 사회 구조를 만드는 원인으로 작용한다면 큰 문제라 할 수 있다. 따라서 우선 복을 비는 행위를 복을 짓고 닦는 차원으로 승화시켜야 하고, 신행(信行) 생활이 마음 닦는 수행으로 이어지면서 이익 중생의 자비행을 실천하는 데 초점을 맞춰 나가야 한다.

기도하고, 복을 빈다는 것_

　신앙을 갖는 것은 종조의 가르침대로 사는 데 일차적인 목표가 있
다. 참된 인간이 되고 참된 세계를 건설하는 것이 무엇보다 중요하다.
그런데 많은 종교인들이 종교를 복을 받고 천국에 가기 위한 수단으
로 여겨 하나님이나 부처님을 복을 주는 분으로 한정해서 생각하는
경향이 있다. 사람들은 교회나 사찰에 가서 복을 빌고 많은 것을 요구
한다. 그러나 기도는 하나님과의 관계를 복원하고 하나님이 함께할
수 있는 터전을 만들어 가기 위해 필요한 것이지 무엇을 요구하는 수
단이 될 수 없다.

　인도 출신의 명상가 바그완 라즈니쉬는 《마음으로 가는 길》이란 책
에서 "기도는 어떤 목적을 위한 수단이 될 수 없다. 기도는 그 자체가
하나의 목적이다"라고 갈파했다. 키르케고르도 "기도는 호흡이라고
옛 사람들은 잘 말해 주었다. 나는 왜 호흡하는가. 하지 않으면 죽기
때문이다. 기도도 마찬가지다. 다른 호흡을 계속하는 것으로써 세계
를 개혁하려는 것이 아니라 신진대사로써 활동력을 다시 얻으면 되는
것이다"라고 말했다.

　기도를 통해 정성을 들인다는 것은 늘 만유의 근원인 하나님을 생각
하면서 어떤 일에 힘을 모으는 것이다. 기도를 통해 스스로 새로운 힘
을 얻는 것이다. 도스토예프스키는 "기도를 잊지 말라. 네가 기도할
때마다 만일 너의 기도가 성실하다면, 그 속에 새로운 느낌과 의미가
있을 것이다. 그런데 이것은 너에게 생생한 용기를 줄 것이며, 너는 기
도가 곧 하나의 교육이라는 사실을 이해할 것이다"라고 말했다. 칸트
도 "기도는 어떤 객관적인 효과를 가지는 것이 아니라 오직 직관적인
반응을, 즉 심정의 안정과 위안을 가질 수 있을 뿐"이라고 설명했다.

인간은 하나님에게 자신의 나약함을 고백하면서 도와주실 것을 청원할 수도 있다. 인간은 누구나 절대자에게 의지하고자 하는 심리를 가지고 있고 절대자에게 복을 빌고 싶어 한다. 그러나 기복 신앙은 하나님이 어떤 분인가를 제대로 파악하지 못한 데서 오는 비뚤어진 신앙 행위이다.

한국 교회에서는 현세의 행복과 내세의 영생을 위해 예배하고 헌금을 바친다. 기복 신앙은 물량주의의 배경이 된다. 재물과 하나님을 겸하여 섬길 수 없다고 말씀하셨는데, 재물과 하나님을 교묘하게 결합하여 합리화하고 있다. 여기다가 신비주의, 은사주의가 물질과 결합돼 하나님의 참뜻을 왜곡하고 있다. 물질적이고 세상적인 이기심이 교회까지 들어와 개교회주의, 교권주의, 교파주의 등의 심각한 부작용을 낳고 있는 것이다. 이것은 나아가 교회 공동체를 파괴하는 것이다. 공동체 의식의 파괴는 교회의 파괴를 가져온다. 교회의 파괴는 당연한 것이 된다.

하나님의 뜻을 왜곡하고 있는 또 하나의 사례가 율법주의적 신앙 행태다. 예수가 이미 강하게 비판했던 율법주의의 대표적 사례가 예배, 헌금, 십일조, 주일 성수 등에서 나타나고 있다. 하나님을 두렵고 무서운 존재로 알게 해 복음보다는 노예적인 두려움을 갖게 하는 것은 율법주의의 전형적인 모습이다. 율법주의는 외식된 신앙을 조장하고 있다. 교역자는 예언자적 사명과 그리스도인의 사회적 책임을 외면하고, 교회 예배와 주일 성수를 강조하고 하나님의 복을 헌금과 연결시키면서 교인들을 개교회에 묶어 두려고 한다. 이것이 바로 전형적인 제사장 종교이다. 제사장 종교는 사회 정의에는 별 관심이 없다.

한국 교회는 뇌물성 헌금 관행을 청산하고 율법주의적인 노예 근성을 배제해야 한다. 목회자와 성도들을 물질의 노예로, 자신의 이익만을 추구하는 삯꾼의 근성으로 몰아가는 예배 행태에서 해방되어야 한다. 순수한 사랑과 신앙, 그리고 그 속에 기독교 윤리가 숨 쉬는 새로운 공동체로 돌아가야 한다.

한국 교회는 무속 신앙의 영향을 많이 받았다. 무속 신앙은 하나님주의와는 동떨어져 있다. 현실주의적 기복 신앙이나 개인 위주의 즉흥적인 신앙, 입신이나 진동과 투시 같은 개인적 신비 체험을 지나치게 강조하는 광신주의 현상, 병 고치는 것을 기독교의 주된 임무로 생각하는 것 등이 바로 한국 교회에서 쉽게 볼 수 있는 무속 신앙의 요소들이다. 일부 대형 교회는 이 같은 무속 신앙적 요소를 가미하여 톡톡히 재미를 보고 있다. 한국 교회는 하나님을 장사를 잘되게 하고 자식의 합격을 보장해 주며, 자신의 온갖 이기적인 야망을 충족시켜 주는 분으로 가르쳐 왔다. 그래서 많은 신앙인들이 교회에 헌금을 하고 제물을 바치면 그 몇 배로 하나님이 갚아 줄 것이라 기대하고 있다.

기독교인들은 자신의 입맛에 맞춰 철저히 상업적 거래 관계로 하나님을 생각해 왔다. 열심히 기도하고 매달리면 하나님은 모든 것을 들어주는가. 물론 기도는 하나님과 영적 관계를 갖기 위한 수단이다. 기도는 인간이 영성을 회복해 하나님에게 다가서는 방법의 하나라 할 수 있다. 그런 기도가 이기적 야망이나 충족시키는 수단으로 변질되고, 장사꾼의 심보와 다를 바 없는 요구가 된다면 하나님은 과연 들어주실까.

"   노아나 요나에게 계시를 주신 것처럼 하나님은 인간이 흉포화할 때마다 경고를 내리시고 살아날 길을 알려 주신다. 그것은 인간에 대한 하나님의 지극한 사랑의 표시다. "

20_ 하나님의 심판인가, 자연의 질서인가

성경에는 하나님을 불신함으로써 대재앙을 가져오는 사례가 종종 나타난다. 대표적 사례가 노아의 홍수 사건이다. 하나님의 말씀을 듣고 방주를 건조했던 노아와 그 가족, 그리고 일부 동물만 방주에서 홍수를 피해 살아남았다는 설화 같은 기록이 그것이다.

성경에 보면 "모든 혈육 있는 자의 강포가 땅에 가득하므로 그 끝 날이 내 앞에 이르렀으니 내가 그들을 땅과 함께 멸하리라"(창세기 6장 13절)라는 경고가 노아에게 전달된다. 당시는 "그때에 온 땅이 하나님 앞에 부패하여 포악함이 땅에 가득한지라"(창세기 6장 11절)라고 기록된 것처럼 하나님의 뜻을 받아들일 수 없을 정도로 부패했기 때문에 하나님은 "내가 홍수를 땅에 일으켜 무릇 생명의 기운이 있는 모든 육체를 천하에서 멸절하리니 땅에 있는 자가 다 죽으리라"(창세기 6장 17절)라고 한 것이다. 또 예수가 자신이 다시 올 날을 말하며 "노아가 방주에 들어가던 날까지 사람들이 먹고 마시고 장가들고 시집가더니 홍수가 나서 저희를 다 멸하셨으며"(누가복음 17장 27절)라고 언급한 것에서 보듯이 많은 사람이 하나님의 경고를 무시하고 먹고 마시다가

다 멸망한 것이다.

노아는 120년 동안 수많은 사람의 조롱을 받으면서도 하나님의 말씀에 순종하며 하나님이 설계해 준 대로 방주를 만들었다. 노아는 그래도 조롱하던 친구들에게 찾아가 방주에 함께 탈 것을 권유했다. 노아가 600세 되던 해, 2월 17일 드디어 홍수가 시작돼 40주야간 비가 쏟아졌다. 홍수 후 150일간 물이 불어 천하에 높은 산이 다 덮였고 동물들까지 다 죽었다. 그 후 166일간 물이 줄어들어 노아가 601세 되던 해의 1월 1일 땅에서 물이 완전히 걷혔고 그 후 57일 동안 땅이 급격히 말랐다는 기록이 나온다.

당시 지구를 뒤덮은 홍수 사건을 놓고 논쟁이 계속되고 있다. 기독교계에서는 대홍수와 함께 바다에서는 지구축이 흔들릴 정도의 화산 폭발과 지각 변동에 의한 해일로 온 육지가 바닷물로 뒤덮였을 것으로 보고 있다. 지구가 평평하다고 볼 때 바닷물은 2.4킬로미터의 깊이로 전 지구 표면을 덮을 수 있는 양이다. 성경의 시편 104편은 노아의 대홍수를 언급하면서 "옷으로 덮음같이 땅을 바다로 덮으시매 물이 산들 위에 섰더니"라고 한 것도 이의 증거라고 주장한다.

그렇다면 하나님은 세상이 자신의 말을 듣지 않고 부패했기 때문에 노아 가족을 제외하고 그 많은 사람을 무자비하게 대홍수로 전멸시킨 것인가, 아니면 자연 재해로 어쩔 수 없이 지구의 멸망이 초래된 것인가. 노아가 살아남을 수 있었던 것은 대재앙을 경고한 하나님의 계시를 그대로 따른 신앙심 때문이다. 하지만 대형 재해에 미리 대비하는 체제에 어느 정도 익숙해 있었다고 볼 수 있다.

노아 홍수 사건은 하나님의 말씀을 따라 용케 살아난 노아에게는 믿음의 차원에서 접근할 수 있다. 그러나 다른 사람들이 몰살한 것을 놓고 사랑의 하나님이 무자비하게 심판한 것으로만 몰아가는 것은 아무래도 문제가 있다. 다시 말하면 노아 시대는 부패가 극에 달하고 재해가 일어나 스스로 멸망할 수 있는 상황에 이르렀기 때문에 하나님이 그들을 살리기 위해 미리 그런 식으로 경고를 한 것이지 결코 불신을 이유로 심판을 내린 것은 아니라는 것이다.

서남아시아에 몰고 온 대재앙_

2004년 12월 26일, 인류 역사에서 보기 드문 지진 해일이 서남아시아를 휩쓸었다. 인도네시아 수마트라 섬 서부 해안에서 발생한 지진의 충격이 인도양 건너 수천 킬로미터 떨어진 인도, 스리랑카까지 확산돼 27만 3,000여 명의 인명을 앗아 갔다. 더구나 한국을 비롯해 세계 80여 개국의 수많은 여행객이 참변을 당하는 등 그 피해가 전 세계에 걸쳐 있다.

'쓰나미(津波)'라고 부르는 이 지진 해일은 해저에서 지진이 발생해 수심이 낮아지는 육지에 가까워질수록 그 파괴력이 증폭된다. 일반 해일은 파도의 가운데 부분이 텅 빈 채 해안에 밀려들지만, 쓰나미는 가운데가 불룩히게 물로 채워진 채 밀려오기 때문에 파괴력이 더 크다는 것이다. 더구나 이번 지진은 리히터 규모 8.9의 초강력 규모여서 해일 피해도 그만큼 컸다. 리히터 규모 9.0 지진의 경우 발생지인 진앙(震央)은 히로시마에 투하된 핵폭탄 약 250만 개의 강도를 보인다는 것이 전문가들의 설명이다.

지진과 지진 해일은 인간의 능력으로는 막을 수 없다. 그러나 얼마나 대비를 잘하느냐에 따라 그 피해 규모는 하늘과 땅 차이다. 이 때문에 태평양 연안 국가들은 지진 해일이 일어나도 서남아시아처럼 속

수무책으로 대재앙을 겪지 않을 수 있다. 쓰나미의 경우도 미국해양대기국(NOAA)의 예보에 제대로 대처만 했다면 대재앙은 피할 수 있었을 것이다. 태국 기상청의 경우 이 해일이 오기 한 시간 전, 수마트라 섬에서 지진이 발생한 사실을 알고 있었지만 늑장 대처해 비난을 받았다. 스리랑카나 인도네시아도 사전 경고를 무시했다. 인간의 오만과 방재 시스템 부재가 비극을 가중시켰다는 점에서 인재라는 측면이 강하다.

지진은 자연 재해임이 틀림없다. 지진 예보 기술은 아직 부족하지만 어느 정도 예견할 수 있고 그 피해도 줄일 수 있다. 노아가 방주를 만든 것처럼 미리 준비를 한다면 어떤 재난이라도 비켜 갈 수 있는 것이다. 이번에 피해가 늘어난 것은 지진 해일을 그냥 앉아서 당하고 있었기 때문이다.

예언자 요나 사건도 하나님을 불신할 경우 어떤 징벌이 내리는가를 상징적으로 보여 주고 있다. 요나는 죄악으로 가득 찬 니느웨(니네베)로 가서 "임박한 하나님의 진노를 외치라"는 하나님의 명령을 받는다. 그러나 평소 니느웨 성에 좋지 못한 감정을 갖고 있던 요나는 이번 기회에 니느웨가 망했으면 좋겠다는 생각으로 하나님의 명령대로 하지 않고 다르싯(다시스)으로 향하는 배에 올라탄다. 요나가 탄 배는 바다 가운데서 폭풍을 만나 파선할 지경에 처하게 된다. 선장은 배 안에 있는 사람들을 모아 승객 가운데 죄지은 사람이 있어 재앙을 당하고 있으니 그 사람이 누구인지 세비를 뽑자고 제의한다. 요나는 "나를 들어 바다에 던지라. 그리하면 바다가 너희를 위하여 잔잔하리라. 너희가 이 큰 폭풍을 만난 것이 나의 연고인 줄을 내가 아노라"라고 고백하자 뱃사람들은 요나를 들어 바다에 던진다. 바다는 거짓말처럼 잔잔해졌다. 요나는 큰 물고기 배 속에서 3일간을 지내면서 회개의 기도를 올린다. 니느웨 사람들이 다시 살아난 요나의 경고를 듣고 하나님을 믿게 되고 모두 회개함으로써 구원을 받게 됐다.

하나님은 사랑할 뿐 심판하지는 않는다_

한국의 대형 교회 가운데 하나인 서울 금란교회의 김 목사가 "서남아시아 쓰나미 때문에 희생된 사람들은 하나님의 심판을 받은 것"이라고 말해 파문이 일었다. 그는 2005년 첫 주일 예배에서 "에스겔 9장을 보면 이스라엘 백성의 죄악에 대해 (하나님이) 무서운 심판을 내리시기 위하여 그 성을 관할하는 천사들에게 살육하는 기계를 가지고 돌아다니면서 살피라고 했다"고 말하며 서남아시아 여러 나라가 바닷속 지진과 해일로 수십 만 명이 사망하게 된 것은 우연이 아니라 하나님의 심판이라고 주장했다.

또 그는 "8만 5,000명이 사망한 인도네시아 아체라는 곳은 3분의 2가 이슬람교도들인데 반란군에 의해 많은 크리스천들이 죽은 곳이고, 3~4만 명이 죽은 인도의 첸나라는 곳은 힌두교도가 창궐한 곳인데 많은 크리스천들이 죽고 교회가 파괴됐으며, 스리랑카 역시 불교의 나라로 역시 반란군에 의해서 많은 크리스천들이 죽임을 당한 곳"이라고 말했다. 그리고 그는 "설사 예수 믿는 사람은 그런 데 놀러 갔더라도 특별히 하나님이 건져 주신다"고 덧붙였다. 김 목사의 이 같은 발언이 알려지면서 상당수의 네티즌들이 분노했다. 희생자와 그 가족에게 위로는 못해 줄망정 상처를 주어서야 되겠느냐는 것이다.

물론 노아의 홍수나 요나의 회개 사건 등은 하나같이 하나님을 불신한 대가가 얼마나 큰가를 보여 주고 있다. 하나님에 대한 불신이 극에 달했다는 것은 하나님의 뜻대로 살지 않고 인간 자신의 욕망을 끝없이 추구하면서 스스로 무덤을 파며 산다는 것을 의미한다. 노아나 요나에게 계시를 주신 것처럼 하나님은 인간이 흉포화할 때마다 경고를 내리시고 살아날 길을 알려 주신다. 그것은 인간에 대한 하나님의 지극한 사랑의 표시다. 하나님은 무자비한 분이 아니다. 심판의 하나님이 아니다.

이번 서남아시아의 지진 해일을 놓고도 피해 지역 주민은 '신의 뜻'을 이야기했다. 성경에서 보여 준 하나님의 심판을 연상하는 것이다. 그리고 김 목사의 말처럼 기독교 탄압에 대한 하나님의 심판이라는 이야기도 나오고 있다. 정말 그럴까. 하나님은 더 많은 사람이 피해를 보지 않도록 도움의 손길을 펼쳤으면 펼쳤지 무자비하게 죽음의 구렁텅이로 몰고 가지 않는다. 수많은 사람이 "하늘이 도왔다", "천우신조였다"면서 재난을 피한 무용담을 이야기하지 않았는가.

오늘 우리는 노아 시대에 하나님까지 나서서 재난을 경고했지만 먹고 마시고 장가가는 일에 몰두하느라 대홍수를 맞게 됐다는 것을 반면교사(反面敎師)로 삼아야 한다. 오늘날 오만이 극에 달한 인류는 스스로 대재앙의 무덤을 파놓고 있다. 그 대표적 사례가 지구 온난화 문제다. 20세기 들어서 석탄, 석유와 같은 화석 연료 사용의 증가와 삼림 벌채 등으로 인해 지구의 평균 기온이 올라가 남북극의 빙하가 녹아내려 해수면이 높아지고 기상 이변이 일어나면서 일부 도서 국가가 수몰 등 대재앙의 위험에 노출돼 있다.

또 가공할 파괴력을 가진 대량 살상 무기들로 넘쳐 나고 있다. 핵무기나 화생 무기는 무차별적이기 때문에 전 인류의 생존을 위협할 수 있는 반인류적 속성을 가지고 있다. 어느 한 국가가 국익 수단으로 사용하기에는 턱없이 부도덕한 성질의 무기이다. 그럼에도 대량 살상 무기들은 많은 나라에 의해 국수주의적 목적으로 이용되어 왔고 탄도 미사일 등 투발 수단 역시 급속도로 확산되고 있다. 이는 '만국의 만국에 대한 투쟁과 경쟁'으로 특징지어지는 홉스적 세계 체제가 지속되는 한 피할 수 없는 현실인지도 모른다. 현재 전 세계 핵무기는 지구를 수십 회 핵겨울로 몰아넣을 수 있는 규모이다. 어찌 이 인간의 오만을 노아 시대의 부패에 비교할 수 있을 것인가. 하나님은 또다시 경고를 내리지 않을 수 없을 것이다.

하나님의 사랑은 무한하기 때문에 인간이 작은 조건만 세워도 구원을 하신다. 성경에는 의인 열 명이 없어 소돔 성이 멸망하게 되는 이야기(창세기 18장 22~33절)가 나온다. 아브라함이 소돔 성이 멸망하지 않도록 하기 위해 하나님과 안타깝게 '흥정'을 하지만 결국 의인 열 명이 없어 하나님도 소돔 성을 구원하지 못했던 것이다. 물론 아브라함보다 더 안타까워한 분은 하나님이다. 용서받을 수 있는 조건을 하나라도 갖췄으면 용서하고 싶었을 것이다. 오늘날 우리가 불의의 사건에 휘말리지 않고 하나님 앞에 제대로 서기 위해 늘 노아처럼 긴장하고 준비하는 마음을 가져야 하는 이유가 여기에 있다.

자기중심주의, 자기 교파주의는 하나님의 뜻에 반하는 것이다. 따라서 우리가 삶과 신앙의 중심을 어디에 둬야 하는가를 바벨탑의 교훈에서 찾아야 할 것이다.

21_ 바벨탑은 왜 무너졌나

　현대 문명과 성경의 바벨탑 사건은 과연 어떤 연관이 있을까. 기독교인들은 하나님의 말씀에 대한 불순종의 상징으로 바벨탑 사건을 이야기한다. 하나님의 뜻을 거절하고 인간 중심의 문화를 꽃피웠기 때문에 벌을 내렸다는 것이다. 노아에게 홍수 심판을 내린 하나님이라면 바벨탑을 무너뜨리고 언어 혼란을 야기시킬 수도 있었을 것이다. 과연 하나님은 그렇게 무자비한 분일까.

　창세기 11장을 보면 인간들이 "성읍과 탑을 건설하여 그 탑 꼭대기를 하늘에 닿게 하여 우리 이름을 내고 온 지면에 흩어짐을 면하자"고 하면서 건축을 시작했고, "한 족속이요, 언어도 하나이므로 이같이 시작하였으니", 그 일을 막기 위해 "언어를 혼잡하게 하여 그들이 서로 알아듣지 못하게 하자" 하시고 "온 지면에 흩으셨으므로 그들이 그 도시를 건설하기를 그쳤더라"라고 했다. 그렇다면 과연 탑을 높게 쌓고 흩어짐이 없이 한곳에 모여 사는 것이 하나님 보시기에 거북한 것이었는가. 그 내용은 짧지만 우리에게 시사하는 교훈은 크다.

　대홍수가 휩쓸고 간 뒤 하나님의 큰 축복을 받은 노아의 후손들은 하나님이 대홍수에서 자신들을 구해 준 그 뜻을 잊지 말아야 했다. 그러나 성경에 기록된 것처럼 그들은 하나님의 고마움을 잊어버린 채 작당을 한다. 조금만 여유가 생기거나 힘을 얻으면 하나님의 뜻보다는 자신들의 뜻을 앞세우려는 경향이 이 당시에도 나타난 것이다. 결국 하나님은 자신의 뜻이 어디에 있는지 알지 못하는 백성을 상대로 구원 섭리를 펼 수 없다는 것을 깨닫고 방향을 바꾼 것이다.

또다시 빗나간 하나님의 섭리_

성경에는 대홍수 후에 노아의 세 아들, 곧 셈과 함과 야벳의 족보(창세기 10장)가 나온다. 하나님은 홍수 심판에서 노아의 가족만을 구원하셨고 그들에게 새로운 땅을 허락하셨다. 그리고 그 땅에서 생육하고 번성케 하는 복을 내리셨다. 노아의 세 아들은 하나님의 축복으로 새로운 인류의 조상이 된 것이다. 첫 언약의 목표가 하나님의 백성이 되는 것이었듯이 노아는 하나님의 백성 됨을 회복한 것이다.

노아의 후손들이 번성해 감에 따라 생활양식과 문화, 그리고 문명이 발달한다. 그래서 그들은 자기들을 위하여 탑을 건축하기 시작한다. 그 바벨탑은 창조자요, 통치자요, 만물의 보존자이신 하나님에 대한 반항 정신의 상징이 됐던 것이다. 하늘과 땅에 대한 하나님의 주권 찬탈 계획을 극적으로 부각시키고 있다. 이러한 모든 행위는 하나님의 창조 섭리와 '생육하고 번성하라'는 명령에 역행하는 것이었다. 그래서 하나님은 그들의 바벨탑 건축을 막기 위해서 언어를 혼란케 한다. 하나님은 창조 섭리에 역행하는 인간의 계획을 무너뜨리고 새로운 섭리를 펼치신 것이다.

바벨탑 사건 이후 하나님의 구속 역사가 셈 족(창세기 11장 10~26절)에 초점이 맞춰지고, 결국은 아브라함의 출현을 보게 된다. 셈의 족보는 창세기 5장에 기록된 아담 자손의 족보와 매우 유사하다. 셈의 족보를 보면 데라의 아들 아브라함이 노아의 아들 셈의 후손임을 분명히 알 수 있다. 이 족보는 하나님의 구속 역사가 노아에게서 아브라함에게로 전승되어 감을 보여 주며, 셈의 후손들이 하나님의 구속사에서 특별히 구별된 백성들임을 알려 준다. 이는 하나님의 구원 섭리가 일정한 계획 아래 진행되고 있음을 보여 주는 것이다.

바벨탑 사건은 메소포타미아 문명의 꽃을 피웠던 바벨론 남부 지역 수메르를 배경으로 하고 있다. 이 사건이 함축하고 있는 의미는 그들이 단순히 기념비적인 어떤 탑을 세운 것이 아니라 하나님의 권위에 정면으로 도전하는 적대 행위를 하였다는 사실에 있다. 그들은 하나님의 뜻을 좇기보다는 자신들의 이름을 나타내길 원했으며, 노아 때와 같은 대홍수가 다가오더라도 자신들의 힘으로 이를 피하고자 시도했던 것이다. 이것은 하나님의 뜻과 반대로 살아온 당시 정황을 상징적으로 보여 주고 있다.

노아의 후손들은 대홍수의 흔적이 사라지자 하나의 언어를 사용하며 옹기종기 살아가고 있었다. 그리고 성을 만들고 높은 건물도 만들어 오순도순 살고자 소망했다. 그러나 그들은 하나님의 뜻을 외면하고 말았다. 그래서 하나님은 더 이상 일을 꾸미지 못하도록 흩어 놓기 위해 언어 혼란을 일으킨 것이다.

하나님의 징계가 주는 의미는 무엇인가. 이 땅은 하나님이 만들었고, 하나님의 계획에 따라 타락한 인간의 구원 섭리가 진행되고 있다. 그러나 하나님의 구원 사업이 제대로 성사될 수 없게 될 경우 전면적 개혁 작업이 이뤄지지 않을 수 없다. 당시 하나님의 뜻대로 모든 것이 진행되지 않고 있었기 때문에 언어 혼란이라는 극단적 처방이 내려졌다고 볼 수 있다.

오늘날 우리는 어떤 시대를 살고 있는가. 외형적으로는 하늘을 찌를 듯한 바벨탑을 만들고 있다. 세계 주요 도시마다 수많은 고층 빌딩이 세워지고 그곳에 사람들이 옹기종기 모여 살고 있다. 아마 당시보다 더 했으면 더 했지 못하지는 않을 것이다. 노아의 세 아들에게서 퍼져 나간 인류는 그 당시와 다름없이 지구촌 대가족을 형성하고 있다.

그리고 언어 소통은 그 당시와 비슷하게 아무런 문제가 없다. 전 세계 언어의 수가 세계화와 통신의 발달로 급격히 줄어들면서 사실상 하나의 언어로 통일되고 있다고 해도 과언이 아니다. 세계 인구가 500~1,000만 명에 이르던 1만 년 전에는 세계에서 1만 2,000개의 언어가 사용됐지만, 60억 인구가 살고 있는 현재는 절반 수준인 6,800개의 언어가 사용되고 있다. 앞으로 100년 안에 전체 언어의 90%가 사라질 수 있다고 전문가들은 예상한다. 소수 언어를 사용하는 사람들이 자발적으로 '지배적 언어'를 채택하면서 중국어, 영어, 스페인 어 등 1억 명 이상이 사용하는 11개 언어를 모국어나 제2외국어로 사용하는 비율이 세계 인구의 절반을 넘는다고 〈이코노미스트〉는 전했다.

무엇보다도 고도의 과학기술 발전으로 인류는 그 어느 때보다도 밀접해졌다. 많은 기대와 두려움이 교차되는 가운데 어떤 목적으로든 통합과 연대의 물결이 출렁이고 있다. 이러한 현실은 마치 거대한 하나를 이루려고 몸부림치던 바벨탑의 시대를 연상하게 한다. 지금이 바벨탑 사건이 일어나던 시기와 상황이 너무나 흡사하다는 평이다. 그렇다면 하나님은 또다시 인류에게 극단적 처방을 내릴 것인가. 그것은 하나님이 오늘의 인류 사회를 어떻게 보고 있느냐에 달려 있다.

하나님의 구상대로 구원 섭리가 진척되고 있느냐가 중요한 잣대가 될 것이다. 물론 내적으로는 아무도 모르되, 외형적으로 봐서는 인류가 하나님의 뜻대로 살아가고 있다고 할 수는 없다.

오늘도 바벨탑을 쌓고 있는 인류_

바벨탑 이야기는 성서의 이야기 가운데서 최고의 걸작 중 하나로 손꼽히고 있다. 아홉 절밖에 되지 않는 짧은 내용이지만 최고의 문명을 구가하면서 살아가는 오늘날 인류에게 던지는 교훈은 너무나 크다.

언어는 소통 수단이다. 인간은 언어를 통해 화합과 일치를 추구할 수도 있지만 불화와 대립과 투쟁으로 나아갈 수도 있다. 바벨탑 건축자들은 하나의 통일된 언어로 야훼 하나님께 집중적인 도전과 반역을 꾀하였다. 그들은 스스로 하나님이 되고 하늘에 올라가고 세계의 안전과 평화를 도모하는 오만과 교만의 소유자였다. 이에 대한 하나님의 징벌이 언어 혼란으로 나타났다. 바벨탑 이야기는 언어의 역할이 중요하지만 그것이 무엇을 위해 존재하느냐 하는 것을 보여 준다.

당시에도 과학기술은 상당히 발달해 있었다. 그래서 그들은 발달된 문명의 혜택을 누리고 살았다. 그 영광을 하나님에게 돌리고 하나님에게 감사하면서 살아야 하는데 그렇지 못했다. 오히려 그 발달된 문명을 통해 하나님을 거역하고 만 것이다. 오늘날 우리가 그때보다 더 발달된 문명의 혜택을 누리고 산다고 할 때, 우리는 과연 어떻게 해야 하는가. 바벨탑을 쌓은 목적은 인간 자신의 목표를 성취하는 데 있었다. 이것은 우리가 하나님의 뜻대로 살아가고 있는지 반성해 보아야 한다는 것을 시사한다. 우리 각자가 성취한 것, 우리 사회와 국가가 이룩한 문명이 과연 어떤 의미가 있느냐는 것이다. 개인의 욕망을 성취하는 것에 목적이 있다면 바벨탑을 쌓고 있는 것이나 다름없다.

하나님이 진노하는 것은 자기들끼리 똘똘 뭉쳐서 '하나님 없이도 살수 있다', '바벨탑만 세우면 홍수가 나도 끄떡없다'고 생각한 데에 있었다. 뭉치고 연합하고 통일하는 것은 좋지만 그 목적이 어디에 있느냐가 중요하다. 수많은 종단과 교단, 교파가 자기들끼리 뭉치고 있다. 그것이 과연 이기주의에서 나온 것이냐, 하나님의 뜻을 위해 나온 것이냐를 분명히 가려야 할 것이다.

한국 교회는 이제 성장을 멈추었다고 한다. 1970년대와 1980년대 수직 상승을 하던 교세가 1990년대에 들어서며 하락세로 돌아섰을 뿐 아니라, 빠른 속도로 감소 추세를 보이고 있다. 이에 대해 류상태 전 대광고 교목실장은 "한국 교회는 비대해진 몸집을 다스리지 못해 고혈압이나 당뇨병 등 여러 가지 성인병에 걸려 있다. 체계적인 다이어트를 통해 살을 빼고 건강을 회복하지 못하면 심각한 위험에 처하게 될 것이다"라고 말한다. 한국 교회는 하나님의 뜻을 실천하기보다는 성장 제일주의 패러다임과 대형화 추구로 몸집만을 불렸다는 것이다.

류 목사는 그렇게 외형적으로 성공을 거둔 대형 교회 목사들이 받을 수 있는 유혹 중에 정말로 조심하지 않으면 안 되는 것이 바로 자신을 하나님과 교인들의 중간자 위치에 놓는 것이라고 말한다. 그들은 하나님의 말씀이 절대적이므로 그 말씀을 전달하는 자신도 절대적이며, 교인들에게 자신의 말이 바로 하나님의 말씀이라며 무조건 받아들이라고 은연중에 강요하는 경향이 있다는 것이다. 결국 한국 교회 지도자들은 내실보다는 외형적인 것을 중시하고 스스로 하나님의 자리를 차지하면서 '제2의 바벨탑'을 쌓고 있다고 볼 수 있다.

오늘날 우리는 내가 바벨탑을 쌓고 있지는 않는지 스스로 반문해야 할 것이다. 그리고 하나님의 뜻을 거스르는 계획과 행동은 바벨탑이 될 수가 있다는 것을 명심해야 한다. 오늘날의 인류 문명이 하나님의 뜻과 상관없다면 그것 역시 바벨탑이다. 바벨탑을 쌓은 사람들은 그 탑을 통해 자기의 이름을 드러내려 했고 어떤 역사학자에 의하면 바벨탑을 쌓으면서 벽돌마다 이름을 새겨 넣었다고 한다. 명예와 허영심은 고대에나 지금이나 인간을 유혹한다. 자기중심주의, 자기 교파주의는 하나님의 뜻에 반하는 것이다. 따라서 우리는 삶과 신앙의 중심을 어디에 둬야 하는가를 바벨탑의 교훈에서 찾아야 할 것이다.

22_ 불상, 성상이냐 우상이냐

사찰에 가면 불상을 보게 된다. 불상은 석가의 입멸 500년 후 무렵에 처음으로 만들어졌다. 그 전에는 신성 모독이라는 이유로 불상을 만들지 않았다. 물론 기독교도 마찬가지다. 기독교는 공인 종교가 될 때까지 조형 예술 작품을 예배용으로 사용하는 것을 금지했다. 3세기까지도 예수를 조형 예술로 표현하는 것은 성서에 대한 위반이며 우상숭배라고 금기시되었다. 예수를 그린 작품은 4세기에 이르러서도 드물었고 5세기에 들어 기독교 세력이 신장되면서 가능해졌다.

석가는 붓다가야의 보리수 아래서 깨달음을 성취한 이후 생애 대부분을 대중 앞에서 설법하거나 제자들을 가르치며 보냈다. 소분의(掃糞衣)를 걸친 채 나무 밑 암석 위에 거처하면서 탁발(托鉢) 생활을 했다. 불교도가 신성한 곳으로 생각하며 경건하게 참배하는 인도의 영취산은 석가가 《법화경》을 설법한 장소이다. 고대 인도 마가다국의 수도 왕사성(王舍城)에서 10리 남짓한 거리에 있는 거친 바위산인데 당시 사람들은 그곳에 시체를 가져다 버렸다. 이곳에서 석가는 시신에 입혔던 옷으로 기운 가사를 걸치고 제자들과 함께 머물렀다.

석가 생전의 모습을 본다면 그가 입멸에 든 후 불상을 만들어 예배 공양하는 행위는 그의 근본정신과 아무런 관계가 없는 것이며, 도리어 그의 정신과 거리가 먼 행위다. 석가의 제자나 초기 불교도들은 그의 정신을 사모하고 따랐을 뿐이다. 세월이 흐르면서 위대한 인류의 스승인 석가는 본모습이 퇴색되며 초인간적·초자연적 존재로 인식되기 시작했고, 여기에 불상을 만들어 숭배하려는 욕구가 뒤따르게 됐다.

최초의 불상은 인도의 서북부 간다라 지방과 북부 마투라 지방에서 거의 비슷한 시기에 만들어졌다. 마투라는 오래전부터 종교 도시로 알려졌으며, 델리 남쪽 갠지스 강의 지류인 자무나 강 중간 서안에 위치해 인도 서북부와 서해안을 연결하는 대륙간 교통 요지로서 중개 무역의 거점이었다.

좌절된 세계 최고 청동대불 조성 사업_

몇 년 전 불교계가 대형 불상 경쟁을 벌인 일이 있었다. 사찰마다 세계 최대 규모를 내세우면서 대불(大佛) 조성에 나선 것이다. 대한불교 조계종 법보종찰 해인사는 2001년 6월 4일 좌불 높이 33미터를 포함해 총 높이가 43미터인 '석가모니 좌상 청동대불 봉안 기공식'을 가졌다. 세계 최대 좌불이라는 홍콩 난타오 섬 보련선사의 좌불보다 7미터가 높은 것이다.

불교 환경단체는 성명을 통해 주변 환경과 청동 좌불이 어울리지 않을 뿐 아니라 굳이 팔만대장경이 봉안된 성지에다 따로 좌불을 조성할 필요가 있느냐며 반박했다. 이 와중에 청동 좌불에 대한 한 스님의 기고문이 교계지에 실리며 사태가 일파만파로 번져 나갔다. 급기

야는 해인사에서 하안거 중인 선방 수좌들이 기고문을 쓴 스님의 사찰로 찾아가 요사를 난장판으로 만드는 어처구니없는 일까지 벌였다.

해인사는 그간 자방자치단체의 가야산 관통 도로 건설이나 가야산 골프장 건설 등을 국립공원과 자연환경 훼손을 이유로 들며 극력 저지했었다. 그런 해인사가 대불 조성을 한다는 것은 명분 없는 사업이라는 지적이 불교 안팎에서 제기됐다. 가뜩이나 불사의 대형화, 고급화 문제 등이 도마 위에 오르내리고 있던 와중에 청동 좌불 건립 문제는 그야말로 핵폭탄이 되었다. 결국 악재가 겹치면서 이 대불 조성 사업은 성사되지 못했다.

설악산 신흥사는 1997년 청동 108톤을 들여 높이 14미터가 넘는 통일대불 좌상을 10여 년에 걸쳐 조성했다. 원래 자리에 있던 부도군을 외떨어진 산비탈로 옮기고 세운 이 대불 좌상은 울산바위가 조망되는 길모퉁이에 있어 위압감과 중압감을 주고 있다. 더구나 세계 최고라는 타이틀을 얻기 위해 주변의 환경 파괴는 무시한 채 더 넓게, 더 높게, 더 웅장하게 조성해 엄청난 불사금이 들어간 것으로 알려져 있다.

불교계의 부처님 더 많이 모시기 경쟁도 문제가 되고 있다. 창설 20년 만에 25민 명의 신도를 거느린 서울 강남구 포이동 능인선원은 미국과 한국에 각각 불교대학을 설립키로 하고 재원 마련을 위해 '백만 불 봉안 불사'에 착수했다. '백만 불 불사'는 100만 불상을 한 곳에 안치하는 일로, 경기도 화성군 팔탄면 불교대학원대학 인근에 '백만불전'을 건립해 불상 하나에 30만 원을 시주받아 총 100만 불상을 봉안한다는 것이다. 이 사업으로 3,000억 원을 모으겠다는 것이다.

그동안 법주사, 동화사, 낙산사, 봉은사 등 유명 사찰이 앞다퉈 지장, 미륵, 약사의 대형 불상을 조성했다. 오로지 대형 불사만이 불교가 사는 길이요, 불사 덕에 성지로 유명세만 치른다면 가만히 앉아서도 사찰의 재정을 늘릴 수 있고, 그러면 자연히 신도가 증가한다는 등의 이유로 경쟁하듯 불사를 추진한 것이다.

불교의 정수는 절이나 탑이 아니라 인간 마음속에 살아 있는 부처의 가르침이다. 불심은 깊이로는 말할 수 있을지언정 불상의 크기로는 가늠할 수 없다. 사방 몇 치의 불감(佛龕)도 종교적 위안을 찾기엔 충분하며, 아무리 큰 석불, 청동불도 어울리지 않는 조형물에 불과할 수 있다. 더구나 하늘을 찌를 듯한 대형 불상이 화두 하나 붙잡고 불성(佛性)을 깨치려는 수행의 방편으로는 더더욱 불필요해 보인다. 이러한 사찰의 물량주의, 외형주의가 결코 부처님의 뜻과 같지 않다는 것은 삼척동자도 알 것이기 때문이다.

불상은 참깨달음의 길로 인도하는 방편_

신앙의 길에 들어서면 가장 먼저 엄격한 계율 지키기에 전념한다. 그리고 경전과 그 주석서들을 열심히 뒤적이면서 그 속에서 진리를 발견하려고 애쓴다. 그러다가 계율이나 종교 의식, 경전이 병자를 고치는 처방전처럼 단지 속세의 중생을 구제하기 위한 방편에 불과하다는 것을 깨닫게 된다. 그러면 모든 방편들을 던져 버리고 직접 진리와 맞부딪치면서 수행 길에 들어서게 된다. 진리와의 만남을 통해 위대한 선지식(善知識)들이 간 길을 가게 되고, 비로소 참과 거짓을 분간할 수 있는 눈을 뜨게 되는 것이다.

깨달음을 얻고자 염원하는 사람은 누구나 끝없이 공부하고 철저한 수행과 숱한 체험을 거치지 않으면 안 된다. 그래야만 깨달음이 열리는 것이다. 참된 깨달음의 길, 구도자로서 진정한 통찰을 얻고자 한다면 절대로 외부의 것, 다른 사람들에게 현혹되지 말아야 한다.

임제 의현 선사는 '살불살조(殺佛殺祖)'라는 말을 남겼다. 부처를 만나면 부처를 죽이고, 조사를 만나면 조사를 죽이라는 것으로 부처에게도 매달리지 말고 조사에게도 매달리지 말라는 뜻이다. 그래야만 비로소 최상의 자유 경지인 해탈에 이를 수 있다는 것이다. 천하 없는 생각이라도 일단 일어나면 그것은 곧 망상이라는 것이다. 여기다가 임제 선사는 '무위진인(無位眞人)'을 가르쳤다. 지위가 없다, 즉 낮은 것도 높은 것도 아니고 큰 것도 작은 것도 아니면서 참사람이라는 뜻이다.

육조 혜능 선사는 '불사선 불사악(不思善 不思惡)'을 말했다. 선도 생각하지 말고 악도 생각하지 말라는 것은 인간 본래의 자리로 돌아가라는 뜻이다. 그리고 마조도일 선사가 말한 '즉심즉불(卽心卽佛)', 즉 '마음이 곧 부처다'라는 말은 모든 인간이 부처가 될 수 있다는 선포다. 개개인의 깨끗한 마음이 그대로 부처이기 때문에 그 마음으로 돌아가는 것이 곧 부처 되는 길이라는 것이다.

임제 선사의 '수처작주(隨處作主)'라는 말도 마찬가지다. 여기서 '작주'라는 말은 '주인이 된다'는 뜻으로, '어느 곳에서나 주인이다'라는 뜻이다. 그 어느 것에도 매달려 집착하지 않기 때문에 어느 곳, 어느 것에 있어서도 스스로가 주인으로서 자유로움이 있다는 말이다.

또 무상 선사의 '무억무념막망(無憶無念莫妄)'이라는 말도 새겨들어야 한다. '무억'이란 지나간 일을 생각하지 말라는 것이고, '무념'은 앞으로 돌아올 일을 생각하지 말라는 것이며, '막망'은 현재의 것에 집착하지 말라는 의미다. 그리고 무업 선사의 '막망상 막망상(莫妄想 莫妄想)'이라는 말 역시 망상을 일으키지 말라고 강조하는 것으로, 조사선의 종지(宗旨)로서 많이 언급되는 것 중의 하나다.

이렇듯 참된 깨달음을 얻으려면 어느 한 곳에 집착해서는 안 되며, 각자가 부처이기 때문에 스스로 깨달아 본연의 자신을 찾아야 한다. 따라서 부처의 존상, 즉 불상에 예배하는 것은 물체인 불상이 아니라 부처님의 덕과 진리를 존경하기 때문이다. 부처는 우주 만유의 진리를 깨친 당체로서 그 위덕이 숭엄하여 그 모습에 경배하는 것이다. 예배를 함으로써 마음속의 아만심(我慢心)을 꺾고 겸허의 덕을 배우며 스스로 심성을 정화하는 것이다. 불교도들은 원만하고도 자재하신 부처의 모습을 우러러봄으로써 마음의 평화와 평정, 침착함을 얻으며 위대한 스승이 마음속에 살아 계심을 느끼게 되는 것이다.

《조주록(趙州錄)》에는 "금부처는 용광로를 건너지 못하고, 나무부처는 불을 건너지 못하며, 진흙으로 만든 부처는 물을 건너지 못한다"는 경책의 가르침이 있다. 또 단하 스님이 혜림사의 목불을 태워 추위를 녹였다는 일화나 청선사의 혜주 스님이 법당의 금불상을 쌀과 바꾸어 배고픈 사람들을 구제했다는 이야기는 너무도 유명하다. 이러한 이야기들은 불상을 우상이 아닌 종교적 상징물로 여겨 온 불교의 전통을 잘 말해 준다.

칼 야스퍼스는 일본 국보 1호인 '금동반가사유상'을 보고 "이 불상은 지상에 있어서의 시간적인 속박을 초탈한 인간 존재의 가장 청정하고 원만하고 영원한 모습의 상징이라 할 수 있으며, 인간이 지닌 마음의 영원한 평화와 이상을 남김 없이 최고도로 표현하고 있다"고 찬탄했다. 불상은 우상이 아니라 불교인들을 완전한 깨달음으로 이끌기 위한 종교적 방편이요, 인류의 영원한 꿈과 이상이 살아 움직이는 예술적 상징물이라 볼 수 있다.

석가는 무상대도(無上大道)의 이치가 자신의 마음에 있다는 것을 말씀하셨다. 그러나 일부 어리석은 사람들은 불상 신앙을 맹신·맹종하고 일부 사찰에서는 불사란 이름 아래 대형 불상 경쟁을 벌이고 있으며, 수많은 불상을 조성해 시줏돈을 모으고 있다. 불상이 우상이냐, 성상이냐 하는 문제는 불교도 스스로 어떻게 하느냐에 달려 있다. 불상 속에는 부처의 위대한 정신과 깨달음이 종교적, 예술적으로 표현되어 있다. 이제 불상이 더 이상 타 종교인들로부터 '우상'이라는 조롱을 받지 않기 위해서라도 불교도들은 석가가 중생에게 가르친 본연의 뜻을 마음에 새기고 그것을 정진해야 할 것이다.

23_ 여자는 교회에서 잠잠하라

"우리 교단에서 여자가 목사 안수를 받는다는 것은 택도 없다. 여자가 기저귀 차고 어디 강단에 올라와!" 개신교의 대표 교단인 대한예수교장로회 합동 측의 총회장인 임태득 목사(대구 대명교회 당회장)가 2004년 11월 12일 총신대학교 수요 예배에서 이 같은 여성 비하 발언을 해 혼쭐이 났다. 임 목사는 논란이 확산되자 총신대를 방문해 '실언'이었다며 진화에 나섰지만, 여성단체들이 총회장직 사퇴와 전체 여성에 대한 사과를 요구하는 등 사태는 일파만파 번져 나갔다. 이것이 단순한 돌출적인 발언이 아니라 위험 수위를 넘어선 교회 내 뿌리 깊은 성 차별 의식을 반영하고 있다는 점에서 여성계의 반발이 의외로 증폭됐다.

개신교 일부 교단에서는 성경을 근거로 들며 여성은 절대 목사가 될 수 없다고 주장한다. 감리교와 기독교장로회, 대한예수교장로회(통합) 등이 여성 목사 안수를 하고 있지만 목사 고시에 통과해도 교회에서 여성 목사를 불러 주지 않는 것이 현실이다. 가물에 콩 나듯 청빙 목사로 갈 경우에도 남성 목사와의 명백한 차별을 감수해야 한다. 여성에게 목사 안수만 허용했을 뿐 교회 안팎의 분위기는 하나도 바꿔지 않은 것이다. 2001년 2월 문화관광부 종무과에 보고된 것에 의하면 개신교 측 목사 수는 총 7만 3,678명이다. 이 중 여성 목사 수는 2~3%를 넘지 못하는 것으로 추정되고 있다. 그리고 한국기독교교회협의회(KNCC) 여성위원회에 따르면 교회 결의 기구에 여성 참여도가 2%에도 미치지 못하고 있다.

가톨릭에서 여성 사제가 나오지 않는 것은 1976년 바티칸이 발표한 '여성 교역 사제직 불허' 문건에 근거한다. 토마스 아퀴나스의 성서 신학 해석에 기초한 이 문건은 남녀 간의 성 차이가 인종이나 민족의 차이와는 본질적으로 다르다고 주장한다. 예수는 남자이고 그가 뽑은 열두 사도도 다 남자이기 때문에 교회는 그 입장을 바꿀 자유가 없으며, 따라서 그리스도를 온전히 대리할 수 없는 여성은 사제가 될 수 없다는 것이다. 한국 천주교의 경우도 수녀(8,752명)의 수가 신부(3,091명)의 수보다 3배가량 많지만 주교, 대주교, 추기경까지 될 수 있는 여성 신부는 단 한 명도 없다.

남녀 차별은 불교계도 마찬가지다. 2003년 조계종 간부에 비구니 스님이 임명돼 화제가 되었던 것도 여성에 대한 차별이 얼마나 두터운가를 역설적으로 보여 주는 대목이다. 조계종 출가 승려 1만 2,000여 명 중 반수가량이 비구니이지만 조계종의 종헌과 종법은 종단 기구의 주요 교역직의 자격을 거의 다 비구에 한정하도록 규정해 놓고 있다. 중앙 종회 의원 81명 중 10명이 비구니로 구성돼 있는 것은 1994년 불교계에 불었던 개혁 열풍의 작은 성과이다. 하지만 비구 의원은 비구들이 직접 선출하는 데 비해 비구니 의원은 전국 비구니 대표 단체의 추천과 직능대표선출위원회의 심의를 거쳐 중앙선거관리위원회에서 결정한다. 따라서 비구니에게는 선거권이 없고 소속 교구의 전체

회의격인 산중 총회에 참석할 자격도 없다.

여성 차별에 앞장선 기독교_

성경을 보면 아버지인 하나님이 남자를 먼저 창조하고 그의 갈비뼈를 떼어 내어 여자를 만들었다고 되어 있다. 즉 여성은 처음부터 남성의 부속물로 만들어졌으며 남성을 돕기 위해 창조된 의존적 존재라는 것이다. 거기다가 하와는 아담보다 먼저 타락했고, 그녀는 아담을 뱀의 유혹에 빠뜨린 선정적인 여인이었다. 그래서 여성은 "너는 남편을 사모하고 남편은 너를 다스릴 것이니라"(창세기 3장 16절)라는 저주 속에 살아야 했다. 원죄를 제일 먼저 주장한 터툴리안은 "여성은 악마가 들어오는 문"이라고 주지시키기도 했다.

구약에는 여성을 재산의 일부로 매매하기까지 했으며(출애굽기 20장 17절, 21장 4,8절), 여자를 낳은 산모는 부정하기 때문에 몸이 깨끗하게 될 때까지 66일간 집에 있어야 한다고 밝히고 있다(레위기 12장 4~5절). 또 《탈무드》에는 여성으로 태어나지 않은 남성의 감사 기도가 나오며, 여성에게 모세 5경을 가르치는 것은 마치 돼지에게 진주를 주는 것으로 간주했다. 랍비들은 길거리에서 여성과 말하는 것조차 부끄럽게 생각했다. 또 남자는 여러 명의 부인을 거느릴 수 있지만, 여자는 약혼한 상태에서 다른 남자와 관계를 맺으면 간음죄가 되어 돌로 쳐 죽일 수도 있었다. 구약은 여성이 선천적으로 의존적이고 남자보다 열등하다는 것을 되풀이하고 있다.

이러한 사상은 사도 바울에게 그대로 전승된다. 그는 "남자의 머리는 그리스도이며, 여자의 머리는 남자이며, 그리스도의 머리는 하나님이라. (……) 남자가 여자에게서 난 것이 아니라 여자가 남자에게서 났으며……"(고린도전서 11장 3~8절), "여자는 교회에서 잠잠하라"(고린도전서 14장 34절)라고 했다. 바울의 사상은 그 뒤 기독교 신학 체계에 결정적인 역할을 담당한 토마스 아퀴나스에게 전해졌다. 그는 결혼 생활에서 남편이 아내의 지배자가 되는 것이 하나님의 섭리라고 말했다. 그는 여자를 "불완전한 남자(an imperfect man)"라고 했고, 또 "하나의 개연적 존재(an incidental being)"라고 주장했다. 즉 여성은 반드시 존재해야만 하는 존재는 아니라는 것이다.

성경은 인간에 의해 씌어졌기 때문에 그 당시의 시대상이 반영될 수밖에 없다. 따라서 역사와 시대에 맞게 재해석을 해야 한다는 사실을 간과해선 안 된다. 21세기인 지금에 와서 성경 문구 하나하나를 역사적·시대적·공간적 배경을 무시한 채 곧이곧대로 받아들인다면 더 이상 기독교의 발전은 없을 것이라고 여성 신학계에서는 보고 있다.

바울이 갈라디아교회에 보낸 편지에서 "너희는 유대인이나 헬라인이나 종이나 자유인이나 남자나 여자 할 것 없이 다 그리스도 예수 안에서 하나이니라"(갈라디아서 3장 28절)라고 한 말을 새겨들어야 할 것이다. 또 "하나님이 말씀하시기를 말세에 내가 내 영을 모든 육체에 부어 주리니 너희의 자녀들은 예언을 할 것이요, 너희의 젊은이들은 환상을 보고 꿈을 꾸리라. 그때에 내가 내 영을 내 남종과 여종들에게 부어 주리니 그들은 예언할 것이요"(사도행전 2장 17~18절)라고 한 내용도 남녀가 다르지 않다는 근거다.

종교 개혁가 마르틴 루터의 '만인사제론'의 근거가 되는 "오직 너희는 택하신 족속이요, 왕 같은 제사장들이요, 거룩한 나라요, 그의 소유된 백성이니 이는 너희를 어두운 데서 불러내어 그의 기이한 빛에 들어가게 하신 자의 아름다운 덕을 선전하게 하려 하심이라"(베드로

전서 2장 9절)라는 구절을 보면 남녀 차별이 잘못됐음이 더욱 명백해
진다.

성 차별은 반종교적 행태_

불교 경전에는 성 차별의 근거가 되고 있는 계율이 상당히 많이 존
재하고 있다. 여성에 대한 차별의 가장 큰 근거가 돼 온 것은《아함경
(阿含經)》,《오분율(五分律)》등에 나오는 팔경법(八敬法 : 8가지 공경
의 의무)이다. 여기에는 "100세의 비구니라도 새로 수계(受戒)를 받
은 비구를 보면 일어나서 맞아 정좌에 앉게 한다", "비구니는 비구를
비방할 수 없다" 등 성 차별을 명시하는 계율들이 나와 있다.

또《법화경》, 〈제바달다품〉에는 "여인의 몸에는 다섯 가지 장애가
있으니, 첫째 범천왕이 될 수 없고, 둘째 제석, 셋째 마왕, 넷째 전륜성
왕, 다섯째 부처님이 될 수 없으니 어찌 여인으로 성불을 할 수 있으
리오(여인 오장설)"라는 기록이 나온다. 이처럼 남방부 초기 경전의
'여성은 성불(成佛)할 수 없다'는 '여성불성불론(女性不成佛論)'과 대승
불교의 '여성은 몸을 남성의 몸으로 바꾼 후에 성불한다'는 '여성변성
남자성불론(女性變成男子成佛論)' 등이 여성 차별의 근거가 되고 있
다. 거기다가 정식 승려가 되기 위해 비구니는 비구보다 98가지나 더
많은 348계율을 받아야 한다.

부처님 당시의 인도 사회는 여성에 대한 성 차별이 극에 달했던 만
큼 여성의 출가가 전혀 용납되지 않았다. 불교 최초의 경전인《숫타
니파타》에 의하면 부처님의 양어머니인 마하프라자파티는 출가의 뜻
을 세우고 카필라바스투의 냐그로다 동산에 머무르고 있던 부처님을

찾아가 세 번이나 가르침과 계를 베풀어 달라고 청하나 그때마다 받아들여지지 않았다. 이를 안타깝게 여긴 제자 아난다도 세 번이나 부처님을 찾아가 그녀의 뜻을 전했지만 부처님의 태도는 변함이 없었다. 그러나 여성의 출가를 허락해 달라는 아난다의 끈질긴 간청과 "여성도 출가 수도하면 최후에는 아라한과를 얻을 수 있습니까?"라는 질문에 부처님은 "여성도 출가 수도하면 궁극적 깨달음의 경지에 오를 수 있다"라고 대답하며 비구니에게만 적용되는 '팔경법'을 준수하는 조건으로 출가를 허락한다. 물론 인도 사회에 만연한 여성에 대한 부정적 시각과 수행 생활의 어려움을 고려한 것일 수도 있다.

그 후 대승불교 교단이 인도 사회에 정착하면서 여성 성불을 우회적으로 표현하던 기존의 입장에서 벗어나 직접적으로 여성 성불을 주장하게 된다. 바로 그것이 '여성즉신성불론(女性卽身成佛論)'이다. 여성의 몸 그대로 성불하여 완전한 깨달음을 얻는다는 것이 이것의 핵심이다.

한국 불교도 두 얼굴을 하고 있기는 마찬가지다. 이념적으로는 성평등주의를 표방하고 있지만 현실적으로는 의식과 제도 속에 성 불평등주의가 그대로 남아 있다. 문제는 불교 속의 성 불평등 현실이 불교 본래의 성 평등 이념에 의해 채색돼 왔다는 것이다. 따라서 이 같은 불교의 이중성을 시정하기 위해서는 불교 본래의 입장을 명백히 함과 동시에 반불교적이거나 비불교적인 현실의 모습을 들어내고 개혁해야 한다.

원불교의 경우 전국 2,000여 명의 교무 중 여성 교무가 1,300여 명으로 남성 교무의 숫자를 능가한다. 게다가 주요 직책에 여성들이 다수 포진해 있다. 원불교는 최고의결기관인 수위단을 남녀 동수로 구성하고 최고 지도자인 종법사 역시 남녀가 모두 할 수 있도록 규정하고 있다. 그러나 여성 성직자는 '정녀(貞女)'라고 해서 남자와는 달리 결혼을 금지하고 있다. 이런 차별에 원불교 여성 성직자들이 제동을 걸었다. 2001년 11월 전북 익산 중앙총부에서 열린 정녀·정남 선서식에 여성 성직자 64명 중 31명이 불참했다. 이들은 예비교무과정(원불교학과) 입학 때부터 일괄적으로 '정녀 지원서'를 제출, 독신을 약속하는 것은 명백한 성 차별이라고 주장했다.

인류 유산 가운데 가장 큰 논란을 빚은 것이 남녀 불평등 구조다. 남성 주도의 인류 문화는 의도적으로 여성을 비하했고, 여성들은 남자로 태어나지 못했다는 단 하나의 이유 때문에 온갖 차별과 약자의 서러움을 견뎌 내야 했다. 남녀 차별의 선두에는 인간 구원을 외치는 종교가 있었고, 그 뒤에 인간 통념을 바탕으로 체계화된 윤리, 도덕과 철학, 그리고 국가의 제도와 법률이 있었다.

그러나 결코 예수나 석가는 성 차별주의자가 아니다. 성 차별은 남성 주도의 사회가 만들어 놓은 역사적, 문화적 산물일 뿐이다. 따라서 그것을 오늘날 종교가 고집하는 것은 스스로 후진성을 보여 주는 것이요, 남성들의 역사적 범죄를 답습하는 것으로밖에 볼 수 없다.

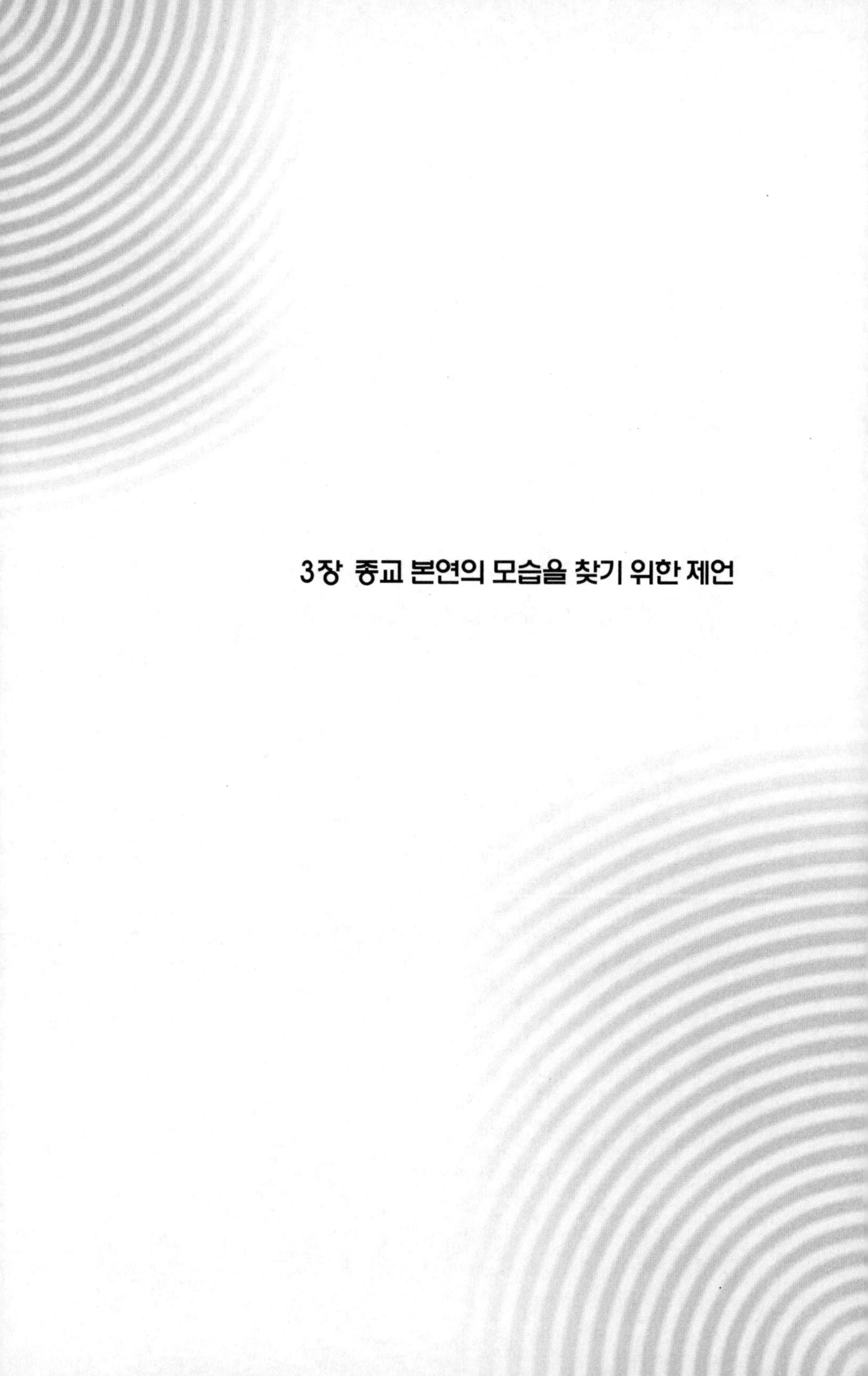

3장 종교 본연의 모습을 찾기 위한 제언

기독교는 불교의 수행 방법을 받아들이고, 불교는 기독교가 가장 중요
시하는 신의 문제에 전향적으로 접근할 필요가 있다.

24_ 예배와 명상, 그리고 비움의 철학

　종교가 지향하는 것은 두 가지로 대별된다. 그 하나는 신과의 관계를 강조하는 것이고, 다른 하나는 수행을 통한 깨달음에 목표를 두는 것이다. 기독교는 하나님을 모시고 그분의 뜻대로 사는 데 목표를 두고 있다. 즉 하나님이 보낸 구세주 예수 그리스도를 통해 죄 사함을 받고 구원에 이른다고 보는, '타력(他力)' 구원의 종교다. 그러나 불교의 경우 신에게 의지하지 않고 스스로 깨달음을 얻어 '참사람'이 되는 데 주안점을 두고 있다. 다시 말해 불교는 타자를 배제한 자아에 의한 성불을 주장한다. 신에 의지해서가 아니라 스스로 깨달음을 통해 부처가 되는 '자력(自力)' 구원의 종교라 할 수 있다. 이런 차이로 기독교와 불교는 결코 만날 수 없는 종교로 인식돼 왔다.

　예수는 제자들에게 "너희는 나를 누구라 하느냐"(마가복음 8장 29절)라고 물으면서 하나님의 아들인 자신을 믿는 자는 영생을 얻을 것(요한복음 3장 36절)이라고 했다. 그러나 불교에서는 올바른 수행을 위해서는 '부처를 만나면 죽이고 조사를 만나면 죽이라'는 '살불살조(殺佛殺祖)'를 가르치고 있다. 불교와 기독교가 이와 같이 상당한 차이점이 있음에도 서로 만날 수 있다는 것이 종교학자들의 주장이다.

기독교인으로서 반평생 동안 불교를 연구해 온 길희성 서강대 명예교수는 예수야말로 보살의 이상을 완벽하게 구현한 분이라면서 예수에게서 보살의 정신을, 보살에게서 예수의 모습을 볼 수 있다고 주장한다. 《보살예수》란 책을 쓴 그는 "엉뚱한 발상 같지만, 예수님이 불교 문화권에서 탄생했다면 사람들은 그에게서 중생의 고통에 참여하는 보살의 전형적인 모습을 보았을 것"이라고 강조한다. 그리고 이 책에서 인간 부처와 인간 예수, 열반과 하나님 나라, 공(空)과 하나님, 불성(佛性)과 하나님의 모상, 자력과 타력 등 두 종교를 관통하는 다양한 주제를 통해 차이점보다는 유사점을 강조하고 있다. 그는 "산을 오르는 길은 여럿이지만 모두 한 정상에서 만난다. 우리가 같은 산을 오르고 있는지 알 수 없지만, 나는 다른 산이 아니라고 생각한다"라고 고백한다.

영성 계발과 명상_

2004년 6월 서울 도심에 개신교 명상원이 개원돼 화제를 모은 적이 있다. 서울 중구 회현동의 한 빌딩 사무실에 문을 연 '예수도원'에는 수녀와 천도교인, 이슬람 선교사, 개신교인 등 다양한 종교인이 참여하고 있다. 10여 명의 개신교 목사와 신학생들로 이루어진 씨알수도회가 운영하는 예수도원은 개신교 영성 수련의 전통을 뿌리내리고자 개원했다.

이들은 월요일 저녁마다 함께 모여 여러 종교의 다양한 수련법에 따라 마음의 거울을 닦고 있다. 이곳의 명상은 가톨릭 수도원의 영성

기도를 연상케 한다. 실제로 '렉시오 디비나(Lectio Divina : 거룩한 독서)'는 가톨릭 수도원의 전통적인 수련 프로그램 가운데 하나다. '허명정일(虛明靜一)' 명상은 옛 선비들이 공부할 때 정신을 맑게 하고 온전히 한 곳에 집중할 수 있도록 기운을 다스리는 방법이다. 다만 허는 가난, 명은 헌신과 봉사, 정은 반성적 묵상, 일은 하나 됨, 즉 신과 인간, 인간과 자연의 합일로 개념이 확장되었을 뿐이다.

인간은 하나님의 형상을 따라 창조되었기 때문에 인간 안에는 하나님의 형상이 담겨 있다. 우참나(진아) 혹은 불성과 같은 의미다. 그러나 이 형상은 하나님과의 소통이 끊기고 그 가르침에서 벗어난 생활을 하면서 감추어지고 숨겨졌다. 세속적 탐욕을 비워 이 형상을 밝게 드러내는 것이 수도의 목적이다. 이 드러냄은 안으로는 부단한 명상과 기도를 통해 이루어지고, 밖으로는 평화 운동이나 사랑 실천으로 이루어진다. 내 안의 영성을 회복할 때 자연계에 충만한 신의 기운, 즉 하나님과 소통하고 하나님을 체험하고 그의 뜻에 따라 살게 하는 힘을 되살릴 수 있다고 씨알수도회 사람들은 믿는다.

씨알수도회는 궁극적으로 함께 살면서 나누고 섬기며 일하고, 새로운 존재로의 변화를 모색하는 생활, 신앙, 영성수도회를 추구한다. 가톨릭 수도원, 불교의 선원, 원불교의 교당 등 6대 종교 영성 수련자들이 함께 사는 영성 공동체를 이루는 것이 이들의 꿈이다. 각 종교가 함께 노동하고 영성도 나누는 전혀 새로운 공동체를 조성하자는 것이다. 종교 간 영성의 나눔 없이는 궁극적인 화해와 대화가 불가능하다는 생각이 이 꿈의 바탕이 되었다. 예수도원의 영성 프로그램에는 유교, 가톨릭 이외에 불교의 위파사나, 요가, 명상 등이 포함돼 있다. 개원식에선 터키 모슬렘이 이슬람 신비주의 명상 음악을 선보이기도 했다.

명상원을 연 영성 운동가 김진 목사(크리스천아카데미 선임연구원)

는 개신교 신자들이 일주일에 한 번 예배 보러 교회에 가는 것에 만족하지 말고, 일상에서 성서의 내용을 묵상하고 하나님의 말씀을 새겨자신의 영혼을 살찌우는 '수행'에도 관심을 기울여야 한다고 강조한다. 그래야 영혼의 빈곤함을 극복할 수 있다는 것이다. 예수도원 명상수행의 개념을 '신의 기운을 일깨우는' 것으로 정의한 그는 "명상을 통한 참다운 영성의 회복이 중요하다"고 말한다.

이와 같은 명상을 일부 기독교 단체가 부정적으로 보고 있음은 물론이다. 명상은 예수 그리스도나 성령의 도움 없는 자아 성찰에 지나지 않는다고 보기 때문이다. 그렇지만 명상의 자세나 호흡법 등 외적인 것을 받아들여 그 마음 빈자리에 예수 그리스도를 초대하고자 한다면 그것은 기도와 다를 바 없다.

최근 목회자와 일반 성도들에게서 많은 관심을 끌고 있는 관상(觀想) 기도는, '나'라는 인간 존재의 중심에서 하나님의 임재를 발견하고 하나님과 연합하기 위해 깊이 바라보고 생각하는 기도라 할 수 있다. 관상 기도는 하나님과의 일치와 소통이 목적이며 죄와 허물을 비우고 예수 그리스도로 자신을 채우는 것이다. 참선이 비인격적인 무(無)를 대상으로 하고 명상이라는 방법을 통해 비움의 과정을 거쳐 무념무상에 이르는 것을 목표로 하는 것과 달리 관상 기도는 하나님과 예수를 매개로 한다는 점에서 차이가 있다.

하나의 길 찾는다_

하나님과 인간이 교통할 수 있는 방법에는 예배와 기도, 그리고 명상 등 여러 가지가 있다. 하나님과 하나 되기 위해서는 하나님이 함께할 수 있는 터전을 만드는 것이 무엇보다 중요하다. 영성을 계발해 하나님이 함께할 수 있도록 분위기를 만드는 것이다. 그것을 예배라고 하며, 그 가운데 가장 중요한 것이 기도다. 기도는 기독교의 소유물이 아니다. 사람들은 누구나 일상생활에서 절대자에게 의탁하는 기도를 한다. 특히 비신앙인들은 기(氣)를 통해 그러한 목표에 도달하고자 한다.

기는 일반적으로 '만물 또는 우주를 구성하는 기본 요소로 물질의 근원 및 본질'이라고 파악되고 있다. 중국 철학 용어로 모든 존재 현상은 기의 취산(聚散), 즉 기가 모이고 흩어지는 데 따라 생겨나고 없어지는 것이다. 따라서 기를 생명 및 생명의 근원으로 보기도 한다. 노자와 장자는 우주의 생성 변화를 기의 현상으로 보았다.

한(漢) 시대에는 음양오행(陰陽五行)으로 기의 이론이 복잡하게 전개되면서 우주 자연의 운행, 천문, 지리, 그리고 양생(養生) 의학 및 길흉화복과 관련된 일상생활에까지 기를 적용하여 설명했다. 현대에서도 기(氣) 연구자들은 기를 우주 에너지라고 보지만 우주 에너지가 무엇인지는 아직 아무도 밝히지 못하고 있다. 그러나 그들은 21세기가 기과학(氣科學)의 세기가 될 것으로 보고 있다.

요즘 기 제어를 통해 심신의 건강을 유지하려는 기 수련이 활성화되고 있다. 우주의 에너지를 몸 안으로 끌어들여 건강을 유지하고자 하는 방편으로 기 수련을 하고 있다. 기독교의 시각에서 그 충만한 에너지의 제일 원인자가 하나님이라고 한다면, 우주에 충만한 하나님의 기운을 끌어들이고자 하는 것으로 볼 수 있다. 따라서 방향만 제대로 설정한다면 일부 기독교의 우려처럼 부정적인 것이 아니라 하나님을 발견하는 긍정적 측면이 될 수도 있다.

명상도 마찬가지다. 명상은 마음을 자연스럽게 안으로 몰입시켜 내면의 자아를 확립하거나 종교 수행을 위해 정신을 집중하는 방법이다. 모든 생각과 의식의 기초는 고요한 내면 의식이며, 명상을 통하여 순수한 내면 의식으로 자연스럽게 몰입하게 되는 것이다. 이러한 수행법은 힌두교나 불교, 도교 등의 동양 종교에서 주로 행해져 왔다. 특히 힌두교에는 다양한 명상법이 있는데 이는 요가의 한 분야이다. 불교의 명상법은 요가의 영향을 받았으며, 특히 선종에서는 모든 잡념을 떨쳐 버리고 공(空)이나 무심(無心)의 상태인 무념무상(無念無想)을 명상의 목표로 삼았다.

명상의 핵심은 자기 속에 들어 있는 불멸의 자유와 참나를 발견하는 것에 있다. 그러기 위해서는 집착을 끊고 마음을 비워야 한다. 이는 기독교 정신과도 다를 바가 없다. 성경에 "너희는 너희가 하나님의 성전인 것과 하나님의 성령이 너희 안에 계시는 것을 알지 못하느냐"(고린도전서 3장 16절)라고 한 것처럼 인간은 '하나님의 밭이요, 하나님의 집'이다. 따라서 하나님이 함께하실 수 있도록 자기의 마음을 비워야 한다. 그것이 명상이든 기도든 방법은 여러 가지가 있을 수 있다. 하나님이 함께할 수 있는 집이 되면 되는 것이다.

원죄란 자기 욕망 때문에 하나님의 말씀을 거역한 것이다. 지금도 이기주의가 모든 죄악의 근원이요, 남과 하나 될 수 없는 가장 큰 요인이다. 따라서 자기를 버리고 자기를 비우는 것에서부터 하나님과의 관계가 복원되는 것이다.

기도도 마찬가지다. 하나님에게 무엇을 부탁하는 간구의 기도가 대부분이지만 실제로는 하나님이 함께할 수 있는 분위기를 조성하는 것이 기도다. 만유에 충만한 기를 모아 하나님과 일체화할 수 있는 영적 분위기를 조성하는 것, 자기 비움을 통해 하나님이 거할 수 있는 성전을 만드는 것을 기도라 할 수 있다. 그래서 엄청난 힘이 기도를 통해 발휘될 수 있는 것이다.

　기독교인들이 아무리 잘 믿는다고 하더라도 참사람, 즉 하나님의 성
전이 되지 않으면 하나님을 만날 수 없다. 불교 신도들도 아무리 고난
의 수행 길을 가더라도 궁극적 실재인 신을 부정한다면 올바로 깨달
았다고 할 수 없다. 그래서 참사람이 되는 길, 신을 만나는 길은 하나
로 통하며 두 종교의 장점을 받아들일 때 그것은 가능하다. 기독교는
불교의 수행 방법을 받아들이고, 불교는 기독교가 가장 중요시하는
신의 문제에 전향적으로 접근할 필요가 있다. 그것은 자기의 것을 포
기하는 것이 아니라 타 종교의 장점을 인정하는 것이다. 깨달음을 통
해 부처가 되는 것은 개성 완성의 길이요, 인간이 개성을 완성할 때만
이 하나님의 성전이 된다는 점에서 모든 종교는 결국 한 곳에서 만날
수 있다고 본다.

근본주의는 종교의 폐쇄성과 배타성을 강화시키고 말았다. 종교인들을 예수의 삶과 정신으로 돌아가도록 인도하는 것이 아니라 형식적인 신앙인으로 만들고 말았다.

25_ 근본주의자들의 충돌

조지 부시 미국 대통령의 재선을 계기로 종교 근본주의가 새롭게 부각되고 있다. 미국 정치에서 가장 강력한 파워 집단은 기독교 근본주의 세력이다. 미국 공화당은 이미 오래전에 기독교 근본주의 세력이 장악했다. 기독교 근본주의 세력은 부시 정권의 가장 강력한 지지 기반으로 내정은 물론 대외 정책에도 막대한 영향력을 미치고 있다. 9·11테러를 일으킨 오사마 빈 라덴 등 알 카에다 지도부가 아직까지 건재할 만큼 '테러와의 전쟁'은 지지부진하고, 법적 정당성과 명분 없이 무모하게 시작한 이라크전이 끝난 지 2년이 지나도록 평온을 되찾지 못하고 있다.

뿐만 아니라 경제도 별로 나아지지 않는 등 호재보다 악재가 훨씬 많았음에도 부시가 재선된 것은 복음주의 개신교 신자들, 그중에서도 미국 남부의 신앙심 깊은 기독교 근본주의 세력의 지원이 있었기 때문이다. 보수파 개신교인들은 인종적으로 백인, 지역적으로는 중부와 남부 지역에 집중적으로 분포돼 있다. 이들은 특히 동성애, 낙태 등을 옹호하는 진보주의를 싫어한다. 대선에서 부시 대통령이 동성끼리의 결혼, 낙태, 줄기 세포 연구 등에 강한 반대 입장을 밝힌 것도 이들을 의식한 것이다.

부시는 기독교 근본주의에 가까운 복음주의 감리교 신자다. 자신은 하나님의 사자이며, 대통령이 된 것도 하나님의 뜻이라고 믿는다. 일종의 '대권신수설(大權神授說)'이다. 그는 40세가 될 때까지 알코올 중독에 빠질 정도로 무절제한 생활을 계속했지만 술을 끊고 '거듭난 기독교도'가 된 것이다. 그를 신앙으로 이끈 사람은 유명한 부흥 목사 빌리 그레이엄이다. 그에게 일주일 동안 설교를 듣고 새로운 길을 걷게 되었다고 한다.

본래 부시 집안은 성공회를 신앙했지만, 부시는 부인 로라의 영향으로 감리교 신자가 되었다. 부시는 명목상 감리교 신자지만 기독교 근본주의 성향이 강하기 때문에 근본주의 세력의 전폭적 지지를 받고 있다. 부시는 자신에게 가장 큰 영향을 미친 철학자는 예수라고 말한다. 부시가 백악관에 들어와 가장 먼저 한 일 가운데 하나가 성서 연구회를 조직한 것이다. 그는 백악관 아침 회의를 기도로 시작하고 에콰도르를 방문하고 돌아오면서 대통령 전용기 안에서 예배를 볼 정도로 신앙심이 깊다.

기독교 근본주의는 성경의 무오류, 예수의 신성, 처녀 탄생, 대속적 구원, 예수의 육체적 부활과 재림 등 다섯 가지를 핵심 교리로 삼고 있다. 여기에서 벗어난 개인이나 집단, 종교에 대해 관용은 없다. 같은 기독교에 뿌리를 둔 가톨릭과 동방 정교, 개신교 계통의 신흥 종파에도 적대적이다. 가톨릭은 이교의 혼합물이고, 마리아 신앙은 우상 숭배에 불과하며, 로마 교황은 적그리스도의 우두머리라고 보고 있다

근본주의라는 용어는 1911년 미국 개신교에서 가장 먼저 사용했지만 이슬람교와 유대교, 불교, 힌두교, 시크교, 그리고 유교에 이르기

까지 광범위하게 쓰이고 있는 공격적이고 신념에 찬 종교 운동을 지칭한다. 세계 분쟁에는 꼭 근본주의가 관여하고 있다. 그러나 과연 근본주의자들이 하나님의 뜻대로 살아가고 있는가 하는 문제는 이들의 신념과 다르다는 것이 종교학자들의 주장이다.

근본주의자들이 벌이는 전쟁_

이라크 전쟁을 이슬람 근본주의자들과 기독교 근본주의자들의 충돌로 보는 이들이 많다. 그들은 서로 "신은 우리 편에 있다. 그는 보호의 울타리로 우리를 감싸고 계신다"면서 성전을 벌인다.

이슬람 근본주의자들이 일으킨 9·11테러 이후 형성된 반이슬람 분위기는 기독교 근본주의를 부추겼다. 〈뉴스위크〉는 문명의 충돌은 이슬람과 기독교가 아닌 근본주의자들과 그들을 제외한 나머지 사람들과의 충돌로 봐야 한다고 보도했다. 근본주의가 세를 얻으면서 상대주의자나 중도주의자들은 설 자리를 잃고 있다. 이슬람 평화주의자들인 수피 교단이나 기독교 정교 분리주의자들의 목소리는 거의 사라졌다. 미국의 근본주의는 기회를 놓치지 않았다. 단기적 정당성을 확보한 미국은 여세를 몰아 아프가니스탄을 평정했고 이어 이라크까지 정리했다.

물론 9·11테러 이후 전개된 대테러전 이후 이슬람 근본주의자들의 영향력은 확대일로를 걷고 있다. 한 통계에 따르면 파키스탄 모슬렘의 65%가 스스로를 근본주의자라고 분류했으며 35%가 자살 폭탄 테러에 동조했다. 세속적 국가로 알려진 모로코도 모슬렘 인구의 45%가 자신들을 근본주의자로 분류했다. 1924년부터 칼리프 제도를 폐기한

터키에서도 31%가 근본주의자라고 인정했다.

모슬렘 근본주의자들은 코란과 선지자 무함마드에게 최종 권위를 두는 사람들이다. 반면 명목상 모슬렘들은 다섯 기둥(신앙 고백, 기도, 구제, 금식, 성지 순례)을 지키는 사람들이다. 근본주의자들은 자신들이 경전에서 읽고 깨달은 것을 그대로 실현하려고 한다. 근본주의자들은 지하드(성전)에 집중한다.

기독교 근본주의는 정통적 개신교의 신앙을 수정하거나 성경의 무오류성에 의문을 제기하는 모든 자유주의적 시도에 저항하고 있다. 이들은 자유주의가 기독교를 배반하고 새로운 과학을 좇아 복음을 포기하고 있다고 비난한다. "교회와 사회의 조건이 경악할 상태에까지 타락하고 있으며, 그리스도의 재림 외에 어떤 것도 기독교인을 구원하거나 이 지상의 운명을 개선할 수 없다. 그리고 그리스도의 재림은 성경 속에 약속되어 있으며 어느 때나 기대될 수 있다"는 것이 천년 왕국론자들의 신념이다. 이것이 기독교 근본주의자들을 묵시론적 전통 속에 확고하게 가두어 놓았다.

물론 근본주의는 일정 부분 정당성을 가진다. 그것은 기독교의 근본적 교리를 성경에 계시된 대로 믿고 따르고자 하기 때문이다. 근본주의는 자유주의를 용납할 수 없는 이단으로 간주하고 그것으로부터 분리돼야 한다고 주장한다.

한국 개신교는 미국의 영향을 크게 받았고 근본주의까지 받아들였다. 한국 개신교인들은 근본주의자가 아니면 기독교인도 아니라고 본다. 자기 종파만이 참기독교이고 자기 종교만이 참종교라고 본다. 세계에서 거의 유일한 현상이다. 한국 장로교회의 보수적 지도자였던 박형룡 박사는 "근본주의는 별다른 것이 아니라 정통주의요, 정통파 기독교다. 한 걸음 더 나아가서 근본주의는 기독교의 역사적·전통적 신앙을 그대로 믿고 지키는 것, 즉 정통 신앙과 동일한 것이니만큼 곧 기독교 자체라고 단언하는 것이 가장 정당한 정의일 것이다. 근본주의는 기독교 자체다"라고 말했다. 한국 개신교는 그 말을 지금도 철저히 따르고 있다.

근본주의자의 한계_

기독교는 생래적으로 '열린 종교'이다. '빛'이 세상에 왔으나 사람들이 깨닫지 못했을 뿐이다. 그 이유는 유대교가 율법과 종교 의식에 집착하는 '닫힌 종교'였기 때문이다. 그들은 '빛'을 인식하지 못했지만 '닫힌 종교' 바깥에서 살아가던 '죄인'들은 '빛'과 함께 있었다. 누구나 그 빛 가운데로 올 수 있도록 열려 있었다.

요즘 기독교는 어떤가. 자신을 처음 핍박했던 '닫힌 종교'들을 닮아 있고, 자신을 핍박한 자들보다 더 철저하게 다른 종교나 신앙 체계를 거부하고 있다. 지금은 한 종교의 독점이 불가능한, 공존의 다종교 사회이다. 현재 한국 교회의 실상을 보고 듣고 아는 사람들의 대다수는 교계에 대해 우려의 눈길을 보내고 있다.

헨리 7세와 8세의 주치의였던 토마스 리나크러는 만년에 복음서를 읽고 이것이 복음서가 아니든지, 우리들이 그리스도인이 아니든지 둘 중의 하나일 것이라고 생각했다. 성경의 교훈에 비추어 볼 때 교회의 모습이 너무나 달랐기 때문이다.

도스토예프스키도 자기 시대의 러시아 교회의 타락상을 《카라마조프의 형제들》을 통해 신랄하게 고발했다. 이 작품은 러시아 교회의 상징적인 인물인 추기경이 재림한 예수를 감금하고 밤에 감방을 찾아가 당신이 정말 예수냐고 물은 뒤 왜 이렇게 와서 방해하느냐고 힐난한다는 이야기다. 이 소설은 교회가 그 본질을 상실하고 교권, 소유, 명예, 지위 등 비본질적인 것의 포로가 되어 제도화와 세속화된 타락상을 지적한 것이다.

예수는 부패한 종교적 현실과 맞서 싸우며 가난하고 억눌린 자의 편에 섰다. 종교적 위선을 철저히 거부했다. 예수는 예루살렘에 입성한 후 예루살렘 성전의 정화에 나섰다.(마가복음 11장 15~18절) 당시 종교 지도자들이 성전을 이용해 자기 이익을 챙기기에 여념이 없는 모습들을 보고 "너희들이 성전을 강도의 굴로 만들었다", "이런 성전은 헐어 버려야 한다"고 분노했다.

요즘 근본주의자는 남과 타협할 줄 모르고 자기 고집만 내세우는 사람을 지칭하는 말로도 쓰인다. 그리고 자기 주장과 다른 사람을 적대시하고 자신들의 뜻을 펴기 위해 물불을 가리지 않는 이들을 일컫는다. 그만큼 근본주의가 가져오는 폐단이 크기 때문이다. 기독교가 가장 비판받는 것은 기독교인들의 독선과 배타성이다.

그렇다면 기독교가 우리 사회의 존경을 받을 수 있는 길은 전혀 없는 것일까? 예수가 전하고자 한 복음의 원형, 즉 예수의 삶과 정신으로 돌아가지 않고서는 기독교가 우리 사회로부터 신뢰와 존경을 회복하는 길은 요원하다. 한국 기독교의 미래는 우리 전통문화와 종교에 대해 가졌던 기존의 배타주의, 정복주의, 무관심주의를 얼마나 성숙하게 극복하느냐에 달려 있다. 한신대 김경재 교수는 이에 대해 다음과 같이 강조한다.

"한국 기독교의 전통문화 및 전통 종교에 대한 배타적 태도나 정복주의적 입장은 오늘 한국 사회의 구성원들에게 독선, 무지, 폭력, 반사회성으로밖에 보이지 않는다. 기독교가 한국 문화와 전통 종교에 대하여 열린 개방성을 가지고 상호 대화와 협력을 하고 서로 배우며 성장하자는 것은 기독교의 자기 정체성을 희석시키거나 포기하거나 혼합주의 종교가 되라는 것이 아니다. 그와 정반대임을 한국 기독교는 모르고 있다. 오늘날 종교 간의 대화와 협력은 희망 사항이거나 요청 사항이 아니라 피해서는 아니 되는 필수적인 의무 사항이요, 축복의 기회로까지 발전하고 있다.”

근본주의는 종교의 폐쇄성과 배타성을 강화시키고 말았다. 종교인들을 예수의 삶과 정신으로 돌아가도록 인도하는 것이 아니라 형식적인 신앙인으로 만들고 말았다. 성경을 문자 그대로 믿으면서 성경이 말하고자 하는 근본 뜻은 외면하고 만 것이다. 결국 그들은 세계 곳곳에서 하나님의 사랑을 실천하기보다는 전쟁을 택하는 우를 범하고 말았다.

지금은 예수가 언제, 어떻게 오는가도 중요하지만 그것보다는 예수가
우리에게 무엇을 당부하고자 하는가를 아는 것이 더 중요하다.

26_ 여기 있다, 저기 있다 해도

성경은 말세에 적그리스도의 출현을 예언했다. "그때에 사람이 너희에게 말하되 보라. 그리스도가 여기 있다, 혹은 저기 있다 하여도 믿지 말라."(마태복음 24장 23절) 예수는 또 그때에 난리 소문이 나고 유례없는 환난이 있으며 하늘의 권능이 땅에 떨어질 것이라고 경고했다. 그런데 하나님 외에는 그날을 아무도 모른다고 했다. 다만 충성되고 지혜 있는 종이 되어 양식을 나눠 줄 수 있도록 준비하라고만 했다. 예수는 언제 다시 올지 모르니 깨어 있을 것을 당부했다. 그리고 외식해서는 안 된다는 것도 덧붙였다.

기독교인들은 성경의 이러한 내용 때문에 새로운 주장을 펴는 종교 지도자에 대한 거부감이 의외로 높다. 성경 이외의 주장에 대해서는 무조건 의심의 눈초리로 바라본다. 예수가 이렇게 엄청난 경고를 한 것은 사후에 대한 포석이라고 볼 수 있다. 즉 사후에 자신의 이름을 걸고 분열을 조장하는 자에 대한 경고이다. 어느 단체나 지도자가 죽게 되면 분열이 일어나고 구성원들은 흩어지게 된다. 예수도 자신을 따르는 사람들이 사후에 받게 될 충격을 고려해 "이 세대가 가기 전에 모든 일을 다 이루리라"(마태복음 24장 34절)라고 한 것처럼 빨리 그 일을 하리라고 약속한 것이다. 급박했던 당시 사정을 잘 보여 주는 이 현장은 오늘 우리에게도 귀감이 되고 있다.

그리고 이는 진리에 대한 판단을 정확히 해야 한다는 경고일 수 있다. 예수의 이름을 걸고 자기 주장이 최고라고 할지라도 넘어가지 말라는 것이다. 자기 주장이 절대적이라고 그 누가 미혹하더라도 넘어가지 말라는 것이다. 물론 성경에 나온 것처럼 역사적으로 자신이 재림한 예수라며 신도들을 미혹한 사람들이 있었다. 그러나 그보다 더 심각한 것은 예수의 이름을 걸고 파벌을 조장하고, 자기 주장이 최고라며 미혹하는 사람들이 수없이 많은 지금의 현실이다. 또 예수와 하나님이 머물러야 할 자리를 차지하면서 절대적 권위를 자랑하는 목회자들이 많다는 것이다. 결국 종교 지도자들이 하나님의 말씀을 왜곡하고 신자들을 하나님의 의지와는 달리 잘못된 길로 인도하는 것에 대한 경고로도 볼 수 있다.

죽음, 그리고 혼란을 막기 위한 예언_

예수 그리스도는 날로 심해지는 로마 관리들의 압박 속에서 제자들을 모아 놓고 사후에 대비해 제자들의 정신 무장을 다시 한 번 독려한다. 예수는 그를 따르던 무리들을 다잡는 일이 무엇보다 시급했다. 그러나 지금은 예수가 언제, 어떻게 오는가도 중요하지만 그것보다는 예수가 우리에게 무엇을 당부하고자 하는가를 아는 것이 더 중요하다.

제자들은 본래 예수가 생전에 이 땅에 하나님 나라를 건설할 것이라 믿었다. 예수는 하나님 나라가 즉시 이루어질 것이라 믿는 제자들에게 왕위를 받으러 먼 나라로 간 어떤 귀인에 대한 비유를 들려주었다.(누가복음 19장 11~12절) 예수가 십자가에 못 박힌 뒤 부활하자 제자들은 "주께서 이스라엘 나라를 회복하심이 이때니이까"(사도행전 1장 6절) 하고 질문한다. 이에 예수는 때와 기한은 알 바가 아니라고 대답한다.(사도행전 1장 7절) 제자들은 이 말을 이해하지 못했다. 그럼에도 예수는 제자들에게 "오직 성령이 너희에게 임하시면 너희가 권능을 받고 예루살렘과 온 유대와 사마리아와 땅 끝까지 이르러 내 증인이 되리라"(사도행전 1장 8절)라고 말한다.

그 후 40년 이상 제자들은 로마와 아시아 등 여러 지역을 다니며 복음을 전파했다. 그리고 예수의 예언(마태복음 24장)대로 모든 것이 확실히 이루어지는 것처럼 보였다. 로마는 서기 69년 내란으로 말미암아 멸망의 기로에 놓였고, 전쟁과 자연재해, 종교적 혼란 등 모든 사태가 끝이 가까워진 것처럼 보였다. 로마는 부패하고 타락해 갔다. 확실히 예수는 이 모든 현상을 바로잡기 위해 이 땅에 다시 와야만 했다.

서기 64년, 로마 제국이 6일 동안 걷잡을 수 없는 화염에 휩싸이면서 거대한 도시의 절반이 잿더미로 변했다. 로마의 유명한 고대 건축물들이 사라졌고, 공포에 사로잡힌 수만 명의 로마 시민은 집은 물론 재산까지 몽땅 잃게 됐다. 자신의 궁전 지붕 꼭대기에서 네로 황제는 이 끔찍한 전경을 내려다보고 있었다. 로마 시민 중 일부는 잔인하고 광적이며 미친 네로 황제가 자신을 위대한 건축가로 착각하고, 오래된 로마 시를 없애 버리고 새롭고 더 웅장한 도시, 즉 네로의 로마를 건설하기 위해 화재를 계획했다고 생각했다. 그런 소문이 나돌자 신변 위협을 느낀 네로는 기독교인들을 희생양으로 삼았다. 당시 기독교인들은 경멸과 비난의 대상이었다. 네로는 기독교인들의 처벌을 명령했다. 드디어 피 흘림이 시작됐다. 십자가에 못 박히거나 동물 가죽에 덮인 채로 거대한 원형 경기장에서 사나운 개들에게 찢겨 죽었다. 수년 동안의 박해는 극악했다. 사도 바울도 그중의 한 사람이었다.

예수의 제자들은 예수가 곧 다시 온다는 굳은 믿음 아래 끔찍한 박해와 순교, 그리고 자연재해 속에서도 육체의 부활(고린도전서 15장 50~53절)을 기다렸고, 하나님 나라에서 받을 상급(누가복음 19장 17~19절)을 고대했다. 그러나 하나님의 나라는 불행히도 임하지 않았다. 고대하던 예수의 재림이 이뤄지지 않자 제자들은 당황하기 시작했다. 많은 그리스도인이 혼란에 빠졌고 용기를 잃었다. 그리고 어떤 이들은 예수를 의심하기 시작했다.

사도 바울도 데살로니가 교회에 보낸 편지에서 "우리가 주의 말씀으로 너희에게 이것을 말하노니 주 강림하실 때까지 우리 살아남아 있는 자도 자는 자보다 결단코 앞서지 못하리라"(데살로니가전서 4장 15절)라고 한 내용을 보면 자신이 살아 있는 동안 재림이 있으리라고 믿고 그날을 기다려 왔음을 알 수 있다. 물론 많은 기독교인들은 "그러므로 깨어 있어라. 어느 날에 너희 주가 임할는지……. 이러므로 너희도 예비하고 있으라. 생각지 않은 때에 인자가 오리라"(마태복음 24장 42~44절)라는 말을 다시 한 번 믿고 또 기다렸다.

거짓을 전하는 교계 지도자들_

기독교인들은 로마 제국의 통치 아래서 집을 잃고 감옥에 갇히고 고문당하고 가족과 친구를 잃는 고통을 당했지만 희망과 소망을 버리지 않았다. 그들은 예수와 선지자들의 예언을 믿고 훗날에 받을 영광을 생각하면서 고통을 견뎠다. 기독교인들의 그 믿음은 지금도 변함이 없다. 그래서 구름 타고 오실 주님을 기다리고 또 기다린다. 그러면 언제까지 그 믿음대로 기다려야 하는가. 지금은 예수의 당부를 정확히 이해하는 것이 무엇보다도 중요하다. 예수의 당부는 크게 두 가지로 나눠 볼 수 있다. 그 첫째가 지도자 문제요, 둘째는 진리에 대한 정확한 이해이다.

오늘날 기독교 지도자들은 예수가 우려했던 것처럼 여기저기서 예수의 이름으로 자기 주장이 최고라면서 떠들고 있다. 예수의 이름 아래 수많은 교단과 교파가 생겨나 신도들을 미혹하고 있다. 2001년 한국기독교목회자협의회가 마련한 한 모임에서 임택진 목사(증경총회장, 청량리중앙교회 원로)는 "교파 분열의 원인은 첫째 인간을 우상화한 것이다. 한신교가 갈라질 때는 김재준 목사를, 고신교가 갈라질 때는 한상동 목사를, 장신교가 갈라질 때는 박형룡 목사를 우상화하였다"고 말했다.

그는 한국 교회 연합 운동에 대해 "눈앞의 이익과 권리에 눈이 어두워진 소인배들의 언동이 교회 연합 기관을 병들게 했으며, 연합 정신이 희박하거나 있다고 해도 그 정신을 생활화하지 않는 소위 연합 운동가 몇몇 사람의 몰지각한 행동이 교계를 흐려 놓았다. 한 몸, 한 교회, 한 민족이라는 구호만 있을 뿐 실체는 편협된 생각과 옹졸한 행동이 교회 연합의 문호를 막고 있는 것은 아닌가"라고 진단했다. 결국 한 인간의 야욕과 주장 때문에 여러 교파로 분열되었다는 것이다. 예수가 사후에 자신의 뜻이 왜곡될 것으로 우려한 상황이 결국 현실화된 것이다.

예수는 하나님의 나라를 세우려고 이 땅에 왔다. 그래서 인간을 구원하고자 한 것이다. 그는 사후에도 기독교인들이 자신의 뜻을 실현해 주기를 고대했다. 자신이 평소에 가르쳤던 뜻이 왜곡되지 않고 그대로 전달되기를 바랐던 것이다. 그러면서도 자신의 뜻이 기독교 지도자들에 의해 왜곡되고, 하나님의 나라가 실현되지 않을 수 있다는 것을 알고 경고했다. 특히 외식하지 말 것을 당부했다. 오늘날 예수의 당부가 어느 정도나 먹혀들고 있는가. 예수의 우려대로 자기식대로 해석한 교리로 예수의 이름을 걸고 목회하는 지도자들이 오히려 하나님과 예수, 그리고 인간 사이의 담을 높이고 있다.

신앙은 전 우주의 주재자이신 하나님과의 사이에 '바른 관계성'을 정립하는 것이다. 한국 교회는 하나님의 올바른 뜻을 소개하고 하나님과의 관계를 회복하기보다는 종교적인 틀과 형식, 여러 율법적 규율들에 더 집착하고 있다. 예배와 성례전의 거룩한 의식, 헌금과 전도 등 종교적으로 정형화된 특정 행위, 고백문의 암송과 습관적인 기도, 구원의 약속과 축복에만 크게 경도된 설교, 그리고 저 무수한 축원과 강복에 주안점을 두고 있다. 또 거대한 교단과 크나큰 교회당, 교회 직제의 기능적이고 효율적인, 그러나 싸늘한 관료적 조직들, 예산과 신도 관리의 경영학적인 시스템들, 호화로운 호텔 안에서 밴드의 연주와 고급 요리로 치러지는 조찬 기도회, 그것이 오늘날 한국 교회의 모습이다.

한국 교회에서 즐겨 내세우는 정통(Orthodox)이라는 말은 뜻밖에도 '완고함'과 통하는 말이 되어 버렸다. 이것은 전적으로 한국 개신교의 주종을 이루는 이른바 정통 교단들의 율법주의적 편협성에 기인한다. 일부 완강한 보수 교단의 신조를 그대로 따른다면, 아마 예수조차도 이단으로 몰릴 수밖에 없을 것이다. 마치 예수가 당시의 바리새인들로부터 이단시되었던 것처럼 말이다.

한국 교회가 시급히 극복해야 할 과제는 팽배한 물량적 성장주의, 신비주의적 무속 신앙의 오류, 경직된 근본주의와 정치적 참여주의의 갈등, 극심한 분파 현상 등으로 집약된다. 이러한 것들은 예수가 2,000년 전 유대교와 이스라엘 민족을 향해 지적했던 내용과 다를 바 없다. 예수가 오늘 우리에게 보내는 경고가 어떤 것인지 깨닫지 않으면 안 된다. 그리고 그러한 열린 마음을 갖지 않고서는 오늘날 예수가 이 땅에 온다고 하더라도 배척할 수밖에 없다는 사실을 명심해야 할 것이다.

무속에는 다른 종교에서 찾아보기 힘든 독특한 점이 있다. 그것은 신과의 만남이다. 무당을 통해 신은 다양한 형태로 나타나는데, 신과의 교류가 가능한 것은 무속의 가장 큰 특징이다.

27_ 무속에서 배울 것은 없는가

기독교인들이 가장 거부감을 갖는 것 가운데 하나가 '미신'이다. 물론 그들이 생각하는 미신의 의미는 광범위하다. 마을 입구에 세워진 장승을 훼손하는 이유도 여기에 있다.

요즘도 오래된 시골 마을의 입구나 큰 절로 들어가는 일주문 밖 길가에서 온갖 풍상을 겪은 장승을 만날 수 있다. 1980년대 이후 전통 문화에 대한 관심이 늘면서 전국의 유원지나 공원, 심지어 대학가에서도 장승이 등장했다. 그런데 기독교 계통 동아리 학생들이 이 장승을 훼손하는 사태가 발생하며 사회적 물의를 일으키기도 했다. 이 학생들은 장승을 기독교에서 금하는 '우상'으로 보고 훼손한 것이다.

기독교인들이 장승을 멀리하는 배경에는 초기 기독교 선교사들의 극단적이고 배타적인 선교 정책이 있었다. 서양인의 눈에 가장 이국적인 정취를 자아냈던 풍물 중 하나가 바로 장승이었다. 그들은 그것을 미신적 우상숭배의 대표적인 표상물로 간주했다.

1894년 이래 네 차례에 걸쳐 우리나라 곳곳을 답사한 적이 있는 이사벨라 버드 비숍은 《한국과 그 이웃 나라들》이란 책에서 장승을 "마을의 외곽에는 반은 인간이고 반은 괴물과 같은 얼굴이 새겨진 마을의 수호신(장승)과 함께 꽤 긴 작대기(솟대)가 있다"라고 소개했다. 이렇듯 선교사를 비롯한 서양인의 민간 신앙에 대한 이해 수준은 단편적이었지만, 점차 그들은 그것을 '샤머니즘'이란 개념 속에 포장하여 체계화해 보기 시작했다.

신학자 윤성범 씨는 《한국인 종교의 흐름》이란 책에서 "우리 기독교인은 한국 것이라면 덮어놓고 귀신딱지로 보아 넘겨 버렸다. 참가치를 알아볼 생각이나 시간적인 여유도 없이 한데 묶어 우상숭배로 취급해 버리곤 한 것이다. 그러나 이것은 참된 종교인의 태도가 아니다"라고 비판했다.

우리 조상들은 전염병, 도적 떼 등이 빈발하던 비참한 상황으로부터 삶의 터전인 마을을 지키려는 한 방편으로 장승을 세웠다. 마을 입구는 온갖 잡귀가 드나드는 길목이었기 때문에 이것들로부터 마을과 마을 주민을 보호하려는 신앙 기제로 그곳에 장승을 세웠던 것이다. 이렇듯 장승은 잡귀 등을 막아 주는 마을의 수호신 구실을 했다. 장승은 고단한 삶을 감내해야 했던 우리 민족의 버팀목이었으며, 소박한 열망이 담겨 있는 상징물이었다. 단순히 '우상'이라는 편협한 잣대를 들이대며 타기되어야 할 미신으로 폄하할 산물이 결코 아니다.

무속과 기독교, 무엇이 같고 무엇이 다른가_

사람들이 어려움에 처했을 때 즐겨 찾아가는 곳이 바로 점집이다. 점집을 지키는 무속인은 일반적으로 신령을 섬겨 길흉을 점치고 굿을 주관하는 사람이다. 무녀(巫女) 또는 무자(巫子)라고도 하는 이들은 신과 직접 접하면서 악령과 선령들을 다룰 수 있는 신비한 능력을 가졌다고 한다. 즉 인간과 신을 연결해 주는 일을 직업으로 하고 있다.

이들의 활동 가운데 중요한 하나가 신과 접촉하여 재난을 미리 탐지하고 방지하는 것이다. 인간의 모든 화복은 신의 뜻에 따라 좌우되므로 재화를 방지하기 위해 무당은 신과 접촉한다는 것이다. 그들은 인간의 뜻을 신에게 전달하고 소원을 성취시킬 수 있는 중간자적 능력을 지녔다고 한다. 질병이 나면 무당을 불러 굿을 하는 까닭도 여기에 있다.

민간 신앙인 무속을 자세히 뜯어보면 일반 종교와 별 다름이 없음을 발견하게 된다. 그래서 '정통 종교'에서 벗어난 '유사 종교'로 명명하는지는 모르지만 일반 종교 현상과 비슷한 점이 많다. 기독교인들이 타 종교에 대해 배타적인 것은 잘 알려져 있지만, 무속에 대해서는 종교가 아닌 미신으로 치부하고 있다. 다른 어떤 종교보다 무속과 유사한 점을 많이 갖고 있으면서도 말이다. 유사하다는 것은 통할 수 있는 부분, 하나 될 수 있는 부분이 많음을 뜻한다. 다시 말해 종교성이 강했던 우리 민족은 하나님을 믿는 기독교와 통하는 부분이 많다고 볼 수 있다. 우리나라에서 기독교가 꽃핀 이유도 여기에 있다.

무속은 조상신에서부터 최고신인 옥황상제까지 여러 신을 모시고 있다. 옥황상제는 하나님의 다른 이름이라고 볼 수 있다. 무속은 다양성을 추구하다 보니 기독교처럼 체계적으로 논리가 정립되지 않아 저급하고 미신적이라는 취급을 받는다. 그러나 학문적으로나 신학적으로 제대로 된 무속과 우주의 근원이자 최고의 신, 유일신을 지향하는 기독교가 손을 잡는다면 참종교가 탄생할 수 있다고 생각하는 사람이 많다. 영계(靈界)를 통해서는 기독교와 무속이 만날 수 있는 길이 있기 때문이다.

무속에는 다른 종교에서 찾아보기 힘든 독특한 점이 있다. 그것은 신과의 만남이다. 무당을 통해 신은 다양한 형태로 나타나는데, 신과의 교류가 가능한 것은 무속의 가장 큰 특징이다. 물론 기독교에도 이러한 요소가 상당히 많이 잠재돼 있다. 이른바 성령을 받은 사람에게는 무당과 같이 예언을 하고 병을 고치는 능력이 있다. 그래서 무당처럼 예언을 하고 병을 고치는 교회에 신자들이 구름같이 몰려들기도 한다.

기독교가 처음 우리나라에 들어올 때 성경을 '복음'이라고 부르며 이를 믿으면 복을 받는다는 공리적 측면에서 출발한 것도 무속의 기복 사상과 상통하는 면이 있다. 불교에서도 도통한 사람은 무당과 같이 예언을 하고 병을 고치는 능력을 갖고 있다. 결국 불교가 상당 부분 무속화하였다고 해도 과언이 아니다. 무속의 제의 의식의 한 형태인 굿은 일부 기독 교단의 예배 의식과 다를 바가 없다. 고대부터 계속돼 온 굿은 유교가 모든 생활 규범과 실천 윤리를 지배한 조선 시대에도 왕실과 지식 지배층의 내방에서 행해졌다.

굿의 목적은 병의 퇴치(退治), 초복(招福), 초혼(招魂), 안택(安宅), 기우(祈雨), 진령(鎭靈), 제재(除災), 천신(薦神), 축귀(逐鬼) 등이다. 굿은 사전에 길일을 택하여 원무당(元巫堂)이 주재하며, 창부무(唱夫巫)와 후전무(後錢巫)는 가무와 예(藝)만을 하고, 기무(技巫)는 장구를, 악수(樂手)는 조수로서 징을 치며, 전악(典樂)은 퉁소와 해금을 맡아서 행하는 의식이다. 굿이 끝나면 헌금을 하는 깃도 타 종교와 다를 바가 없다.

무속이 대접받지 못하는 이유_

무속에서 말하는 신은 다양하다. 하나님과 옥황상제는 최상의 명복신(命福神)인 제석천(帝釋天)과 더불어 무속 신앙에서 가장 높이 받드는 신으로 인식되고 있으며 이외에 무속의 신은 300여 종에 달한다. 신은 보통 불가사의한 능력을 지니고 자연계를 지배하며 인류에게 화복을 내리는 초월적인 존재이다. 우리 조상들은 유례가 없을 만큼 많은 신을 섬기면서 어려움을 이겨 나가는 한 방편으로 삼아 왔다. 우리 조상은 이 신 저 신을 모시면서도 전지전능한 최고의 신을 찾기 위한 여정을 계속해 왔다고 볼 수 있다.

무속과 영계의 관계를 실제로 느낄 수 있는 것이 공수(空授)이다. 공수란 무당이 점을 칠 때나 굿을 할 때 말문이 터져 신의 말, 곧 신어를 대행하는 것을 뜻한다. 말문이 터지면 무속인 자의에 의한 것이 아니라 자신도 의식하지 못한 상태에서 말이 나온다. 장군이 실리면 장군의 음성을 내고, 아기가 실리면 아기의 음성을 내게 된다. 옥황상제가 실리면 옥황상제의 말을 전하게 된다. 아기 영혼의 소리라며 새소리를 내는 경우도 마찬가지다.

이 같은 현상은 타 종교에서도 나타나고 있다. 기독교에서 성령을 받아 방언을 하는 것이나 불교에서 도를 통한 사람이 예언을 하는 것이 바로 그것이다. 기독교인의 방언에 외래어가 많듯이 공수도 외래어로 하는 경우가 있다. 어떤 신이 실리느냐에 따라 공수가 달라질 수 있다. 다만 어학에 소양이 없는 사람이 하는 공수는 전연 알아들을 수 없고 국적이 없는 말을 한다.

무속인은 신과 인간의 매개 역할을 한다. 무속인이 과거의 일을 족집게처럼 알아 맞히는 것을 보게 된다. 무속인이 과거를 얼마나 정확히 맞히느냐는 그가 모신 신의 영력과 개인의 특성에 따라 차이가 있다. 그리고 신, 즉 몸주가 가르쳐 주는 내용이 상징적이기 때문에 그 해석에 따라 예언이 빗나갈 수도 있다. 신과 인간의 매개 역할을 하는 무속인은 무병을 앓은 뒤 내림굿을 거쳐 접신 상태가 되면 예언을 하고 병을 치료한다. 그러나 예언이 빗나가고 굿을 해도 병이 고쳐지지 않는 경우도 많다.

북한 정권을 놓고 여러 예언이 나왔지만 거의 빗나갔다. 1994년 7월 8일 김일성 주석의 사망을 예언했다는 손석우 씨는 "나무를 베고 나서도 일정 기간 잎사귀는 푸르듯이 김정일의 권력 승계는 일시적일 수밖에 없으며 하늘의 운세가 1994년 가을을 넘기기 어려울 것"이라는 예언을 내놓았다. 역시 김일성의 사망을 예언했다고 해서 화제가 된 심진송 씨도 1997년 10월 "김정일의 정치 생명은 앞으로 2~3년밖에 남지 않았으며, 다음 후계자는 김영주가 될 것으로 보인다"고 말했다. 이처럼 김일성 사망 이후 김정일 정권의 말로에 대해 여러 사람이 예언을 내놓았지만 대부분 빗나가고 말았다.

무속은 다른 종교들과는 달리 그동안 숱한 오해와 편견, 선입견을 받아온 것이 사실이다. 무속(巫俗)이란 용어도 조선조의 유학자들이 무당을 천시하여 붙였던 것이다. 무속은 '무당의 풍속' 또는 '무당의 세계에서 관용되는 풍'을 가리킨다. 조선 시대 때 '속(俗)'은 단순한 풍속이 아니라, 유교를 숭상하던 양반 관료층의 안목에서는 저질스러운 것, 속된 것을 뜻하였다. 지금도 조선조가 무당을 천민의 하나로 규정하고 그들의 풍속을 무속이라 하였던 전통이 그대로 이어지고 있는 셈이다. 무속은 일제 시대 때 민중의 종교로서 박해의 대상이 되었고 해방 이후 서구식 내지 기독교적 가치관에 의하여 미신으로 낙인찍혀 왔다. 즉 오늘날 무속이 미신이라고 치부되는 것도 따지고 보면 기독교를 중심으로 한 서구식 잣대를 들이대기 때문이다. 교조나 교리, 경전이 없고 교단이라 부를 만한 조직이 없다는 것도 그런 이유 중 하나다.

또 무속의 위상이 천박한 모습으로 추락하게 된 것은 타 종교를 비롯해 우리 사회가 만들어 놓은 무속인에 대한 인식이 좋지 않은 점도 있지만 무속인 스스로도 좋은 인상을 심어 주는 데 미흡하지 않았나 생각된다. 특히 거짓 예언을 남발하고, 약한 자를 위해서라기보다는 재산을 불리기 위해 굿판을 벌이는 일도 종종 있었다. 여기다 체계적으로 굿 문화를 연구하거나 살려 나가지 못한 것도 무속인이 천대받는 중요한 원인이다. 무속인은 신에게 봉사하고 신과 인간을 연결해 주는 본래의 업무에 충실하면서 약자를 위해 봉사하는 삶을 살아가야 할 것이다.

종교학자들은 무속도 종교 현상 가운데 하나로 보고 있다. 영적 현상의 한 단면을 무속인을 통해서도 볼 수 있기 때문이다. 그래서 무속을 무조건 배척할 것이 아니라 긍정적 시각으로 바라봐야 한다고 말한다. 그리고 한국의 외래 종교는 대부분 토착화되는 과정에서 기층 종교인 무속의 영향을 받았다. 물론 기독교에서는 무속을 미신으로 치부해 배척했지만 기독교인 가운데 상당수는 아직도 무속 행위에 젖어 있다. 불교는 상당 부분 무속을 받아들인 상태다. 따라서 종교계는 무속을 통해 자기 종교의 정체성을 더욱 공고히 하고 종교의 다양성을 확인하는 계기로 삼아야 할 것이다.

유교는 내외적 도전에 직면해 있다. 안으로는 정체성 문제로, 밖으로는 '공자 사상의 한계성' 논란에 휩싸여 있다.

28_ 도전받는 유교

천주교, 개신교, 불교, 천도교, 원불교, 민족 종교 등과 더불어 한국 종교인평화회의(KCRP)에 가입된 유교가 '종교냐, 아니냐?' 하는 정체성 논쟁에 이어 종조인 공자의 가르침을 놓고도 학자들 사이에서 논란이 일고 있다. 그동안 4대 성인의 반열에 오르면서 인류 문명사에 큰 족적을 남긴 공자의 사상에 대한 재평가 작업이 본격적으로 이뤄지고 있는 것이다.

유교가 전통 종교로 자리 잡고 있음에도 최근 종교성 논쟁이 일어난 것은 유림들 사이에 정기적 예배나 종헌, 특히 일반 종교와는 달리 종교적 행위가 없기 때문이다. 그래서 유교 내부에서도 이러한 현실을 감안해 '유교의 종교화 선언'을 모색하기도 했다. 이는 공자가 인본주의를 바탕으로 윤리가 바로 서고 도덕이 실현되는 사회를 이룩하는 것을 목표로 창시한 종교라고 보기 때문이다.

또 일부 학자들로부터 공자가 수난을 당하고 있는 것은 공자의 사상이 더 이상 시대 흐름에 맞지 않다고 보기 때문이다. 그동안 유교는 공자의 탄생지인 중국이나 일본과 달리 우리나라 조선 시대 때 '숭유

억불(崇儒抑佛) 정책'으로 인해 큰 영향력을 발휘했지만, 기독교 등 외래 사상의 유입과 서구화 물결로 그 영향력이 급격히 감소하면서 지금은 '공자 퇴출'이 현실화되고 있다.

공자 논쟁에 불을 댕긴 김경일 교수(상명대 중문학)는 《공자가 죽어야 나라가 산다》는 다소 도발적인 저서를 통해 "유교야말로 한국 문제의 뿌리"라며 유교의 한 속성 내지 부작용에 대한 우려가 아닌 '태생적 한계'를 지적하고 나섰다. 세계화 시대에 적응하지 못하는 한국인의 문화적 폐쇄성과 콤플렉스의 원인이 다름 아닌 유교 때문이라면서 유교적 가치 체계를 공격했다.

김 교수는 유교가 기득권자, 즉 군자와 남성, 어른을 위한 도덕이었기 때문에 투명성과 평등, 창의력과는 동떨어지고 이제는 그 유효 기간이 끝났다고 선언했다. 그는 이어 '효도가 사람 잡는다'는 주제를 내걸고 "효라는 것은 인생의 허무를 일찌감치 깨달은 동양의 노인들이 찾아낸 '존재의 연속 기원' 프로그램"이라고 꼬집었다. 그는 또 "왜곡된 권위와 도덕적 가치들 뒤에 숨겨진 정치적 협잡과 역사적 속임수를 끄집어 놓을 때가 됐다"면서 유교의 폐해를 질타했다.

흔들리는 공자, 달라져야 할 유교_

유교가 '종교냐, 아니냐'는 우문(愚問)일 수 있다. 대부분 유교는 동양의 종교로 알고 있고 사회적으로 그렇게 대접받고 행동하고 있기 때문이다. 그럼에도 성균관 유도회는 1995년 11월 28일 임시 총회를 갖고 종단의 수장격인 총전직을 신설하고 원로원과 평의원을 구성하는 등 유교를 종교로 재출범시키는 종헌 제정안을 의결했다. 법적 효

력을 발휘하는 재단 법인 성균관도 이사회를 열어 종헌을 정식 승인
했다. 유교가 이같이 종헌을 제정한 것은 종교냐, 아니냐를 두고 벌이
던 그동안의 논란에 종지부를 찍겠다는 의도였다.

유교제도개혁특별위원회가 마련한 종헌에 따르면 종명은 '성균관유
교회'로 하고 기존의 성균관은 종무를 총괄하며 유도회는 신도회 역
할을 수행하게 된다. 재단 법인 성균관은 재산의 보존 관리를 맡는다.
총전은 '성균관유교회' 종단의 최고 지도자로 성균관장, 유도회장, 재
단법인 이사장 등으로 구성된 종무 회의를 통해 이들 3단체의 종무
집행에 대한 조정권을 갖는다. 조계종의 종정, 가톨릭의 추기경과 비
교될 수 있다.

또 원로원은 교의와 전례를 해석하고 총전 및 종단 각 기관이 제기하
는 현안 심의를 맡는다. 평의원은 각 기관에 대한 감사와 예산안 심의
의결, 종단 내 분규나 해교 행위에 대한 사찰 등을 수행한다. 종헌은 이
밖에 종사를 공부자(孔夫子)로 하고 《대학》, 《중용》, 《논어》, 《맹자》,
《시경》 등 사서삼경을 경전으로 삼는다고 규정했다. 또한 경전이 가르
치는 교의를 종지로 삼고 총전을 수장으로 전인, 전의, 전례, 전학, 사의,
사예 등 7등급의 서열로 성직자를 둔 것도 종단 체제를 갖추기 위한 포
석이다.

유교는 사실상 조선의 공인받은 국교였지만 종교화 운동은 한말에도
있었다. 유학자들의 유교 종교화 운동은 단순한 개화나 개혁의 동기에
서가 아니라 유림을 장악하려는 일본의 종교 정책에 대한 반발성을 강
하게 가지고 있었다. 일제는 무력적 차원만이 아니라 문화적·종교적
차원에서도 조선 지배를 치밀하게 전개했다. 총독부는 직접적으로 종
교에 개입, 통제했고, 그 결과 한국 종교 대부분은 총독부의 의도에 따
라 종속당했다. 그 과정에서 유교는 특히 많은 탄압과 침탈을 당했다.

식민지 시대에도 큰 영향력을 발휘하고 있었던 유교를 유사 종교 차원도 아니고 생활 윤리 차원으로 분류한 총독부의 의도는 조선인의 정신적 중심을 해체하려는 것이었다. 표면적으로는 기도나 예배 같은 종교 의례가 약하다는 것이 이유였지만, 그 실상에는 유교의 의리 정신에 입각한 항일 운동과 조선 민중이 유교로 종교 단체를 조직해 독자적 사유와 행동을 하게 될 가능성을 차단하려는 의도가 깔려 있었다.

1911년 일제는 조선총독부령 제73호 '경학원규정(經學院規程)'을 반포했는데, 그 내용은 성균관을 경학원으로 개칭하고, 그 성격을 사회교육 기관으로 분류하는 것이었다. 이는 유교는 종교가 아니라는 의미였다. 그로부터 몇 년 후 경학원 원무에 대한 부훈령은 지방 향교의 재산을 총독부 통제 아래 관리하고, 문묘와 향교를 일본 신사로 만들려는 계획을 추진했다. 그리고 1917년 포교 규칙 1조에서는 종교를 신도(神道)와 불교, 기독교로 한정하면서 유교를 완전히 종교 항목에서 삭제한다.

한말 유교 종교화 운동의 장애 중 하나는 당대의 수구적 유학자들이었으며, 1980년대와 1990년대 재개된 종교화·현대화 운동을 가로막고 있는 이들 또한 보수 유림이다. 유교 종교화 운동은 유교의 내적 위기를 종교적 신념과 표현으로 극복하려고 했던 시도이다. 그런 점에서 아직도 여전히 논란을 빚고 있는 유교의 종교화 운동에 대한 유림의 시각이 전향적으로 바뀔 필요가 있다는 것이 일부의 평가다.

유교 위기, 어떻게 극복하나_

유교는 내외적 도전에 직면해 있다. 안으로는 정체성 문제로, 밖으

로는 '공자 사상의 한계성' 논란에 휩싸여 있다. 김경일 교수가 유교의
유효 기간이 끝났다고 선언하고 나선 것은 위선과 허세, 그리고 분열
로 가득 찬 한국 현실의 뿌리가 유교와 맞닿아 있다고 보았기 때문이
다. 그는 특히 한일 합방, 6·25전쟁, 국제통화기금(IMF) 체제 초래
등으로 드러난 한국의 문제야말로 우리 문화의 심층에 자리 잡은 '유
교라는 곰팡이' 때문으로, 장이 나쁘면 얼굴에 시도 때도 없이 여드름
이 돋는 것과 같은 이치라고 말한다.

　김 교수는 역사적 안목이 부족했고, 나이브하기까지 했던 공자가
주나라의 종법에 심취하기 이전, 즉 유교 탄생의 태생적 추악함을 이
야기하고 있다. 그가 갑골문 기록을 통해 정리한 유교의 시원을 보면
유교의 출발은 기원전 14세기 은나라에서 형을 몰아내고 왕위를 찬탈
한 조갑이라는 인물에서 비롯된다. 조갑은 쿠데타로 장악한 권력을
정당화하기 위해 우선 자기 조상들의 족보를 대대적으로 수정한 뒤
제사를 정례화하는데, 이는 혈통주의적 사고의 뿌리가 된다.

　기원전 12세기 주나라 무왕은 은나라를 멸망시킨 뒤, 제례 전문가
인 유(儒) 계급은 살려 두는데 이 역시 권력 정당화의 필요성 때문이
었다. 살아남은 이들은 주나라의 족보를 체계화하는 한편 외부적으로
다 부족과 공통으로 숭배할 수 있는 존재인 '하늘'을 절대신으로 제시
한다. 기원전 5~6세기, 주나라의 종법 제도와 제례 문화에 심취해 이
를 제자들에게 가르친 공자는 유(儒) 계급의 후예 가운데 한 사람이었
다. 그는 주의 종법 제도와 제례 문화가 완벽한 것임을 가르치기 위해
은나라의 역사와 정치를 미화하고 왜곡한다. 공자의 사상은 한나라
때 동중서에 의해 '대일통(大一統)론'으로 정비돼 한 무제에게 제출되
면서 한의 통치 이념이 됐으며, 유교가 동양의 지배 이데올로기로 자
리 잡는 계기가 되었다.

조갑의 정권 옹호 행위야말로 '정치적 장난질'에 다름 아니고, 이런 측면을 눈감은 채 주나라를 이상 사회로 내세웠던 공자야말로 '왜곡된 가치를 강요한 위험인물'이라는 게 김 교수의 진단이다. 따라서 늦기는 했지만 이제라도 유교 문화의 부정적 유산들을 청산해야 한다는 것이다. 유교 문화가 짓눌러 온 상상력, 통찰력, 비판적 태도를 회복해 현대 사회에 당당하게 대처하자는 것이 김 교수의 지론이다.

물론 김 교수의 공개적 도전에 유림들의 반응은 격렬했다. 성균관은 최창규 관장을 위원장으로 하는 '김경일 요서(妖書)사건 성균관 유림특별대책위원회'를 만들어 대전 지검 천안 지청에 자신들과 공자를 명예 훼손했다며 고소하는 등 정면 대응하고 나섰다. 성균관은 고소장에서 이 책이 "교리를 계승하고 실천하는 역사적 과정에서 발생하는 말류의 폐단을 학문적으로 지적하고 비판한 것이 아니라 시정잡배들도 차마 하지 못할 비루하고 저속한 표현으로 공자를 폄훼 모독하고 유교를 본원적으로 부정하였다"고 주장했다.

분이 덜 풀린 유림들은 이후 유도회총본부 사무 부총장을 지낸 최병철 청주대 교수의 책《공자가 살아야 나라가 산다》를 통해 본격 논쟁에 나섰다. 최 교수는 유교의 유효 기간은 아직 끝나지 않았으며 공자가 살아야 하는 이유로 "공자는 인류의 스승이기 때문에 그가 살아야 인류가 산다", "공자는 절망을 모르는 사람이다", "공자는 사랑의 실천자다", "공자는 자기의 잘못을 뉘우치고 고칠 줄 아는 사람이다" 등 네 가지를 들었다.

성균관이나 유도회, 재단법인 성균관 등 유림의 대표 기관은 대부분 우리의 선입관이 그렇듯이 연세가 지긋한 노년층이 이끌고 있다. 이제 갓 마흔을 넘긴 젊은 교수가 1999년 5월《공자가 죽어야 나라가 산다》라는 도발적 제목으로 책을 내놓았을 때 가장 분노한 측은 이들이었다. 온갖 비리와 퇴폐 현상으로 얼룩진 나라를 걱정하며 도덕성 회복을 부르짖던 이들에겐 아닌 밤중에 홍두깨를 맞은 격이었다.

　근래 유교에 대한 애증이 이처럼 극단적으로 엇갈리고 있다. 유교를 체계적으로 비판, 극복해 보려는 시도가 없었기 때문에 더욱 그렇다. 근대 이후 유교는 망국지교(亡國之敎)로 인식됐고 여성 비하로 부정적 이미지가 강했다. 그러나 유교는 우리 삶의 뿌리이자 윤리 도덕의 근간이다. 따라서 공자의 사상을 터로 한 유교가 이 시대 다시 빛을 발하기 위해서는 시대 흐름에 맞게 재해석되고 다시 체계화하는 노력이 필요할 것으로 보인다.

불교도들에게 종교의 의미는 부처님의 가르침을 통해 인간 생활의 궁극적인 문제에 주목하고 삶의 여러 갈등과 문제들을 해결하는 고차원적인 신앙과 수행의 체계이다.

29_ 불교는 종교인가, 철학인가

불교의 정체성에 의문을 제기하는 불교는 '종교인가, 철학인가'는 불교도들에게는 우문일 수 있다. 만일 불교도들에게 '불교는 종교가 아니라 철학'이라고 한다면 기분이 상할 수밖에 없다. 그러나 불교가 종교인가, 철학인가 하는 논쟁은 시대와 장소를 가릴 것 없이 계속돼 왔다.

불교는 종교의 세 요소인 교주, 교리, 교단을 갖추고 있을 뿐만 아니라 종교적 믿음 체계와 종교적 의식, 종교적 표상체를 지니고 있다. 하지만 부처는 신이 아니고 인간이라는 점에서, 부처는 절대자에 대한 믿음보다는 보편적 진리에 대한 깨달음을 강조한다는 점에서, 불교가 종교가 아니라 철학이라고 생각하는 사람들도 적지 않다.

불교의 종교성 논쟁은 불교의 본질에 대한 일방적 규정에서 비롯된 것이기도 하다. 불교는 그 자체로 철학적 요소와 함께 종교적 요소를 내포하고 있다. 불교에 접근하는 자세와 목적에 따라서 그중의 하나를 더 부각시킬 수는 있지만, 그 하나 때문에 다른 하나를 사장시키는 것은 옳지 않다는 것이 대체적 의견이다.

‘불교가 도대체 무엇인가’라는 외적인 관심에서 출발해 그 본질을 규명하고자 노력하다 보면 다양한 형태의 불교와 만나게 되고, 그 결과 ‘원형의 불교가 무엇일까’라는 질문과 자연스럽게 마주친다. 이 ‘원형의 불교’는 대체로 역사적으로는 초기 불교와 동일시되기도 하지만 그것만으로 의문이 완전히 해결되는 것은 아니다.

결국 철학과 종교는 만날 수 없느냐는 문제에 귀결된다. 철학은 궁극적으로는 종교와 만날 수밖에 없고, 종교도 진리에 대한 인간의 갈증을 풀어 주기 위해서는 철학과 만날 수밖에 없다. 여기서 종교성 논쟁의 해결점은 자연스럽게 찾아진다. 종교와 철학은 그 구별과 간극 유지가 일정한 한계 내에서는 철저하게 이루어져야겠지만 궁극적인 삶의 심연에서는 통합될 수밖에 없다는 것이 전문가들의 견해다.

불교의 종교성 논쟁_

서구 사조에 물든 일부 개신교 신자들은 불교의 종교성에 의문을 제기한다. 불교는 신(神)이라는 신앙의 대상이 없기 때문에 철학이지 종교가 아니라는 것이다. 이 문제를 둘러싸고 벌어진 대표적 논쟁이 1958년 서울대 문리대 신사훈 교수와 고은 씨 사이의 논전이다. 종교의 본질 문제를 둘러싸고 기독교, 천주교, 불교, 천도교의 대표적 이론가들 사이에서 본격적으로 벌어신 이 논전의 발단은 신 교수의 〈동양 종교의 문제점〉이란 논문에서 비롯되었다.

〈신태양〉 1958년 11월호에 실린 이 글에서 신 교수는 유교, 불교, 천도교, 천주교 등을 가혹하리만치 단정적으로 매도하고 개신교만이 ‘절대 종교’요, ‘진정한 종교’라고 주장했다. 즉 유교는 ‘종교 아닌 도덕교'요, 불교 역시 '종교가 아니라 인생 철학'에 불과하며, '어마어마한 범신론'인 천도교는 특히 저속하고 미신적인 '귀신론'이며, 천주교는 '일종의 종교적 전체주의'라는 식으로 무자비하게 비판했다. 신 씨의 글을 실은 〈신태양〉은 종교계에 엄청난 논란을 불러일으키자 12월호에 각 종단에 지면을 할애해 반론을 펴게 했다.

신 교수는 '재흥(再興)되어야 할 진정한 종교 정신'이란 부제가 붙은 이 글에서 "불교는 본래 무신론이었으니 석가는 본래 인격적인 신이나 경배나 기도를 가르쳐 주지 아니하였는데, 그가 뒤에 신화(神化)되었으니 종교 사상 일대 의아점이요, 풍자이다. 이 점에서 불교를 종교가 아니라 일종의 종교 철학이라고 칭하는 자들도 있다"라고 주장했다. 그는 이어 "무신론, 비인격주의, 인간 생활과 육체, 부녀와 가정에 대한 저평가, 개인 창시성의 저지, 현실 도피, 사회 책임 거부, 소극적 이기, 허무, 비관, 체념 등 동양의 후진성을 제공했다"고 덧붙였다. 또 "불교 선교 목적이 상실되어 지역적으로 발전이 없으며 미개한 지역에 이르러서는 미신 종교와 더불어 휴식 상태에 있고, 다소 문화화된 지역에서는 그곳 타 종교나 문화와 혼합되었으니 혼합주의인 까닭"이라면서 불교의 '결점'을 꼬집었다.

당시 조계사 승려였던 고은 씨는 '기독교도 '신 박사'를 박(駁)한다'는 주제의 반론에서 '가짜가 세상을 현혹시키다니', '기독교를 동양 것이라고', '기독교의 천국은 장난감', '신 박사의 침언(寢言)할 때가 아니다', '불교란 말은 불타의 교의란 뜻이 아니다' 등의 소제목을 붙여 가며 날카로운 풍자와 경구로 신 씨의 주장을 따지고 들었다.

고은 씨는 특히 "불교는 종교가 아니라 인생 철학이라는 학자가 있다고 해서 박사는 소극적으로 비종교론을 전개하여 놓고 있다. 그런데 불교는 고유한 구족원상(具足圓相)의 변증적인 비약이 있다. 생의 생, 과학의 과학, 철학의 철학, 종교의 종교, 즉 대화엄의 불교이기 때문에 다른 종교의 유한성으로서 단 한 번에 규정되는 비종교성이 엿보인다고 그저 '종교 아니다'라는 것은 속단에 지나지 않는다"고 주장했다. 또 "불교는 신 박사 이야기의 뜻대로 인간 지상의 종교다. 그러면서 그것은 우주 전체를 초월하는 것이다"라고 강조했다.

불교의 종교성에 대한 논란은 서양 사상과의 만남에서 비롯됐다. 유럽인들이 불교에 관심을 갖게 된 것은, 특히 15세기경 인도 등에 대한 식민 정책이 본격화할 당시 기독교만 참된 종교라고 하는 것을 입증하는 데 있었다. 당시 불교를 포함한 동양 종교에 대해 '종교'라는 말을 쓸 수 없다는 전제가 바탕에 깔려 있었다. 그래서 불교를 도덕적·윤리적 가치만을 지닌 단순한 사상으로 평가했다. 또 서양인들은 불교가 신의 존재를 부정한다는 사실을 들어 종교가 아니라고 주장했다. 유일신을 믿는 기독교에서 본 불교는 무신론일 수밖에 없었다. 따라서 오늘날에도 기독교인들에게 불교는 여전히 철학이지 종교가 아닐 수 있다.

오늘날 우리가 사용하고 있는 종교라는 말이 현재의 뜻으로 사용된 것은 서양의 'religion'이라는 말을 일본 학자들이 번역하면서부터다. 따라서 불교, 기독교, 가톨릭, 이슬람교 등과 같은 세계 종교를 모두 망라하는 상위 개념으로서 종교라는 용어가 한국, 중국, 일본에서 사용되기 시작한 것은 불과 100여 년 전부터다.

불교는 철학이자 종교_

종교라는 단어 자체가 바로 불교 용어다. 종교는 불교의 교리, 즉 궁극적인 깨달음을 의미하는 종(宗)과 그 깨달음을 설하는 언어의 체계로서의 교(敎)를 의미하는 하위 개념이었다. 경전과 선어록을 포함한 불교 문헌에서는 이 종교라는 용어가 빈번하게 사용된다. 종교라는 용어의 불교적 기원을 보여 주는 경전으로 《능가경(楞伽經)》을 들 수 있다.

여기에는 부처가 말하는 두 가지 근본적인 가르침〔二宗法相〕인 종취법상(宗趣法相)과 언설법상(言說法相)이 등장한다. 종취법상은 스스로 체득하는 불법의 근본적인 영역을, 언설법상은 그 도리를 설하고 실천하는 것을 말한다. 원래 종은 불교의 근본 도리를 의미한다. 즉 불교의 수행에 의해 성취된 최종적인 도리를 의미하는 것이다. 그래서 종이란 불교의 근본 진리를 깨닫고 닦음으로써 성취된 지고한 경지를 나타냈다. 이 경지는 그것 자체로서는 언설 문자를 넘어선 것이지만 언어로 표현되지 않으면 전달될 수 없으므로 교가 만들어진다. 상대방을 이끌어 종에 도달하기 위한 방편으로서 교가 만들어지면서 종교라는 말이 등장한 것이다.

선종에서도 이 종교라는 용어가 선의 깨달음과 그 실현을 의미하는 용어로 즐겨 쓰인다. 불교에서는 종교를 '절대자 신과 피조물인 인간의 관계'를 의미하는 'religion'이 이니라 불교의 근본 도리를 깨달은 자각성지(自覺聖智), 다시 말해 종(宗)과 그 언어적 표현인 교(敎)를 병칭하여 불교의 해석 체계를 설명하는 하나의 술어로 삼고 있다.

불교의 궁극적인 목표는 성불에 있다. 구원은 종교에 따라서 각각 다른 개념을 가지고 있지만, 불교에서 말하는 진정한 구원이란 궁극에 온갖 괴로움을 극복하고 열반에 이르는 것이다. 또 부처와 중생이 평등하다는 입장에서 '중생성불'의 길을 가르친다. 모든 불보살을 신앙의 대상으로 한다고 할지라도 다른 종교에서 말하는 신앙의 대상과는 근본적으로 많은 차이가 있다. 따라서 서구의 종교는 완전하게 신에게 의탁하여 구원을 받으려고 하는 절대적인 타력주의 신앙인 데 반하여, 불교는 평등의 원리에 입각하여 자력 수행과 타력(불보살의 원력이나 가피)을 겸비한 신앙이라고 할 수 있다.

신을 내세우지 않는 전형적인 종교가 불교다. 그러나 카를 야스퍼스의 말처럼 석가는 신의 실재를 부정한 것이 아니라 단순히 그들의 가치를 무의미한 것으로 격하시켰을 뿐이다. 불교는 중생이 다 불성(佛性)을 가지고 있기 때문에 사람은 누구나 부처가 될 소질을 갖추고 있다고 본다. 다만 번뇌에 사로잡혀 불성이 나타나지 않을 뿐이다. 끊임없는 수행을 하면 더럽혀지지 않은 청정한 불성이 나타나게 된다는 것이다.

신에게 신성이 있고 부처에게 불성이 있다. 서구인들은 불교는 범신론에 가까운 무신론이고 종교라기보다는 철학이라고 생각한다. 하지만 인간이 갖춘 불성은 신성이다. 불교는 종교적인 면에서 기독교 또는 다른 종교보다 더 깊은 사상적 뿌리를 가지고 있다. 불교는 철학인 동시에 종교이며 윤리적 종교인 동시에 논리적 종교이다.

일반적으로 불교를 신의 존재를 부정하는 무신론(無神論)이라고 하지만, 이와 같은 규정은 어디까지나 신의 존재를 인정하는 유신론(有神論)과 대비되는 말일 뿐 '불교는 무신론'이라는 언급 자체에는 논란의 소지가 있다. 불교도 부처님과 교법과 승가에 귀의하는 삼귀의(三歸依)를 기초적인 신앙 의례로 삼고 있을 만큼 신앙을 중시한다.

불교도들에게 종교의 의미는 타율적인 심판을 내리는 절대자에 대한 피조물로서의 예속이 아니라, 부처님의 가르침을 통해 인간 생활의 궁극적인 문제에 주목하고 삶의 여러 갈등과 문제들을 해결하는 고차원적인 신앙과 수행의 체계이다. 또 불교도들에게 신앙의 의미는 단순한 믿음만이 아니라 지혜의 증장에 필요한 덕목이며 마음의 청정을 증득하는 기본 전제로서의 기능이다.

김종명 영산대 교수는 "불교는 철학인가, 종교인가라는 문제에 대한 학자들의 공통된 의견은 불교는 양자의 요소를 다 가지고 있다는 것"이라면서 "인도의 사상적 전통에는 철학과 종교의 구분이 뚜렷하지 않다"고 주장했다. 그는 "인도인의 사유 체계의 하나인 불교 역시 철학적으로는 실재론과 운명론을 극복하면서 구체적 현실에 대한 알음알이를 통해 합리적으로 사는 방법을 제시했으며, 종교적으로는 도덕적 덕목을 강조한 인간 중심의 종교로서 고행주의와 쾌락주의를 극복한 가르침을 제시하였다"면서 "따라서 철학으로서의 불교와 종교로서의 불교를 구분할 수 없다"고 강조했다.

대체 종교 시대에 가정의 중요성이 커지는 것은 종교가 추구해 온 세계 평화운동이나 인류구제사업이 더 이상 종교적 의례 행위로서는 불가능하다는 것이 드러났기 때문이다.

30_ 대체 종교 시대와 가정

종교가 빛을 잃고 있다. 종교가 정체돼 있는 틈을 타 대체 종교가 활개를 치고 있다. 이제 종교 없이도 살아가는 데 아무런 문제가 없다는 것이다. 지난 2,000년 문명사의 헤게모니를 틀어쥐고 있었던 기독교는 쇠락세를 면치 못하고 있으며, '후기 기독교 시대(the post Christian era)'를 점칠 만큼 변화의 목소리도 높다. 과학기술이 전래의 종교적 상상력을 대체한 탓도 있겠지만 기독교가 진정한 시대적 종교로 거듭나지 못했기 때문이다.

서구 기독교의 쇠락은 포스트주의의 기저를 이루고 있는 근대성 비판과 맥을 같이한다. 서구의 근대화는 과학적 진보 사관, 자원으로서의 자연관, 합리적 개인주의 등을 토대로 눈부신 탈 기독교적 과학기술 문명의 산파 구실을 했다.

과학기술 문명 시대에 과연 종교가 제대로 역할을 할 수 있느냐 하는 우려가 제기된 것은 물론 어제오늘의 이야기가 아니다. 실제로 서구의 교회, 특히 기독교 국가인 독일에서 교회와 성당이 텅텅 비어 가고 있다. 이는 새로운 삶의 양식을 찾아내려는 젊은이들에게 기독교가 개인의 다양한 고뇌와 욕구를 충족시키지 못하는 제도권의 산물로 여겨지면서, 대체 종교가 대중의 욕구에 부합하지 못한 전통 종교의 빈자리를 채워 가고 있기 때문이다.

독일의 전통 교회가 개업 휴업 중인 데는 이른바 '유사 종교'도 한몫을 하고 있다. 제도화되고 권위적이기만 한 전통 종교에 염증을 느껴 이탈한 사람들이라 하더라도 영성 체험이나 인간적 따뜻함에 대한 욕구는 여전히 남아 있기 마련이다. 바로 이러한 욕구들이 독일인들을 티베트 불교나 인디언의 자연 신앙, 인도 불교와 탄트라, 선, 샤머니즘, 마녀 신앙, 심령술, 접신 의식 등 다양한 유사 종교적 영적 체험의 세계로 나아가게 하는 동인이 되고 있다.

이 같은 유사 종교 경험이 영원불변할 것 같던 '1인 1종교'의 전통적 틀을 깨고 '조합 종교'의 형태로 발전하고 있다. 예컨대 요가와 심령술을 즐기는 사람이 주말에는 참선을 하거나 인디언 관련 세미나에 참석하는 것이다. 독일의 종교학자들은 이런 경향에 대해 '종교적인 것의 분산'이라고 정의하고 있다. 또 '후기 산업 사회에서는 종교도 삶의 스타일만큼이나 다원화될 것이며, 따라서 한 종교의 독점 욕구는 불가능할 것'이라는 진단을 내놓고 있다. 과연 대체 종교 시대의 대안은 무엇일까.

늘어나는 대체 종교_

종교에 매력을 느끼지 못하는 젊은이들이 찾는 곳은 극장이나 야구장, 축구장, 그리고 인터넷 등이다. 특히 스포츠는 젊은이들을 사로잡고 있다. 종교에서 절대적 위상을 가진 지도자가 있는 것처럼 스포츠에도 신화적 인물이 등장한다. 야구의 베이브 루스나 조 디마지오 혹은 사이 영, 농구의 월트 챔벌레인이나 카림 압둘 자바 혹은 마이클 조던, 축구의 펠레나 마라도나 혹은 베켄바워 등이 그 예다. 오늘날에도 스포츠 스타는 젊은이의 우상으로 군림한다. 그들은 성자와 같은 경외와 존경의 대상이다.

스포츠 팬들에겐 스포츠의 규칙들이 종교의 계명과 같고 운동장은 성소라고 할 수 있다. 경기에서 상대 팀과의 대결은 선과 악의 싸움처럼 반드시 승리해야 할 숭고한 과제다. 스포츠도 종교처럼 끝없는 충성심과 연대감을 요구하지만 상대편에 대해서는 철저한 배타성과 적대감을 갖게 한다. 훌리건의 난동에서 보듯이 스포츠에서도 종교 분쟁 못지않게 편싸움이 벌어지고, 대표적으로 엘살바도르와 온두라스는 1970년 멕시코 월드컵 축구대회를 앞두고 예선을 벌이던 중 전쟁까지 치렀다.

스포츠도 종교와 마찬가지로 많은 시간과 돈을 바쳐야 하는 헌신을 요구한다. 적극적 희생과 투자, 참여가 뒤따라야 한다. 스포츠는 심리적으로는 긴장을 해소시키고 스트레스를 풀어 주며 정체성을 마련해 준다는 점에서, 사회적 소속감과 공동체성, 그리고 사회 통합을 가능케 하며 심지어 애국심까지 고취시킨다는 점에서 대체 종교로써 기능하고 있다.

지금은 과학기술 혁명 시대다. 핵무기, 인공위성, 컴퓨터, 생명공학, 정보통신, 에너지, 반도체 같은 신기술이 인간 생활을 전면적으로 변화시키고 있다. 세계의 모든 소식이 실시간으로 전달되고 생명의 본질과 질병의 원인이 속속 규명되는 등 현대인의 삶에 혁명적 변화가 일어나고 있다. 이제 과학은 인간 삶의 중심에 서 있다. 아울러 과학적 지식과 사고의 발달은 종교적 지식과 사고를 대체하면서 종교 자체에 심각한 도전이 되고 있다.

젊은이들에겐 인터넷과 모바일이 친구가 된 지 오래다. 그들은 한 순간도 첨단 기기를 떠나서는 살아갈 수 없다. 그들에겐 고리타분하기만 한 종교가 어울리지 않을 수도 있다. 그들에게 대중 스타만큼 감동을 주는 것은 없다. 그래서 과학문명이 종교를 대체한 지 오래다.

프랑스의 철학자이자 사회학의 창시자인 오귀스트 콩트는 실증주의와 과학의 발달로 사회 진화의 '신학적 단계'가 사라지고 과학과 인본주의가 도덕적 판단의 근거로서 종교를 대체할 시대가 밝아 오고 있다고 선언했다. '종교학의 아버지'라고 일컬어지는 영국의 막스 뮐러는 이렇게 썼다. "매일, 매주, 매달, 매계절 가장 널리 읽히는 잡지들은 종교의 시대는 과거라고, 신앙은 환상 혹은 유아기적 질병이라고, 신들은 마침내 사라지고 그 힘이 다했음을 보게 될 것이라고 앞 다투어 말하고 있다."

물론 그들의 예언이 맞아떨어지지는 않았지만 종교가 쇠퇴기에 접어들고 있음은 확인되었다. 그동안 수많은 종교가 부침했던 것과 마찬가지로 기존의 종교들이 엄청난 도전에 직면해 있는 것만은 사실이다. 인류는 항상 종교를 대체할 그 무엇을 갈구해 왔다.

가정이 곧 종교다_

근대화와 산업화로 급격한 사회 변동이 진행되었던 1970년대와 1980년대 한국의 기독교는 세계 198개 국가 중에서 가장 높은 개종률을 보이면서 급성장의 가도를 달려왔다. 그러나 지금 한국 교회는 성장이 멈추면서 위기감마저 감돌고 있다. 1990년대 후반부터 개신교 주요 교단들의 교인 성장률은 연평균 1% 안팎으로 나타나고 있는데, 이것은 한국의 전체 인구 성장률과 비슷한 수준이다. 결국 교인 수 증가는 출생에 의한 자연 인구 증가 수준에 머물러 있는 셈이다. 그리고 최근에 성장세를 보이고 있는 교회들도 선교에 기인한다기보다는 주로 기성 교인들이 교회를 옮기는 수평 이동에 따른 것이다.

'한국 교회 미래를 준비하는 모임'이 한국갤럽과 공동으로 2004년 9월 13일부터 한 달간 만 18세 이상 개신교인과 비개신교인 각 1,000명을 대상으로 여론조사를 실시한 결과, 1998년 조사 때에 비해 불교는 3.2%가 늘어났지만 개신교는 0.9%, 가톨릭은 0.7% 증가하는 데 그쳐 기독교의 성장세가 둔화된 것으로 확인됐다. 또 신도 수 1,000명 이상의 대형 교회에 대한 선호도가 1998년 28.3%에서 2.2%로 급감한 것도 눈여겨볼 만한 대목이다. 또 한국 교회의 문제점으로 개신교인의 25.5%가 '양적 팽창, 외형에 너무 치우친다'고 답한 데 비해 비개신교인들은 '자기 교회 중심적'(20.9%), '목회자의 사리사욕'(13.6%)을 문제점으로 지적했다. 결국 이번 조사에서는 교세 팽창 추구, 헌금 강요, 종교 지도자의 자질 등 교회에 대한 부정적 이미지가 증가하면서 교회 성장세도 둔화된 것으로 드러났다.

한국 교회에 신자가 줄어든다고 하지만 아직 서구의 교회처럼 심각한 상황은 아니다. 그러나 강단에 신자들을 사로잡을 수 있는 메시지가 없고, 신자들이 교회에 특별한 소속감을 갖지 못할 뿐만 아니라 신자나 목회자들이 세속화되었음을 느끼게 될 때 신자들의 이탈 현상은 심화될 수밖에 없다. 특히 한국 교회의 성장을 주도해 온 대형 교회에 대한 부정적 시각이 두드러지면서 한국 교회는 전례 없는 변화를 강요받고 있는 셈이다.

한국 교회가 이 위기를 어떻게 극복할 수 있는가. 대체 종교가 득세하는 상황에서 어떻게 살아남을 수 있을까. 에밀 뒤르켐은 "사회가 곧 종교다"라고 말했다. 혈연, 지연, 학연 등으로 얽힌 가정, 직장, 국가 등이 중요한 대체 종교의 원천이라고 본 것이다. 사회 운동 자체가 종교의 역할을 대신하고 있기 때문이다. 그리고 교회나 사찰이 인류가 지향하는 이상 사회 건설을 위해 더 이상 역할을 할 수 없다고 본 것이다.

오늘날 윤리 도덕의 붕괴 등 인류가 직면한 문제는 가정에서부터 풀 수밖에 없다는 점에서 가정의 중요성이 새삼 주목받고 있다. 더구나 세계적으로 일어나고 있는 비도덕적 사건들은 이제 더 이상 전통 종교를 믿어서만 해결될 문제가 아니라는 것이다. 유엔이 1994년을 '가정의 해'로 정한 것은 가정의 기능을 부활시켜서 결국 상실된 인간성과 도덕성을 회복해 보자는 데 의의가 있다.

김종서 서울대 교수는 〈21세기 사회 문화 변동과 종교의 역할〉이란 글을 통해 종교계의 가정회복운동에 대해 언급했다. "그동안 한국 천주교의 가정 성화운동이나 원불교에서 개최한 가정의 평화를 주제로 한 세미나 등도 분명히 같은 맥락에서 이해될 수 있을 것이다. 하지만 캠페인을 한다고 어차피 해체되어 가는 가정이 부활될 수는 없다. 이런 점에서 해체되어 가는 혈연적 가정 개념을 넘어서 새로운 영적인 가정 개념을 추구하는 경우도 등장했다. 이른바 통일교의 '참가정운동'은 이런 점에서 독특한 차원이 있다."

대체 종교 시대에 가정의 중요성이 커지는 것은 종교가 추구해 온 세계평화운동이나 인류구제사업이 더 이상 종교적 의례 행위로서는 불가능하다는 것이 드러났기 때문이다. 다시 말하면 교회나 사찰에서 예배를 올리고 염불을 하는 것으로서는 사회 변동이 불가능하고, 대체 종교를 찾는 사람들을 감동시킬 수 없다는 것이다. 일부에서는 유교가 오랫동안 대체 종교로 기능해 왔듯이 가정에서부터 종교가 추구하는 사랑을 실천하고 이를 사회와 국가, 세계로 확대시킬 수 있다고 보고 있다.

대체 종교 시대가 온 것은 인류가 새로운 비전, 새로운 '복음'을 요구한다는 의미도 된다. 예수가 자신이 다시 올 때가 되면 "그날 환난 후에 즉시 해가 어두워지며 달이 빛을 내지 아니하며 별들이 하늘에서 떨어지며 하늘의 권능들이 흔들리리라"(마태복음 24장 29절)라고 한 것처럼 사실상 '하늘의 권능'을 상징하는 교회도 위기를 맞을 수 있다고 본 것이다.

따라서 종교의 위기를 기회로 극복하려면 다시금 절대자를 모실 수 있는 내가 되고 가정이 돼야 한다. 그것은 우리 자신이 절대자가 함께할 수 있는 '성전'(고린도전서 3장 16절)이 되는 것이다. 그리고 절대자를 모신 가정이 되고, 절대자를 모신 국가, 세계가 될 때 그동안 종교가 추구해 온 이상이 비로소 성취될 수 있다. 그 역할을 이제 부모와 자녀의 사랑이 숨 쉬는 가정이 할 수 있을 것으로 기대하는 이들이 늘어나고 있다.

" 인간이 잘못된 길로 접어들지 않기 위해서는 평상심을 가져야 하는 것
처럼, 종교도 역사적 과오를 저지르지 않기 위해서는 열린 마음, 역사적 안
목을 지녀야 한다. "

31_ 종교의 역사적 과오와 거듭나기

　2000년 3월 12일 로마 바티칸 성베드로대성당에서는 가톨릭교회의 역사를 새롭게 써야 할 의미 깊은 미사가 진행됐다. 교황 요한 바오로 2세가 세계에서 모인 성직자와 신도 등 1만여 명이 지켜보는 가운데 2,000년 동안 가톨릭교회가 저지른 죄를 인정하고 용서를 구한 것이다.

　교황은 이날 특별히 "진리를 구한다는 이름으로 치러진 폭력과 다른 종교를 따르는 사람들에게 보였던 불신과 적의에 대해 용서를 구한다"고 강조했다. 신앙인의 일상적인 침회의 기도가 진 세계 언론과 종교계로부터 폭넓은 주목을 받은 것은 이 행사가 무오(無誤)하다고 주장하는 교황에 의해 주도된 데다가 과거의 과오에 대한 참회 없이는 미래의 지도력을 확보할 수 없다는 그의 인식과 결단이 담겨 있었기 때문이다.

　교황과 5명의 추기경, 그리고 2명의 대주교는 "신앙과 도덕이라는 이름으로, 진리를 추구한다는 명목으로 관용을 지키지 못하고 사랑의 율법에 충실하지 못했음"을 우선 인정했다. 아울러 이들이 기도를 통해 용서를 구한 로마 가톨릭의 죄는 '기독교인들의 단결을 해치고 형제의 자비에 상처를 준 죄', '기독교인들이 유대인에게 저지른 죄', '권력욕에 사로잡혀 타 종교를 가진 그룹이나 민족의 권리를 짓밟고 그들의 문화와 종교적 전통을 멸시했던 죄', '인종 차별과 여성 차별에 대한 죄', '굶주리고 목마르고 헐벗은 이를 무시한 죄' 등이다.

교황청이 가톨릭 2,000년 역사에서 교회가 인류에게 범한 각종 과오를 정리한 '회상과 화해 : 교회의 과거 범죄'라는 문건에는 십자군 원정, 종교 재판, 유대인 박해, 아메리카 인디언 학살 방조 등이 구체적으로 적시돼 있다.

역사를 돌이켜 볼 때 예수나 석가 등은 사랑과 자비를 외쳤지만 그들을 추종하는 종교인들은 그 반대의 길을 걸어온 사례가 수없이 많다. 가톨릭만 그런 것은 아니다. 지금도 종교의 이름으로 수많은 범죄가 저질러지고 있다. 전 세계에 걸쳐 진행 중인 종교 간의 갈등도 종교의 양면성을 잘 보여 주고 있다. 미국의 기독교 근본주의자와 이슬람 근본주의가 이라크에서 충돌하고 있는 것 외에도 북아일랜드의 개신교와 가톨릭의 갈등, 구소련을 비롯한 공산권의 붕괴와 함께 등장한 각 지역 민족주의와 종교의 복잡한 관계, 인도와 파키스탄, 스리랑카 등지에서 진행 중인 종교 분쟁, 아프리카 각지에서 아사자를 양산하는 인종·종교 간의 갈등 등은 종교의 이중성과 그 한계를 잘 나타내는 사건들이다.

참과 거짓, 선과 악_

십자군 전쟁은 가톨릭이 저지른 죄악 가운데 하나로 1095년 교황

우르반 2세가 이교도의 손에서 예루살렘을 되찾자는 '성지회복' 칙령을 내리면서 시작된 전쟁이다. 총 8차례에 걸쳐 출정한 십자군은 피가 발목까지 찼다는 기록이 남아 있을 정도로 유대인과 이슬람 교도들을 수없이 죽였다. 특히 첫 원정 4년 동안에는 부녀자를 포함해 무려 7만 명의 유대인을 학살했다. 이 사건은 기독교와 이슬람이 공존할 기회를 영원히 상실하는 엄청난 역사적 과오를 남겼다. 예수를 죽였다는 이유로 초기 기독교인들은 유대인들을 원수로 취급했다. 가톨릭은 공공연히 반유대주의를 표방했고 2차 대전 중에 독일 나치의 600만 유대인 학살 사건(홀로코스트)에 대해서도 침묵했다.

1231년 교황 그레고리 9세에 의해 시작된 종교 재판도 마찬가지다. 십자군을 결성해서 20년에 걸친 이단자 박멸 전쟁을 일으켰던 교황은 사후 대비책으로 이단 심문관에게 교황 대리로서의 치외법권적 권한을 부여하고 전 기독교 국가에 파견해 '이단 사냥'에 나섰다. 종교 재판은 피고에게 불리한 증언만 허용되고 처절한 고문에 의해 자백이 강요되거나 날조되어 반드시 유죄 판결과 처형으로 귀착되도록 짜여진 암흑 재판이었다.

또 십자군 원정의 실패 이후 가톨릭은 종교적 위기 극복을 위해 이단저 신앙에 대해 격렬한, 이른바 '마녀 사냥'을 전개했다. 마녀 같다는 소문이나 밀고만으로 피의자를 기소해 지독한 고문을 통해 자백을 강요하고 목매어 죽게 한 뒤 불태웠다. 이때 손발을 묶어 물속에 던져 가라앉으면 무죄이고 떠오르면 유죄라는 감별법이 사용되기도 했다. 악마의 흔적을 찾아내기 위해 피의자의 체모를 깎고, 특히 음부 등 남의 눈에 띄지 않는 곳을 검사하기도 했다. 마녀 사냥은 18세기 계몽사상이 보급될 때까지 전 유럽에서 행해졌고 스페인 종교 재판소가 30만 명을 화형시키는 등 희생자가 수십 만 명을 넘어섰다.

초기 기독교가 순교의 길을 가면서도 '진리' 편에 섰던 것과는 반대로 가톨릭은 이처럼 수많은 여성을 마녀로 몰아 죽이고 유대인을 학살하는 엄청난 과오를 저질렀다. 중세 가톨릭의 마녀 재판은 분명히 악이요, 비윤리적인 범죄였지만 당시 그 일은 정당한 것으로 치부됐다. 교황들이 범죄의 중심에 섰지만 지금도 교황의 무오설을 부인하는 가톨릭 신자는 별로 보이지 않는다. 하나의 사안을 놓고 정반대의 시각을 드러낸 이 같은 역사적 사건을 어떻게 해석해야 하는가.

가톨릭이 일부 교황의 판단 착오에 따라 역사적 과오를 저질렀지만 지금도 건재할 수 있는 건 종교 지도자는 실수할 수 있지만 그 종교의 본질은 영원하기 때문이다. 특히 예수 그리스도와 초기 기독교인들이 기득권 세력의 박해에 맞서 수호했던 그 '진리'만은 변하지 않기 때문이다. 로마 가톨릭에 막강한 힘이 주어졌지만 교황에게 역사를 꿰뚫는 혜안, 종교 본연의 세계에 대한 통찰이 없었기 때문에 '하나님 나라'를 이 땅에 세울 수 있는 절호의 기회를 놓치고 말았다.

종교의 역사를 보면 '진리'를 수호했던 사람들이 비윤리적이고 '거짓'으로 몰린 사례가 수없이 등장한다. 유대인들은 예수 그리스도를 신을 모독한 이단의 괴수로 십자가 나무틀에 못 박아 처형했고, 초기 기독교인들에 대해서는 사회를 혼란시키는 이단자요, 사이비 종교인으로 몰아 400년 동안 핍박했다. 그러나 역사는 그들이 이단이나 사이비가 아님을 인정했다. 마찬가지로 유럽에서도 권력을 손아귀에 넣은 중세 가톨릭은 신앙이 다르다는 이유로 신교도들을 극형에 처했다. 교황과 교회 회의의 가류성(可謬性)을 주장하고 그 권위의 절대성을 부정한 아우구스티누스회의 수도사인 루터가 종교 개혁의 깃발을 올리자 가톨릭은 종교 전쟁까지 벌이면서 이를 막았지만, 지금 개신교는 가톨릭을 위협할 정도로 세력을 확장했다.

결국 중세 사회처럼 종교가 부패할 때 새로운 종교가 나타날 수밖에 없다. 물론 그 종교는 처음에는 '이단'이나 '사이비'로 매도될 수 있지만 참진리일 경우 그 시대의 대안 종교로 등장할 수 있는 것이다. 결국 새로운 종교 운동에 대해 무조건 배척만 할 것이 아니라 초기 기독교나 프로테스탄트가 그랬던 것처럼 과연 새 시대를 이끌어 갈 수 있는 종교로 성장할 수 있는지 확인하는 역사적 통찰이 필요하다고 본다.

무엇이 올바른 길인가_

인간이 사는 곳에는 권력과 명예, 재산 등 세속적인 다툼이 있게 마련이다. 종교도 예외가 아닌 것은 세상 구조 가운데 하나이기 때문이다. 그리고 중세 가톨릭이 종교 재판이나 십자군 전쟁과 같은 큰 과오를 저지르게 된 것은 세속에 빠져들면서 종교 본연의 사명을 도외시했기 때문이다. 결국 가톨릭은 종교의 한계를 여실히 드러낸 셈이다. 종교인들이 전도나 포교에 혈안이 돼 온 국민을 자기들 편으로 만들겠다고 아우성을 치지만, 아무리 종교 국가가 되었다고 하더라도 일반인보다 더 증오로 가득 차 있는 종교인들이 존재하는 한 이상 사회는 요원하다. 그것은 그들이 종교 사회나 종교 국가가 지향하는 분명한 철학, 다시 말해 이상 사회나 지상 천국을 이룰 수 있는 방안을 갖고 있지 못하기 때문이다.

종교가 아무리 권력 위에 군림한다고 하더라도 종교의 참된 목표와 방향성을 뚜렷하게 정립하지 않는 한 그 종교가 치리(治理)하는 사회는 결국 한계를 드러낼 수밖에 없다는 것을 중세 사회는 보여 주었다.

참된 인간, 참된 종교인이 되지 않고서는 이상 사회 건설이 요원할 뿐
만 아니라 설령 그런 사회가 세워진다고 하더라도 전체 공동체를 위
해 별다른 도움이 되지 못한다는 것을 우리는 역사에서 목격해 왔다.
참된 방향성이 없는 그들의 구호는 거추장스러운 메아리가 될 뿐이기
때문이다.

종교는 이상적인 교단, 조직 형태는 물론 종교가 지향하는 이상 사
회 모델에 대해 더 많은 연구를 하고 그것을 실천하는 기회를 가져야
할 것이다. 중세 가톨릭이나 최근 각 종단이 보여 준 부정적 행태들을
극복해 새로운 이상 사회의 모델을 만들어 나가야 한다는 것이다. 종
교가 중세 가톨릭처럼 이상 천국을 만들 수 있는 기회가 왔을 때 시행
착오를 되풀이하는 우(愚)를 범하지 않아야 하기 때문이다.

종교인들이 겉으로는 사랑을 내세우면서도 미움과 갈등의 조장에
앞장서는 등 위선적이고 이중적 모습을 보이는 것은 자기 정체성이
분명하지 않기 때문이다. 결국 이해관계에 치우치지 않는 본심으로
돌아갈 때 목표가 분명해지고 생활이 밝아진다. 모든 것을 놓아 버릴
때 자신을 온전히 믿을 수 있다. 그러면 마음이 하늘처럼 깨끗해져 거
울처럼 맑아질 수 있다. 붉은 것은 붉게, 흰 것은 희게 보인다. 모든
것이 그대로 진리이다. 그리고 모든 것을 온전히 실천하면 그 사람의
삶은 올바른 궤도에 진입하게 된다. 평상심(平常心)을 갖자는 것이다.

옛날 중국의 조주 선사가 남전 선사에게 물었다. "도가 무엇입니
까?" "평상심이니라." "그러면 그것을 계속 간직하려고 애써야 합니
까?" "애쓰면 그르친다." "애쓰지 않고 어떻게 도를 알겠습니까?"
"도는 알고 모르는 것과 상관이 없다. 안다고 하는 것은 망상이고, 모
른다고 하는 것은 무기(無記)이다. 의심 없이 도달하는 도는 허공과
같이 맑고 넓은데 어찌 옳다 그르다 시비를 가릴 수 있겠느냐?" 이 말

을 들은 조주 선사는 크게 깨달았다. 선(禪) 수행자들은 자주 무엇을 지니려 한다. 하지만 그것이 큰 잘못이다. 안다고 하는 것은 망상이다. 아는 것에 집착하지 말아야 한다. 올바른 수행은 그 아는 것을 잘 소화하여 완전히 내 것으로 만들어 지혜로워지는 것이다. 그것이 참다운 평상심이다.

인간은 한 사안을 놓고도 상반된 생각을 하는 경우가 종종 있다. 종교도 마찬가지다. 수많은 종파로 갈라진 것도 시각을 달리하기 때문이다. 인간이 잘못된 길로 접어들지 않기 위해서는 평상심을 가져야 하는 것처럼, 종교도 역사적 과오를 저지르지 않기 위해서는 열린 마음, 역사적 안목을 지녀야 한다. 사회를 올바르게 계도하기 위해서는 개인에게 희망을 줄 수 있는 비전을 제시하고 직접 모범을 보여 주는 것이 절대 필요하다. 종교 지도자가 이성적으로 사고하는 데 익숙하지 못하고 터무니없는 탐욕에 빠져들 때 인류 역사는 암담했다는 사실을 역사를 통해 확인하게 된다. 종교가 더 이상 인류에게 실망을 주지 않기 위해서는 종교 지도자들의 각성이 무엇보다 중요하다는 것을 잊지 말아야 할 것이다.

지금 세계는 인류 역사를 퇴보시킨 이기주의가 바탕이 된 각종 경계선들을 철폐하고 다 함께 행복을 누리는 공생, 공영을 지향하는 등 사고의 일대 전환을 모색하고 있다.

32_ 오만과 독선의 역사를 넘어

세계사의 주요 장면에는 민주적 지도자보다 오만하고 독선적인 지도자들이 더 많이 등장한다. 그런 지도자들은 국민 위에 군림하면서 민주적 절차보다는 자신의 의지에 따라 독단적인 결단을 내려 왔다. 그들은 자신의 과오에 대해서는 아랑곳하지 않았기 때문에 그 피해는 늘 국민에게 돌아갔다. 정치 지도자들은 처음에는 민주적인 태도를 보이지만 자신에게 불리한 상황이 전개되거나 어느 정도 자리를 잡아가게 되면 독선과 아집의 전철을 밟게 되는 것을 보게 된다.

빛과 소금 역할을 해야 할 종교 지도자의 경우도 세속에 물들고 권력에 맛을 들인 이후부터 역사를 퇴행시킨 사례를 종종 목격하게 된다. 1470년부터 1530년까지 60년에 걸쳐 재임한 여섯 명의 교황이 저지른 파행은 종교가 어느 정도까지 잘못된 길을 갈 수 있는가를 잘 보여 주고 있다. 1387년 교황청을 아비뇽에서 로마로 복귀시키는 과정에서 교황이 두 사람으로 분열, 싸움을 벌이면서 교황청은 철저히 정치화됐다. 이때부터 교황을 중심으로 줄 서기 행태가 가속화됐고 사면과 영혼 구제 등을 상업화 수단으로 전락시켰다.

1430년대 교황청이 최종적으로 로마로 돌아오자 교황들은 도시 국
가를 다스리는 제후의 탐욕과 사치를 그대로 답습했다. 신의 대리인
이라는 교황직을 만인의 웃음거리로 만들면서 루터 등 개혁자들이 자
랄 수 있는 요람을 제공했다. 만일 교황들이 개혁의 목소리에 귀 기울
이고 자기 직분에 충실했다면 프로테스탄트의 분리를 막을 수 있었을
것이다.

여섯 교황의 전횡_

15세기 중반부터 유럽 곳곳에서 개혁 운동이 벌어졌음에도 교황들
은 꿈쩍하지 않았다. 성 프란체스코는 성 다미아노교회에서 "나의 집
은 무너졌다. 바로 세워라"라는 환영을 보았다고 말했다. 그것은 물
질주의와 배금주의, 무자격 성직자에 대한 경고였다. 그러나 하늘의
뜻이 돈벌이용으로 조작됐으며 십자군을 위한 기부금을 교황청이 가
로챘고 면죄부는 일반 상품처럼 판매됐다. 일반 신자들은 신과 인간
을 연결하는 중개자가 임무를 소홀히 한다면 인간은 어디서 사면과
구원을 찾겠느냐며 한탄했다.

이렇게 되자 15세기에 들어와서는 볼라드파와 후스파 등의 개혁 운
동과 공동생활 형제회 등의 수도 단체가 생겨났고 마음의 안식처를
찾지 못하던 사람들이 이곳으로 모여들기 시작했다. 실체 변화설의
부정, 면죄부 매매 거부 등 교의상의 대립도 나타났다. 신학자 윌리엄
오컴은 교황 없는 교회의 구상을 밝히기도 했다.

교황 식스토 4세, 그는 교황에 임명된 후 조카 셋과 조카의 아들 한
사람을 추기경으로 임명하고 조카 넷과 조카딸들을 왕족과 결혼시키

는 등 그 누구도 흉내 낼 수 없을 만큼 많은 친척을 중용했다. 또 추기경 정원이 24명임에도 매관매직 차원에서 34명까지 그 숫자를 늘렸고 리스본의 대사교구를 여덟 살짜리, 밀라노의 사교구를 열한 살짜리 군주의 아들에게 주는 등 엄청난 횡포를 부렸다.

교황 인노첸시오 8세는 아들과 손녀딸의 결혼식을 바티칸 궁전에서 초호화판으로 올려 빈축을 샀고, 관리들은 교황 사면 대칙서를 위조하는 등 온갖 부정을 저질렀다. 추기경들은 스스로를 교회라는 왕국의 군주라고 생각하는지 수백 명의 하인을 거느리고 사냥에 나서는 등 세속의 공직자와 다름없는 생활에 젖어 있었다. 돈과 여자, 타락으로 날을 지새운 알렉산데르 6세, 전쟁에 미친 올리오 2세, 면죄부를 판매한 레오 10세, 부관참시까지 당한 클레멘스 7세 등 교황들의 타락은 상상을 초월했다.

교황들의 이러한 행동에 반기를 든 사람이 바로 루터다. 그는 면죄부 남용을 신을 더럽히는 짓이라고 탄핵했고 교황청은 그를 이단자라며 파문했다. 부패가 극에 달할 경우 반대자는 반드시 나타나고 그 체제는 무너진다. 이들 여섯 명의 교황은 자신들에게 끓어오르는 불만에 대해서는 눈을 감았고 사욕을 채우기에 급급했으며 영원히 불가침의 지위를 누릴 수 있을 것이라는 환상을 품고 있었다.

여섯 교황들의 타락을 보면 힘이 있는 지도자가 범죄의 유혹을 가장 많이 받는다는 사실을 확인하게 된다. 그리고 지도자에게 아집과 독선이 얼마나 위험한지를 알게 된다. 특히 종교 지도자들이 신의 이름으로 얼마나 많은 죄를 지을 수 있는가를 보게 된다. 따라서 종교 지도자에게 힘이 실릴 필요는 있지만 그 힘이 공적인 것, 즉 인류 구제와 세계 평화를 위해 사용되지 않는다면 아무런 필요가 없다.

예수는 기독교 지도자들이 가져야 할 리더십의 원형이다. 예수는 역사상 가장 훌륭한 리더요, 가장 뛰어난 리더십으로 세상을 산 지도자다. 예수야말로 리더십의 개념을 두루 만족시킨 분이다. 세상의 숱한 리더들이 각종 시험을 이겨 내지 못하고 부패와 부정으로 얼룩졌지만 그는 끝까지 올곧게 살았다. 많은 정치 지도자들이 막강한 권력으로 대중을 이끌려다 끝내 무너지고 말았지만 그는 온 인류에게 구원의 선물을 안겨 주었다. 결국 예수님의 생애 그 자체가 리더십의 가장 이상적인 모형이다.

예수는 현장을 뛰는 리더십의 소유자였다. 그는 오늘날의 리더들과는 달리 현장을 직접 찾아다녔다. 예수는 문제에 압도당하기보다 문제를 압도하며 연약한 인간을 품에 안는 암탉이 되었으며 가장 낮은 자가 되어 섬기는 리더십을 발휘했다. 예수는 인격적인 리더십도 갖췄다. 눈물을 흘리는 감성을 가졌고 겉으로 치장하는 것이 아닌 진실을 추구했다. 시험을 받았으나 승리하는 모범을 보여 주었고 항상 기도함으로써 인간의 한계를 뛰어넘는 모습을 보여 주었다. 낙심한 제자를 일으켰으며 도저히 빠져나갈 수 없을 것 같은 상황에서 반전의 승리를 보여 주었다. 오늘날 예수 같은 리더십을 보여 주는 종교 지도자들을 발견하기 어렵다. 2,000년 전의 예수가 지금 인간 마음속에 살아 있는 것처럼 그러한 리더십을 발견할 수 있는 지도자들이 보이지 않는다는 것이다.

시대 흐름, 그리고 회개와 다짐_

토머스 모어가 이상향을 '유토피아(utopia)'라고 이름 붙인 것은 아무 곳에도 존재하지 않는 곳으로 보았기 때문이다. 그러나 인간은 끊임없이 현실을 넘어 이상향을 추구해 왔다. 물론 모어가 유토피아를 쓴 것은 중세 말 암흑기를 비판하기 위한 것이었다. 인류가 꿈꿔 온 유토피아는 17세기 대탐험의 시대에 사라져 버렸다. 어느 곳엔가 있으리라고 막연히 기대했던 유토피아는 지구 구석구석을 뒤져 본 결과 '없음'이 분명해졌다.

그래서 인류의 미래는 조지 오웰의 《1984》가 말해 주듯이 '디스토피아(dystopia)'일 수도 있다. 〈터미네이터〉라는 영화처럼 사이보그가 오웰의 빅 브러더를 대신할 수도 있고, 〈데몰리션 맨〉처럼 사악한 인간이 선량한 인간을 지배하는 부조리한 사회가 될 수도 있다. 지금까지 인간과 인간의 갖가지 갈등을 두고 볼 때 유토피아보다는 디스토피아의 가능성이 더 크다. 세상이 온통 불투명하다. 어떤 이념도, 종교나 철학 사상도 인간의 불안을 위안하지 못한다. 역사는 더 이상 가장 투명한 인간의 논리가 아니다. 인간의 가치는 암세포나 티눈 같은 존재로 전락했고, 이성은 금세기의 야만과 전체주의를 강화하는 데 사용됐다. 한마디로 20세기 인간은 가장 혐오스러운 동물이며, 이성은 이기적인 유전자의 장난이라는 '주체의 광적인 자기 확신'을 무너뜨리는 데 골몰했다. 그래서 현대의 선지자들은 엄숙한 목소리로 '휴머니즘의 종말'을 선포한다.

근대주의의 특성 가운데는 매사에 금을 그어 경계를 정하는 분화의 과정을 통해 합리화를 추구하는 경향이 있었다. 특히 수천 년 단일 민족의 신화를 간직한 한국 사회의 '순수성 이데올로기'는 어떤 분야에서든 분명한 경계와 확고한 정체성을 요구하는 경직성으로 표현됐다. 예수보다 더 기독교적이고 마르크스보다 더 마르크스주의적이며 공자보다도 더 유교적이기를 요구하는 순수성 이데올로기는 이 사회를 극단적 대립과 갈등으로 몰아갔다.

최근 등장한 잡종성(hybridity)은 근대주의와 순수 이데올로기 속에서 형성된 양극화의 논리, 대립과 갈등, 폐쇄적인 편 가름과 타자에 대한 억압을 극복할 수 있는 하나의 가능성을 제시하고 있다. 대립적인 두 영역의 중간에서 양쪽을 넘나들며 경계를 낮추는 잡종적 존재는 늘 새로운 창조적 진화를 위한 매개항이 되고 있다. 고전 음악과 대중 음악, 또는 대중 음악의 하위 장르들 사이의 장벽을 허무는 크로스오버가 일반화됐고, 최근 제작되는 많은 영화들은 기존의 장르 관습을 넘나드는 잡종 장르의 속성을 띠고 있다. 디지털 문명은 전통적인 문화 생산자와 소비자의 구분을 무너뜨리고, 생산자이자 소비자이고, 작가이자 독자이며, 연행자이자 관객인 새로운 문화적 주체들을 만들어 낸다.

글로벌화가 진전하면서 이종(異種) 문화 간의 접합은 더욱 다양한 층위에서 복합적으로 일어나며, 그 결과 끊임없이 새로운 변종과 그 변종의 변종들이 생겨나고 있다. 잡종성 혹은 잡종 문화의 존재는 타자에 대한 인정을 통해 조화를 추구하는 디딤돌이자 이원론의 틀에 갇힌 상상력을 해방하고 금기를 타파하는 창조성의 씨앗이다. 물론 대립하는 두 범주 사이에 명백히 존재하는 힘의 불균형을 그대로 받아들이는 순응주의의 함정에 빠지지 않는다는 전제 하에서 말이다. 지금 종교는 디지털 정보화 시대를 맞아 종파·교파의 장벽을 허물고 새로운 패러다임을 찾아가고 있다. 급격한 전환기에서 살아남기 위한 몸부림이다.

그리고 인간은 그동안 저지른 과오에 대해 상당한 반성을 하고 있다. 오만과 독선의 역사가 인류에게 얼마나 큰 해악을 끼쳤는가를 확인하게 됐기 때문이다. 특히 수백 년, 수천 년이 지난 뒤에 비로소 이뤄지는 가톨릭의 참회는 늦은 감이 없는 것은 아니지만 투명성이 강조되는 시대 흐름을 두고 볼 때 어쩔 수 없는 선택이다. 지금 세계는 인류 역사를 퇴보시킨 이기주의가 바탕이 된 각종 경계선들을 철폐하고 다 함께 행복을 누리는 공생, 공영을 지향하는 등 사고의 일대 전환을 모색하고 있다.

성직은 성스러운 직분을 말한다. 성직을 맡은 종교 지도자는 그래서 존경을 한 몸에 받고, 신의 대리자로도 추앙을 받는다. 늘 신도들로부터 모심의 대상이 된다. 어떤 종단에서는 절대적 권한을 갖기도 하고 권위의 상징이 되기도 한다. 그러다 보니 여섯 명의 교황이 보여준 것처럼 또 다른 문제점을 낳기도 한다. 오늘 한국 교회가 위기인 것은 세계 선교 사상 유례를 찾아볼 수 없을 정도로 높은 성장을 이끌어 온 대형 교회 목회자들의 리더십 붕괴와 맞물려 있다. 종교 지도자 한 사람에게 모든 권력이 집중되면서 시대 흐름에 탄력적으로 대처하지 못하고 있는 것이다. 재정의 투명성과 후계자 문제 등 늘 잡음이 끊이질 않고 있다. 결국 한국 종교가 위기를 극복하기 위해서는 종교 지도자들이 초심으로 돌아가는 수밖에 없다. 그것이 종교 본연의 모습을 회복하는 길이기 때문이다.

결국 '사이비 종교', '사교', '이단'이라고 규정짓는 것은 우리 신앙 가운데 '진짜'와 '가짜', '참'과 '거짓'이라는 이분법이 늘 작동하기 때문이다.

33_ 정통과 이단, 누가 만드는가

우리는 역사를 통해 편견이 얼마나 큰 잘못을 범하는가를 수없이 보아 왔다. 특히 어떠한 주의·주장이 교조화되거나 종교적 신념으로 바뀔 때 더욱 큰 위험성을 갖게 됨을 확인했다. 요즘 종교 간 가장 큰 갈등의 원인이 되는 사이비·이단 논쟁도 마찬가지다. 1998년 개신교도가 사찰을 교회로 만들겠다는 의도로 제주도 원명선원에 난입해 불상 700여 개의 목을 절단한 사건은 국내 종교계의 갈등이 얼마나 심각한가를 여실히 보여 준다.

1997년 11월에 실시한 '한국인의 종교와 종교 의식' 조사에 따르면 종교의 교리 차이에 대한 개신교인의 수용적인 태도의 비율이 1984년 64.6%에서 61.7%로 오히려 낮아졌다. 개신교인 10명 중 7명이 타 종교에 배타적인 감정을 지니고 있다. 개신교인에게는 불상을 모시는 것이 '우상을 만들지 말고 그것들을 섬기지 말라'는 십계명을 어기는 일이며 불상을 모시는 불교도는 이단인 것이다.

제도권으로부터 '사이비 종교', '사교', '이단', '유사 종교'라는 낙인이 찍히면 사실상 운신의 폭이 좁아진다. 이러한 용어는 어떤 객관적 기준에서 사용했다기보다는 '사건화'에 혈안이 된 일부 언론이 아무런 확인 과정 없이 기사화하면서 확대·재생산된 것이다. 현대판 마녀 사냥꾼인 일부 신흥 종교 전문가들이 잡지 판매 부수를 올리고 교단 안에서 자신의 입지를 높이기 위해 남발한 측면이 강하다. 이러한 용어 남발은 정통성을 주장하는 측의 논리에만 말려들 뿐 사안의 정확한 판단에는 아무런 도움이 되지 못한다.

기독교 역사는 이단의 역사_

예수 그리스도가 십자가에 못 박힌 이후 열두 사도들이 베드로를 중심으로 하나의 교회를 형성했다. 열두 사도들은 예수 그리스도의 죽음과 부활 이후 성령 강림을 체험하고 나서 곳곳으로 나아가 교회를 세웠지만, 초기에는 베드로와 그 후계자를 중심으로 모였다. 그러다가 로마를 중심으로 하는 서방 교회와 예루살렘, 안티오키아, 알렉산드리아, 콘스탄티노플을 중심축으로 하는 동방 교회가 전례적 관습과 문화권의 다양성으로 구분은 됐지만 하나의 교회를 형성하고 있었다. 그러나 세월이 흐름에 따라 기독교도 종교 분열 내지는 여러 분파들이 생겨나게 되었다.

기독교의 교리가 형성되어 가는 과정에서 4~5세기경 예수의 신성(神聖)과 인성(人性) 그리고 은총 같은 교리 해석상의 차이로 이단 내지는 분파가 형성되면서 아리우스파나 펠라지우스파, 그리고 네스토리우스파 등이 나타난다. 또 로마 교황의 수위권 문제와 전례상의 견해 차이로 가톨릭으로부터 분리된 정교회도 나타난다. 이 사건은 11세기에 결정적으로 일어났지만 이미 9세기경부터 '성화상 공경' 문제와 '누룩 없는 빵' 문제 등으로 동·서방 사이의 관습과 문화 전통의 차이에 기인한 것이다.

또 16세기에 로마를 중심으로 하는 서방 교회 내에서 이른바 '종교 개혁'이라는 물결 속에 '성서만으로', '신앙만으로'라는 표어를 내걸고 프로테스탄트(개신교)가 가톨릭으로부터 분리해 나간다. 가톨릭과 개신교가 1618~1648년에 걸쳐 독일을 무대로 벌인 30년 전쟁은 '최후 최대의 종교 전쟁'이라고 일컬어질 만큼 많은 상처를 남겼다. 이 파괴적인 전쟁은 유럽 대륙 거의 전역에서 벌어졌으며, 1648년 베스트팔렌조약으로 전쟁이 끝났을 때 유럽의 지도는 돌이킬 수 없을 만큼 변모했다. 정신적으로는 교황이 주도하고 세속적으로는 황제가 주도하는 신성 로마 제국은 사실상 붕괴되고, 독일 제후국 내의 가톨릭, 루터파, 칼뱅파는 각각 동등한 지위를 확보했지만 신구교의 갈등은 점점 깊어질 수밖에 없었다.

어느 정도 '정통'의 입지를 구축한 개신교는 먼저 유일신 신앙의 잣대로 다신 신앙의 형태를 띤 동양 종교 전통을 '우상숭배'라는 범주로 설정한다. 기독교 전통에서는 유일신 이외의 존재를 신앙 대상으로 삼는 것은 '우상숭배'로 간주되기 때문이다. 그런데 '우상숭배'라고 하는 기독교적 범주는 '미신'이라는 일반적인 범주로 전환되는 곳에 존재하고 있다. 근대 사회에서 '미신'이라는 범주는 '종교'와 대립되는 범주로 존재해 왔으며 '종교'는 '미신'에 대하여 '특권적인' 범주로 존재하고 있기 때문이다.

따라서 '미신'의 범주로 설정된 종교 혹은 종교 현상들은 '종교'의 영역에서 배제되는 동시에 종교의 '자격'과 '특권'을 박탈당한다. 유교의 조상 제사, 불교 전통에서 부처 숭배나 보살 신앙, 다양한 신격을 상정하는 민간 신앙과 신종교들은 모두 '우상숭배', 즉 '미신'으로 간주되고 만다. 개신교는 심지어 마리아와 성인들에 대한 신앙을 가지고 있는 가톨릭마저 '우상교'로 간주한다.

기독교의 분열과 정통·이단 논쟁은 진리를 보는 자세에 귀결된다. 종교적 진리는 모든 사람이 객관적으로 받아들일 수 있는 방식으로 증명될 수 있는 것이 아니다. 자신의 교파만이 참진리라고 주장할 수도 있지만, 우리는 지금 다양성과 차이를 인정하는 공존의 윤리가 필요한 사회에 살고 있다. 따라서 많은 진리 주장 가운데 유일한 진리는 자기 교파뿐이고 다른 교파는 모두 진리를 가장한 거짓이라는 배타적 태도보다는, 각 교파들이 제시하는 진리는 저마다 다르지만 결국 하나의 진리로 수렴되고 공존이라는 대의명분을 위해서라면 그 정도의 차이는 별문제되지 않는다는 다원적 태도가 현대 종교 상황에서 더 필요하다는 것이 종교학자들의 주장이다.

누가 이단이고 사이비인가_

종교 역사를 두고 볼 때 종교인의 머릿속에는 '진짜 종교'와 '가짜 종교'를 구분하는 이분법이 늘 작동돼 왔음을 알 수 있다. 특히 '가짜 종교'라고 말하는 종교의 윤리성에 대한 잣대는 객관적이거나 보편적이기보다는 복잡한 사회의 관계망 속에서 작동하는 힘의 논리에 의해 좌우됐다. 물론 명백한 비윤리적 잣대가 종교의 우산 아래 은폐되거나 묵인돼서도 안 되지만 통념적으로 윤리성을 파악하는 것 역시 위험성이 크다는 것이다.

'사이비 종교'의 기준이 돼 온 '광신'이라는 것도 마찬가지다. 순교와 자살을 놓고 볼 때 사실 파괴적 광기가 없다면 순교는 애초에 불가능하며, 삶의 궁극적 목표를 향한 열정이 없다면 종교적 자살이라는 것은 있을 수 없다. 여기서 흑백 논리에 의한 가치 판단은 상당한 과오를 범할 수 있다는 것을 발견하게 된다.

사이비 종교는 종교처럼 보이지만 사실은 종교가 아닌 것을 뜻한다. 여기에는 '참과 거짓', '선과 악'이라는 분류 체계가 철저히 작동하고 있다. 사이비 종교는 '진짜 종교'와 구별되는 '가짜 종교'요, '윤리적 종교'와 상반되는 '비윤리적 종교'라는 것이다. 사이비 종교를 논하는 이들은 '윤리적 종교=진짜 종교', '비윤리적 종교=가짜 종교'라는 등식을 성립시킨다.

참과 거짓, 선과 악은 어떤 관계가 있는가. '참=선', '거짓=악'이라는 등식은 과연 정설인가. 다수 세력의 주장은 언제나 '참'이고 약자들의 주장은 '거짓'인가. 참과 거짓의 절대적 기준은 있는 것인가. 그것은 누가 만들어 놓은 규정인가. 역사는 기득권층이 만들어 놓은 제도와 관행에 의한 흑백 논리가 엄청난 과오를 수반할 수 있음을 보여 주고 있다. 특히 거기에 편견이나 잘못된 통념이 개재됐다면 더 말할 것도 없다. 당대에 비윤리적이라고 지탄받은 초기 기독교가 지금 세계적 종교로 성장한 것을 보더라도 일부에서 단죄하는 사이비 종교에 대한 접근 방식은 달라져야 한다.

'사교'라는 깃도 마친가지다. 말 그대로 '사아한 종교', '사회에 해악을 끼치는 종교'라는 뜻이다. 그러나 이 용어도 아무것에나 붙여서는 안 된다는 것이 종교학자들의 견해다. 본래 부정적 함의가 없는 '컬트(cult)'라는 용어가 국내 언론과 신종교 전문가들에 의해 '사교'라고 번역되고 있으나 신종교라고 해서 다 사악한 종교인 것처럼 여기는 통념은 잘못된 것이다.

'이단'도 조선 시대 유교 양반들이 도교나 불교를 두고 '거짓 가르침으로 혹세무민하는 무리'라고 비난하면서 나온 말이다. 지금은 기독

교인들이 신종교를 무조건 '이단'이라고 매도하면서 '정통'의 반대되
는 개념으로 사용하고 있지만 이 역시 상대적 개념이다. 즉 '정통'을
자처하는 쪽에서 볼 때는 '이단'이지만 제삼자의 입장에서는 어떤 종
교의 다른 분파일 뿐이다. 게다가 종교의 역사가 정통과 이단이 끊임
없이 상호 작용하며 자리바꿈하는 역동적 과정이었다는 점에서 보면
이 역시 말장난에 불과하다.

일제가 천도교나 대종교같이 민족주의를 표방하는 신종교들을 통
제하기 위해 분류한 '유사 종교' 역시 엄연한 하나의 종교였지만 당시
는 그러한 대접을 받지 못했다. 해방 이후 유사 종교라는 이름을 떼어
내고 '민족 종교'라는 새 이름표를 붙였지만 아직까지 이상한 종교라
는 낙인을 벗어 버리지 못하고 있다.

물론 이단이나 사이비 종교라고 불리는 종교 가운데는 비윤리적이
고 반사회적인 행위를 하는 집단도 있을 수 있다. 그러나 객관적인 이
해 작업도 없이 신종교에 엄청난 파괴력을 가진 이러한 용어를 함부
로 사용해서는 안 된다는 것이 뜻있는 종교학자들의 주장이다. 그 종
교의 진면목을 보지 못한 채 소문이나 편견, 흑백 논리에 사로잡혀 이
러한 용어를 남발할 경우 사회적 폐해는 그것을 사용하는 측이 오히
려 조장한다는 것을 알아야 한다. 결국 그들이 하늘의 뜻을 거역하는
이 시대의 진정한 이단이고 사이비일 수 있다는 것이다.

일방적으로 배척만 당하던 신종교에 대한 새로운 시각이 소장 종교
학자들을 중심으로 형성되고 있다는 것은 반가운 일이 아닐 수 없다.
신종교를 역사적 안목으로 새롭게 보자는 것이다. 이른바 '사이비 종
교', '사교', '이단', '유사 종교' 등에 접근하기 위해서는 우선 편견의 동
굴에서 빠져나올 필요가 있다. 종교 역사에서 가장 큰 오점으로 남아
있는 타 종교에 대한 적대 관계를 청산하는 것만이 종교 본연의 모습

으로 다시 태어나는 길이기 때문이다.

결국 '사이비 종교', '사교', '이단'이라고 규정짓는 것은 우리 신앙 가운데 '진짜'와 '가짜', '참'과 '거짓'이라는 이분법이 늘 작동하기 때문이다. 그러나 이러한 구분은 남과 다른 나의 차별성으로 강조하고자 하는 묘한 인간 심리에 기반하고 있다. 그것이 진리든 진리가 아니든 그렇게 믿음으로써 자신의 우월성을 나타내고자 하는 것이다. 그러나 진리에 대한 자세는 그런 것이 아니다. 그렇게 규정지어 심리적 위안을 받을 수 있는 것이 아니다.

인간의 인식권 내에 있는 진리는 늘 달라질 수 있다. 따라서 진리는 늘 열려 있어야 한다. 더구나 요즘처럼 다원성이 강조되는 사회에서는 다른 사람의 주장에도 귀를 기울여야 자신의 삶을 더욱 풍부하게 할 수 있다. 닫힌 진리는 '거짓 우상'과 다를 바 없다. 예수가 "진리를 알지니 진리가 너희를 자유롭게 하리라"(요한복음 8장 32절)라고 가르친 것처럼 진리는 우리를 구속하는 것이 아니라 자유롭게 한다. 더구나 진리를 말하면서 남을 적대시하고 미워한다면 그것은 참진리를 말한다고 할 수 없다.

평화 세계는 요원한 것인가. 문제는 이러한 분쟁의 배경에는 정치적 이해관계와 민족 갈등 등 여러 요인이 있지만, 상당수의 분쟁에는 종교 간의 갈등이 도사리고 있다.

34_ 세계 분쟁, 그곳에 종교가 있다

세계 곳곳에서 분쟁이 끊일 날이 없다. 한국국방연구원에 따르면 2002년 말 현재 전 세계 84곳에서 분쟁이 진행 중이며 2002년 말 기준으로 1,980만 명의 난민들이 전쟁을 피해 집을 떠났다. 미국국방정보센터(CDI)는 2003년 현재 세계 30여 곳에서 전쟁이 벌어지고 있다고 밝혔다.

지난 20세기는 '전쟁의 세기'라고 해도 과언이 아니다. 두 차례에 걸친 세계 대전과 한국전, 베트남전, 중동전, 걸프전 등 지역 분쟁으로 대량 살상 무기기 총동원되면서 수어 명이 숨지거나 다쳤다. 오스트리아 황태자 암살 사건으로 촉발된 제1차 세계 대전은 대부분의 유럽 국가와 미국, 일본 등이 참전했으며 독가스 등 대량 살상 무기가 처음으로 등장하여 2,300만 명이 숨졌다. 유럽 대륙과 중국 등 동아시아, 북아프리카, 태평양, 대서양 등 세계 대부분 지역을 전쟁의 불길에 몰아넣었던 제2차 세계 대전 당시에도 5,500만 명이 숨졌다.

미국과 구소련 등 강대국들은 지구촌의 헤게모니 장악을 위해 지역 분쟁에 적극 개입했다. 유엔 16개 회원국과 북한을 지원하는 중국 및 구소련이 정면충돌한 한국전과 미국이 인도차이나 반도의 공산화를 막기 위해 1960년에 개입했다가 1975년까지 전쟁의 수렁에 빠졌던 베트남전이 그 예다. 1990년 8월 이라크가 쿠웨이트를 점령하면서 시작된 걸프전에서 미군이 주축이 된 다국적 군은 불과 225명이 희생됐으나 최첨단 무기의 실험장이었던 이라크에서는 10만 명이 숨졌다. 또 1948년 1차 전쟁을 시작으로 1982년까지 5차례나 벌어진 중동전, 1980년부터 1988년까지 이슬람 세계의 패권 장악을 노린 이란·이라크전 등 수많은 전쟁이 지난 20세기에 일어났다.

그렇다면 평화 세계는 요원한 것인가. 문제는 이러한 분쟁의 배경에는 정치적 이해관계와 민족 갈등 등 여러 요인이 있지만, 상당수의 분쟁에는 종교 간의 갈등이 도사리고 있다. 미국이 진행하고 있는 이라크전의 밑바닥에는 정치적·경제적 이해관계와 함께 종교적 갈등이 깔려 있다. 미국이나 이라크인의 상당수는 이 전쟁을 성전으로 받아들이고 있다. 결국 이라크전의 경우는 정치인들이 종교를 교묘히 이용하는 측면이 강하다고 볼 수 있다.

성전이냐 범죄냐_

종교 간의 갈등은 너무 뿌리가 깊다. 역사적으로 볼 때 수없이 전쟁을 치렀지만 아직도 끝나지 않고 있다. 종교의 이름으로 저질러진 역사상의 참혹한 전쟁을 인류는 지금도 곳곳에서 벌이고 있다.

세계의 관심이 집중됐던 유고 '코소보 사태'가 대표적 사례다. 슬라브계의 세르비아는 이슬람교인 오스만 터키의 침공을 받아 1389년 코소보 지역 암제펠트에서 10만 명의 전사자를 내면서 패배해 500여 년 동안 지배를 받았다. 또 제2차 세계 대전 당시 나치에 협력한 크로아티아 인들이 세르비아 인 60만 명을 학살하면서 그리스 정교인 세르비아와 가톨릭인 크로아티아 사이에 메울 수 없는 감정의 골이 파였다. 1991년 크로아티아와 보스니아가 독립을 선언했을 때 세르비아는 각각 가톨릭과 이슬람교가 다수인 이 나라들에서 세르비아계가 소수로 남는 것을 좌시할 수 없었다. 결국 유고 연방의 지원을 받은 세르비아계는 군사 행동으로 20만 명 이상을 숨지게 했다. 유혈 사태는 코소보 자치주로 이어졌다.

그 후 알바니아계 강경파인 코소보 해방군이 무장 독립 투쟁을 본격화하자 세르비아는 인종 청소를 자행했다. 인구의 70% 이상이 이슬람교인인 코소보의 알바니아계는 세르비아가 남진하면서 빼앗아 간 땅을 되찾겠다는 의지를 보이는 반면 세르비아는 민족의 성지인 코소보를 절대 포기할 수 없다는 입장이었다. 이 같은 마찰은 끝내 나토 등 서방 국가의 개입을 초래했다.

또 인도네시아 동부 말루쿠 섬 중심 도시인 암본에서의 기독교인과 이슬람교인 간 유혈 분쟁도 주목의 대상이다. 인도네시아는 인구 2억 1,000만 명 중 90%가 이슬람교인이다. 암본은 주민 31만 명 중 기독교인이 절반을 넘는다. 1999년 1월부터 이슬람교인과 기독교인 사이에 분쟁이 일어난 뒤 약 2,000명이 죽었다. 인도네시아 정부는 암본에 병력을 증파하는 등 진화에 나섰으나, 대부분 이슬람교도로 구성된 인도네시아 군부대에 대해 강한 불신을 갖고 있는 암본의 기독교도들은 오히려 자국 군대의 철수와 유엔의 평화 유지군 파견을 촉구하고 있다.

인도와 파키스탄이 50년 이상 분쟁을 벌이고 있는 카슈미르도 대표적인 종교 갈등 지역이다. 전체 주민 가운데 약 77%가 이슬람교도이고, 나머지는 힌두교와 불교, 시크교인이다. 원래는 힌두교와 범이슬람교의 대결이었지만 1947년 파키스탄이 인도로부터 독립한 이후 이 지역에 대한 귀속 문제가 해결되지 않아 시작된 충돌이어서 영토 분쟁의 성격도 갖고 있다. 1989년 이슬람 반군의 봉기 이후에만 3만 8,000여 명의 희생자를 냈으나 해결의 기미는 보이지 않고 있다. 특히 인도와 파키스탄은 모두 핵 보유 국가라는 점에서 카슈미르 분쟁은 전 세계에 심각한 우려를 낳고 있다.

미국의 정치학자 새뮤얼 헌팅턴은 21세기는 더 이상 이데올로기나 국가 간의 정치적 대립이 아니라 '문명의 충돌'에 의해 특징지어질 것이라고 예견한 바 있다. 특히 세계화의 충격에 맞서 공동체의 정체성을 지키려는 문화적·종족적·종교적 전통이 다시 일어나고 있는 사실에 관심을 기울였다. 즉 과거 시대를 지배했던 '이데올로기의 적'이 사라지자 이념 대립에 쏠렸던 에너지가 종교에로 쏠리고 있다는 것이다.

특히 세계 각지의 분쟁에 있어 기독교와 이슬람교의 대립이 뚜렷이 나타나고 있다. 선민의식을 갖고 있는 두 종교는 화해가 불가능한 것처럼 보인다. 문제는 종교 간에 갈등이 빚어지면 시간이 갈수록 그 응어리를 풀기가 쉽지 않다는 점이다. 일단의 정치지도자들이 민족을 결집시키고 나라를 단결시키는 동력을 종교에서 쉽게 얻는 것도 같은 맥락이다.

종교 전쟁은 유럽에서 16세기 후반에서 17세기 후반에 걸쳐 종교개혁을 계기로 한 신구 양 교파의 대립으로 절정을 이뤘다. 신구교 간의 전쟁으로 16세기 후반 프랑스에서의 위그노 전쟁을 비롯해 16세기 후반에서 17세기 후반에 일어난 네덜란드 독립 전쟁, 17세기 전반 독일에서의 30년 전쟁 등 수없이 많다. 물론 이들 종교 전쟁은 정치와 종교가 엉켜 정치적·영토적 야심과 맞물려 있지만 종교가 본연의 모

습에서 이탈된 대표적 사례라는 점에서 그 한계를 여실히 드러냈다고
볼 수 있다.

이성 잃은 광신자들

종교 간의 갈등은 단순히 기성화된 종교들 사이에서 발생하는 외적
이고 물리적인 영역에서만이 아니라 종교인과 그 종교의 내적인 영역
에서도 동시에 진행되고 있다. 이러한 종교 간 갈등을 일으키는 가장
근본 원인 중의 하나는 바로 타 종교에 대한 이해의 부재이다. 이웃
종교들에 대한 무지가 종교 간의 갈등을 더욱 강화시키는 요인이 되
고 있는 것이다. 이해의 부재는 소통의 부재로 귀결된다. 현상적으로
볼 때 종교 간 갈등의 바탕에는 '다름'을 '다름'으로 인정하지 않고 '틀
린 것'으로 단정 지어 버리는 오류도 어렵지 않게 볼 수 있다.

종교 간의 갈등을 극복하기 위해서는 '진리를 추구하는 사람'으로서
종교인의 공통된 정체성을 확인할 필요가 있다. 각 종교의 다양한 모
습을 다름으로 인정하되 그 안에서 발견되는 공통 정체성에 대한 신
뢰 속에 일치를 향한 노력이 전개되어야 한다. 이를 위해서는 종교 간
의 우정을 형성해야 하고 또 공동의 실천적인 활동을 위한 연대와 협
력을 강화해 나가야 한다.

한국의 종교 상황을 돌아볼 때 외국의 경우처럼 큰 규모의 폭력과
비극은 발생하지 않았지만 끊임없이 종교 갈등의 씨앗들이 발아되고
있다. 이제 종교 간의 갈등을 극복하는 초종교 활동을 어느 특정 종교
나 종교 지도자들의 행동 영역으로 간주하는 태도에서 벗어나 일상적
인 종교인의 삶의 영역에서 구현되어야 할 가치로 수용해야 할 것이

다. 한국 사회에서 종교 갈등을 극복하는 것은 단순히 종교적인 문제만이 아니라 남북통일을 위한 평화 운동의 일환이기도 하다.

각종 갈등이나 전쟁의 배경에 종교가 개재되고 있는 것은 이해 당사자들이 종교를 이용하는 측면도 무시할 수 없다. 자신들의 주의나 주장을 정당화하고 전쟁의 필수 불가피성을 강조하기 위해 마치 종교가 원인이 되어 문명 충돌이 일어나는 것처럼 위장하면서 대중을 선동하는 것이다. 아프가니스탄이나 이라크 전쟁에서 볼 때, 양측의 정치 지도자들은 그 갈등과 분쟁의 원인을 '종교적 문명 충돌' 분위기로 몰아가고 있다. '거룩한 전쟁' 교리나 '지하드(성전)' 등은 종교와 정치를 잡종시킨 정치 이데올로기에 불과한 것이다. 종교가 본연의 모습에서 이탈하면 그런 정치적 이념의 하수인으로 전락하고 마치 진리의 파수꾼인 양 자기 기만에 빠지기 쉽다.

종교 다원주의를 주창하는 가톨릭 신학자인 폴 니터 등 많은 학자들은 이제 어느 종교가 더 바른 진리를 더 많이 지닌 것이냐를 경쟁한다는 것은 무의미하다고 말한다. 어느 종교가 더 많은 선을 실천하여 생명을 살리는 일에 효과적으로 응답하고 있는가가 중요하며, 그것만이 종교의 진정성을 판가름하는 척도가 된다는 것이다. 종교적 진리는 '절대 체험'을 본질로 하지만, 인간의 진리는 그 종교적 진리 체험 및 지식을 포함하여 문화적·정치 사회적·언어적·역사 경험적 제약을 받고 있는 '상대적 진리'임을 인정해야 한다는 것이다. 그리고 오늘날 종교인들은 자기가 귀의한 종교의 특수성 및 고유성의 귀중함을 사랑하면서 동시에 타 종교에 대한 열린 개방성을 지녀야 한다.

종교가 추구하는 구경(究竟)의 진리는 언제나 우주적이고 보편적이지만, 종교인은 구체성을 통해서 우주적 보편성에 도달한다. 그러므로 종교 간의 대화 협력을 강조하다가, 자기가 귀의한 종교에 대한 충성심이나 고유성이 약화되지 않을까 하는 염려는 부질없는 것이다.

종교의 본질은 이론이 아니고 삶 그 자체이다. 그래서 예수의 당부대로 "하나님을 사랑하고, 네 이웃을 네 몸처럼 사랑하는 것"이 모든 계명의 핵심이다. 이때 말하는 '네 이웃'이란 반드시 같은 종교를 믿는 '기독교인'을 의미하지 않는다. 우리가 믿는 하나님은 기독교 종파의 하나님만이 아니고 "만유 위에 계시고, 만유를 통하여 일하시고, 만유 안에 계시는 하나님"(에베소서 4장 6절)이다. 따라서 종교인이 갈등의 제공자가 아니라 사랑의 실천자로 다시 태어날 때 비로소 이 땅에 하나님이 고대하던 평화의 세계는 실현될 수 있을 것이다.

유일신을 믿으면서도 이들이 하나 되지 못하는 것은 하나님에 대한 믿음보다는 자신들의 교리와 주장을 앞세워 상대방을 적대시했기 때문이다.

35_ 유대교와 기독교, 그리고 이슬람교

　유대교와 기독교의 기반인 이스라엘과 이슬람교의 뿌리인 아랍 민족은 '믿음의 조상' 아브라함을 역사의 시조로 믿고 있다. 지금으로부터 4,000여 년 전 아브라함이 나이가 들어도 자식이 없게 되자, 이에 초조해진 아내 사라가 직접 나서 여종인 하갈을 남편과 동침시켜 아브라함이 86세에 이스마엘이란 아들을 낳게 한다. 하지만 하갈은 임신 중에 여주인 사라를 은근히 멸시하기 시작한다. 생리가 끊긴 90세의 사라도 하나님의 축복으로 아브라함이 100세가 되던 해에 아들 이삭을 낳게 된다. 이복형제가 자라면서 형인 이스마엘이 동생인 이삭을 자주 구박하자 이를 지켜보던 사라가 하갈과 이스마엘 모자를 사막으로 내쫓아 버린다.

　성경과 코란에 의하면 이삭의 자손이 이스라엘 민족을 이루었고, 그때 사막을 떠돌던 이스마엘의 후손들이 오늘날 아랍 민족의 조상이 됐다고 한다. 하나님께서는 믿음의 조상인 아브라함에게 큰 민족을 이루고, 그를 통해 모든 민족에게 복을 내리겠다고 약속했다(창세기 12, 13, 15장). 이 약속은 구체적으로 '땅의 티끌'(창세기 13장 16절), '바닷가에 있는 많은 모래'(창세기 32장 12절, 열왕기상 4장 20절), '하늘의 별들'(창세기 15장 5절) 등에 묘사되고 있다. 성경에 따르면 '땅의 티끌'로 이야기된 약속의 씨는 아브라함을 통해 이스마엘에게 난 후손들에게서 성취됐고, '바닷가에 있는 많은 모래'로 묘사된 약속의 씨는 야곱의 열두 지파에게서 성취됐다.

아브라함의 자손은 하나님의 축복대로 이스라엘과 아랍 민족으로 갈라져 큰 세력을 이루게 됐지만 아브라함의 아내 사라와 사라의 몸종 하갈 사이의 갈등은 그대로 이어졌다. 사라와 하갈의 갈등은 이스라엘과 팔레스타인을 포함한 아랍 국가의 피비린내 나는 갈등의 원인이 된 것이다.

성경의 기록은 갈등의 역사라고 할 만큼 형제와 종족, 민족, 국가 간의 수많은 분쟁 관계를 잘 보여 주고 있다. 우선 인류 조상 아담과 그의 아내 하와가 하나님의 말씀을 지키지 않아 에덴동산에서 쫓겨나고, 그 후 둘 사이에서 태어난 카인과 아벨이 죽고 죽이는 갈등 관계를 보여 준다. 아담 이후 2,000년 만에 아브라함이 나타나지만 카인, 아벨의 전철을 밟게 된 사라와 하갈, 이삭과 이스마엘의 갈등은 이스라엘과 아랍 민족 간의 싸움으로 이어지고 있는 셈이다.

유대교의 예수 박해_

유대교는 천지 만물의 창조자인 유일신(야훼)을 신봉하면서, 메시아의 도래 및 그의 지상 천국 건설을 믿는 유대인의 민족 종교다. 그 기원은 고대 이스라엘 인의 종교로 거슬러 올라가지만, 보통 유대교라고 하면 바빌론 포로(B.C. 586~B.C. 536) 이후 '모세의 율법'을 근간으로 해 발전한 유대인의 고유 종교를 말한다. 특히 유대교는 "이스라엘 백성은 야훼가 명하는 율법을 지키고, 야훼는 이스라엘 백성에게 특별한 은혜를 베풀며 지켜 주신다"고 하는 계약의 종교다.

유대교의 역사는 유대 민족의 역사와 다름없다. 셈 족에 속하는 반유목민인 유대인의 조상이 민족 이동이라는 큰 조류를 따라 메소포타미아에서 지중해 동쪽 연안에 정착한 것이 B.C. 18세기 무렵이라고 고고학자들은 추정한다. 유대교 역사에서 가장 획기적인 사건은 모세의 지도 아래 이집트에서 탈출하고 시나이 산에서 여호와와 계약을 맺었다는 사실이다. 물론 출애굽기에서 언급되었듯 이는 전 민족적인 사건이 아니라 가나안 땅에서 기근으로 인해 이집트로 간 요셉 가족을 중심으로 한 사건이었다. 그러나 이 사건은 유대 민족에게는 여호와의 구원 섭리로 받아들여졌고, 그때 '성스러운 백성'이 되기 위한 교의, 관습, 윤리를 포괄하는 율법이 계시됐다.

유대교의 특색은 율법에 있다. 율법의 기초는 계약의 개념으로서 원래 고대 메소포타미아의 경제적·사회적 통념이었다. 그것을 신(神)대 인간의 관계 속에 끌어들인 것이다. 이스라엘 민족의 신은 그들의 자손을 선택해 자기 백성으로 삼고, 그 자손들에게 약속한 땅을 주어 그들을 지키고 축복한다는 것이 선민사상의 개념이다.

너무나 당연한 사실이지만 예수는 유대인이었다. 그의 제자들도 유대인이었고 초대 교회의 멤버들도 유대인이었다. 예수 당시의 정치적 상황은 한마디로 외국의 지배자와 그들에게 협력하는 이들의 독무대였다. 로마는 팔레스타인에서 막대한 권력을 행사했다. 군부 식민주의, 경제적 착취, 그리고 종교적·문화적 억압은 유대의 협력자들을 통한 정치적인 지배로 더욱 심화됐다. 로마와 야합했던 이스라엘 내 권력층은 사두가이파, 부자, 지주, 그리고 세리들이었다. 그들은 서로 협력해 정부, 농업, 고용, 그리고 상업을 좌지우지했다. 이와 같은 상황에서 정권은 로마에서 흘러나와 로마에 야합하는 이스라엘 내부 지지자들에 의해 독점됐다.

예수는 로마와 그 지지자들이 정권을 쟁취하고 유지하는 방식을 거부했다. 그는 세상의 방식으로 권력을 유지하고 기존 사회 체제를 책임지고 있는 정치 지도자들과 타협하기를 거부했다. 권력을 얻기 위해서 유대인들은 권력의 원천인 로마에 붙었지만 예수는 지배에 근거한 권력의 개념을 전면적으로 거부했다. 그는 재물을 축적하는 부자들을 비난했다. 예수는 근본적으로 다른 사회 제도를 옹호함으로써 그들의 권력 근거를 흔들어 놓았다. 그는 사회의 권력이 아닌 사람들로 이루어진 공동체를 세웠다. 그는 다른 방식으로 힘을 모으고 힘을 행사하는 것을 제자들에게 가르쳤다. 예수는 로마처럼 그 어떤 억압 계층도 존재하지 않는 새로운 사회를 꿈꾸었다.

당시 비인간화된 율법, 즉 현실에서 인간성을 증진시키고 가난한 이들을 옹호해야 할 원래의 목표를 잃어버린 율법에 대해 예수는 사회, 경제, 그리고 정치적 상황 안에서 올바른 해석을 제시하고자 했다. 율법의 핵심이 정의이며, 하나님은 가난한 이들을 위한 정의로운 행동을 요구하며, 정의를 지키는 사람들을 하나님의 백성으로 인정할 것이라는 것이 예수의 관점이었다. 예수는 율법을 폐하고자 한 것이 아니라 율법을 완성시키고자 했음을 분명히 밝혔다.

기독교와 이슬람교의 악연_

이슬람교는 유대교, 기독교와 함께 하나의 신을 섬기는 유일신교이다. 역사 속에서 이슬람교는 유대교, 기독교와 같이 아브라함으로부터 유래하는 공통된 믿음의 뿌리를 가지고 있다. 570년경 아브라함의 아들 이스마엘의 자손이라고 주장하는 쿠라이시 족(族)의 하심가(家)에서 무함마드가 출생한다. 무함마드는 어떤 종교 교육이나 학교 교육도 받지 않았고, 유대교나 기독교에 대해서도 거의 아는 것이 없었다. 그 대신에 그는 메카 근교에 있는 히라 산에서 명상을 하며 많은 시간을 보냈다. 전지전능한 알라는 대천사 가브리엘을 통해 무함마드에게 계시를 내린다. 결국 그는 이슬람교를 세워 아라비아 반도 일대를 장악한다.

이슬람교는 유대교, 기독교의 유일신 관념과 최후의 심판 등 여러 측면에서 영향을 받았다. 무함마드의 사명은 혁신이 아니라 일종의 지속이었다. 즉 일신교와 다신교 사이의 오랜 투쟁이 마지막 단계에 와 있음을 의미했다. 모슬렘에게 무함마드는 모세의 토라(구약), 다윗의 시편, 그리고 예수의 신약 등 오랜 역사를 통해서 신성한 의무를 지니고 계시서를 가져온 수많은 사도들 중에서 마지막 사도, 즉 '예언자들의 봉인'이었다. 무함마드는 이전의 모든 계시를 보완하고 완성한 코란이라는 계시서를 가져왔다.

따라서 모슬렘의 입장에서 보면 유대교나 기독교는 연속적인 사명과 계시의 연장선상에서 창시 당시에는 모두 진리의 종교였으나 이러한 계시들은 예언자 무함마드에 의해서 그 실효성이 소멸됐다고 보는 것이다. 그 계시서에 들어 있던 진실된 내용은 무함마드의 메시지에 통합됐지만 진실이 아닌 내용은 삭제됐다. 그것은 초기 성서의 하찮은 관리자들에 의해서 그 내용이 왜곡되고 변질된 결과이기 때문이다.

이슬람교는 새로운 종교로서가 아니라 유대교와 기독교의 축적물들을 동시에 정화시키고 최후의 계시로서 두 종교를 넘어서는 순수한 아브라함의 유일신론을 부흥시킨 종교로 그 모습을 드러냈다. 다른 종교와 비교해 볼 때, 이슬람교는 삶의 방식을 조목조목 제시해 주는 형태를 취한다. 세세하게 지시하고 명백한 지시를 내세운다. 이슬람교는 종교가 아니라고 주장하는 이가 있을 정도로 이슬람 사람들의 생활과 함께 나타났다. 모슬렘은 종교와 신앙을 정치나 사회 등과 떨어질 수 없는 불가분의 관계로 본다.

유대인과 아랍인은 모두 아브라함을 조상으로 하는 셈 족이다. 유대교와 기독교, 이슬람교는 구약 성서를 함께 사용하는 한 뿌리에서 나온 형제 종교이다. 그러나 무함마드가 이슬람의 가르침을 유대교와 기독교에 전했지만 받아들여지지 않았고, 이슬람이 세계 전역으로 크게 세력을 확장하자 가톨릭이 1096년 십자군 원정을 단행하면서 두 종교는 피할 수 없는 앙숙 관계로 발전했다.

이후 중동과 남아시아 및 아프리카 지역의 대다수 이슬람 국가는 가톨릭을 믿는 서구의 식민 지배를 받아 양 진영의 골은 더 깊어졌다. 게다가 제2차 세계 대전 당시 독립을 약속한 영국과 미국을 믿고 연합국에 협조했던 아랍은, 전쟁 후 이중 약속을 한 유럽이 이스라엘을 지원하자 기독교에 대한 반감을 높였다. 그리고 냉전이 무너진 오늘날 이슬람교와 기독교 문화를 둘러싼 갈등이 보스니아, 동티모르, 체첸, 아프가니스탄 등 세계 전역에서 분쟁으로 나타나고 있다.

기독교와 이슬람교의 갈등은 지난 1,400년의 세계 역사를 피로 물들였다. 특히 기독교와 이슬람교는 한 하나님을 믿고 구약이라는 하나의 성경을 갖고 있지만 교리 차이 때문에 앙숙 관계가 됐다. 물론 기독교는 예수가 하나님의 아들임을 인정하지 않는 것에 대해 분노한다. 반면 이슬람교는 냉전의 이분법적 시각에 사로잡힌 서방 국가들이 새로운 '적대 세력'이 필요하자 자기들을 이용했다고 반박한다. 그러나 이제 적대 관계를 청산하고 하나가 되는 길을 찾을 때가 됐다. 그것은 서로가 하나님의 형제라는 것을 확인하고 서로의 공통점을 찾아 다른 점을 극복할 때 가능하다.

유일신을 믿으면서도 이들이 하나 되지 못하는 것은 하나님에 대한 믿음보다는 자신들의 교리와 주장을 앞세워 상대방을 적대시했기 때문이다. 따라서 유대교와 기독교, 이슬람교가 한 하나님 아래서 하나 되기 위해서는 하나님의 뜻이 어디에 있는가를 확인하는 것부터 시작해야 한다. 그래서 서로가 적대시하는 것이 하나님의 뜻과 반한다는 것을 깨닫고 하루빨리 상대방에게 겨눈 총칼을 거둬들여야 할 것이다.

36_ 기독교와 이슬람교 1,400년, 앙숙의 역사

미국의 심장부인 뉴욕 세계무역센터와 워싱턴 국방부 건물의 테러에 대한 보복으로 미국은 테러리스트 오사마 빈 라덴을 은닉한 이유를 들어 최첨단 무기로 아프가니스탄을 초토화시킨 데 이어 이라크를 공격, 세계는 21세기 초반 전쟁의 소용돌이에 휩싸이고 있다. 결국 이라크전은 끝났지만 미국에 대한 지하드가 계속돼 '문명 충돌' 현상이 심화되고 있다.

기독교와 이슬람의 갈등이 싹튼 것은 이슬람이 세력을 확장하면서부터이다. 8세기에 기독교는 3개 대륙에 걸쳐 대제국을 건설한 이슬람 세계에 포위되어 있었다. 프랑크 왕국만이 피레네 산맥을 넘어 갈리아에 진출한 사라센 군을 힘겹게 막아 냈을 뿐, 다른 제국들은 이슬람의 모래 폭풍에 힘없이 무너졌다. 그 후 수백 년간 유럽 문화의 모태였던 지중해는 이슬람의 바다가 되었다.

11세기 십자군 운동은 지중해의 맹주인 이슬람 세계에 대한 유럽 기독교의 반격이었다. 그러나 15세기에 이르러서는 이슬람의 맹주로 떠오른 오스만 제국이 유럽을 짓밟았다. 16세기 이래 서구 기독교는 지속적으로 이슬람을 구축한다. 르네상스 시대를 거치면서 근대화에 성공한 유럽은 마침내 상대적으로 낙후된 이슬람을 압도하기 시작했고, 앞다퉈 이슬람을 지배한다. 이런 상황은 제2차 세계 대전까지 지속되었다. 2차 대전이 끝나고 대부분의 아랍 국가들은 독립을 쟁취했다. 그러나 초강대국으로 떠오른 미국이 다시 아랍 세계에 강력한 영향력을 갖고 등장했다.

16세기 이후 이슬람은 기독교에 열세를 면치 못했지만, 21세기로 접어든 지금은 전세가 역전되고 있는 상황이다. 다시 말해 이슬람교와 기독교는 어느 한 종교가 세력이 약해지면 다른 한 종교가 세력을 강화하는 물고 물리는 끝없는 경쟁 관계인 것이다.

세계적인 언어학자이자 미국 내 대표적 좌파 정치 비평가인 노암 촘스키는 저서《숙명의 트라이앵글》에서 "중동 문제는 종교적·인종적 갈등 이전에 미국이 자리 잡고 있는 정치적 문제"라고 지적한다. 그는 "팔레스타인을 '젖과 꿀이 흐르는 약속의 땅'에서 영원히 추방하려는 이스라엘의 적개심은 미국에 의해 끊임없이 부추겨져 왔다"고 말한다. 특히 서구 통신사들이 중동에서 자행되고 있는 자살 테러 현장을 사진에 담아 세계에 전송하면서 이스라엘 측의 반격은 언제나 '보복'이나 '응징'이라는 정의로운 말로 치장되고, 아랍 세계의 폭력성이 사태의 원인이라는 왜곡된 신화가 자리 잡게 됐다는 것이다.

다시 제기된 '문명 충돌'_

모슬렘이 미국에 대해 반감을 가진 것은 역사적으로 볼 때 뿌리가 그다지 깊지 않다. 모슬렘이 자신들을 식민 통치했던 영국이나 프랑스 등 유럽 국가들과는 달리 처음엔 호의적이었던 미국을 적대시하게 된 결정적 요인은 미국이 이스라엘과 팔레스타인의 분쟁에 개입한 데 있다.

636년 이슬람교를 바탕으로 똘똘 뭉친 아랍인들이 로마를 격파하자 이 지역의 패자가 된 팔레스타인은 대부분 이슬람의 지배 아래 있었다. 12세기경에 제1차 십자군이 예루살렘 왕국을 세우고 잠시 통치하기도 했지만 팔레스타인 지역의 주인은 여전히 아랍인이었다.

팔레스타인의 굴곡의 역사는 제1차 세계 대전으로 거슬러 올라간다. 팔레스타인은 전쟁 당시 당사국인 영국과 독일의 틈바구니에서 운명이 갈리고 말았다. 수에즈 운하를 장악하고 있던 오스만 제국이 독일 편에 가담하는 바람에 영국은 심각한 위기에 봉착했다. 해상 왕국인 영국에게 수에즈 운하는 생명줄이나 다름없었다. 타개책을 모색하던 영국은 전쟁이 끝나면 독립을 보장하겠다는 밀약으로 오스만 제국의 식민 통치 하에 있던 아랍권에 은밀한 도움을 청했다. 아랍권이 영국 편에 서면서 아라비아의 로렌스 대령이 이끄는 민병대가 터키군의 진지를 쑥대밭으로 만들고 남부 전선에서 완승을 거두었던 것이다.

영국은 같은 시기에 중부 전선에서 독일군에게 연전연패를 거듭했다. 승리를 위해 영국은 팔레스타인에 유대 국가를 만들어 주겠다는 밀약(발포어 선언)으로 유대인들을 전쟁에 끌어들인다. 영국은 팔레스타인이라는 지역 하나를 두고 아랍인에게는 아랍인의 독립을, 유대 민족에게는 유대 국가 창설을 이중 약속한 것이다. 영국의 승리로 제1차 세계 대전이 끝났지만 영국은 언제 그랬느냐는 듯 약속을 이행하지 않았다. 전쟁 후 팔레스타인 지역은 영국의 위임 통치령이 됐고, 유대인들은 기다렸다는 듯 팔레스타인으로 대거 이주했다. 아랍권보다는 유대인에게 더 호의적이었던 영국이 언젠가는 '발포어 선언'을 이행하리라는 신념 때문이었다. 이 과정에서 팔레스타인과 유대인의 갈등이 심화돼 잦은 충돌이 일어났다.

그렇게 20여 년이 흘렀고, 세계는 다시 한 번 전쟁의 소용돌이에 휘말렸다. 제2차 세계 대전이 발발한 것이다. 영국은 이번에도 승전국이 됐다. 강력한 세력으로 부상한 유대인들의 끈질긴 요구에 유엔은 팔레스타인 지역 분할안을 의결했다. 미국이 주도한 유엔의 그 분할안에 의해 팔레스타인의 올리브 농장과 곡창 지대의 80%, 아랍인 소유 공장의 40%가 유대인에게 배정되는 등 아랍인들의 분노를 폭발시켰다. 결국 이스라엘은 1948년 독립을 쟁취했지만 팔레스타인은 난민 신세로 전락하게 되었다.

1967년 제3차 중동 전쟁에서 이스라엘이 팔레스타인 전역을 비롯하여 부근의 여러 나라를 점령하면서 약 20만 명의 아랍인이 요르단과 레바논으로 피란했다. 1964년 이후 그들은 팔레스타인 해방 기구(PLO)를 통일적 모체로 삼고 여러 게릴라 조직을 양성했고 본격적으로 팔레스타인 해방 운동에 나서면서 중동은 '세계의 화약고'가 되었다.

아랍 국가 간의 갈등인 이라크·쿠웨이트 분쟁은 미국이 주동이 된 유엔 다국적군의 개입을 불러왔다. '사막의 폭풍 작전'으로 명명된 걸프전은 무력으로 쿠웨이트를 합병한 이라크에 대한 제재를 명분으로 발발했지만 석유 자원의 소유권 문제, 산유량 할당 문제, 유가 문제, 국경선 문제 등 세계의 질서를 재편성하려는 강대국들의 의도가 그 저변에 깔려 있었다.

이슬람의 서구에 대한 증오와 반감은 정교일치(政敎一致)의 이슬람 공동체 부활과 이슬람의 부흥 운동으로 이어진다. 그들 중 일부는 급진주의, 과격 행동을 보인다. 기독교 국가인 서구 열강들의 식민 통치 기간을 거쳐 또다시 오늘날 대표적인 기독교 국가로 부상한 미국의 지원으로 계속된 이스라엘과의 전쟁에서 무참히 당한 아랍 국가들은 미국을 중심으로 한 서방 세력을 저주할 수밖에 없는 상황으로 치달았다.

진정한 근본주의로 돌아갈 때_

지금 세계 곳곳에서 문화적 갈등이 나타나고 있다. 많은 사람들이 그 문화적 갈등의 원인이 종교라는 데 주목하고 있다. 최근 종교인들이 사회의 다양성에 부응하여 대화한다면서 유화적인 태도를 보이기도 하지만, 자기 종교 안으로 돌아서는 순간 호교적으로 바뀌어 대화보다는 무관심으로, 다원주의보다는 배타주의 내지는 자기 우월주의로, 이타주의보다는 이기주의로 무장한다.

9·11테러 이후 새뮤얼 헌팅턴이 1993년 발표한 《문명의 충돌》이 관심을 끄는 것은 서구 기독교 문화권과 아랍의 이슬람 문화권이 충돌할 가능성이 점점 커지고 있기 때문이다. 헌팅턴의 《문명의 충돌》은 21세기 세계 질서를 좌우하는 핵심이 문명이라는 전제에서 출발하고 있다. 냉전 시대 세계 질서를 지배한 핵심 변수는 이데올로기였지만, 냉전이 끝난 그 빈자리를 서로 다른 문명 간의 갈등이 메운다는 것이다. 그는 21세기에 문명 간 충돌을 조장하는 가장 핵심적인 변수로 종교를 꼽고 있다. 세계 전역에서 불고 있는 종교 부흥 바람, 그중에서도 특히 이슬람의 약진은 서양 대 비서양 문명의 갈등을 증폭시키고 있다는 것이다.

전문가들은 최근의 민족 분쟁이나 종교 갈등, 그리고 테러 참상은 결코 문명의 소산이 아니라, 아이러니컬하게도 문명의 수혜자인 특정

이익 집단이 저지른 행위라고 보고 있다. 9·11테러는 공생·공영하는 문명 간의 충돌이 아니라 문명과 비문명 간의 충돌로 설명하는 게 논리적이고 타당하다. 윤리적, 도덕적으로 보면 공인된 규범을 지키고 정정당당하게 행동하는 것이 문명이고, 무법무도(無法無道)하게 행동하는 것이 비문명일진대, 무고한 사람을 마구 살상하는 테러야말로 비문명의 극치라 아니할 수 없다는 지적이다.

최근 일련의 사태를 이슬람 문명과 서구 기독교 문명 간의 '뿌리 깊은' 갈등의 소산으로 보는 견해가 지배적이지만 이 또한 사실과는 거리가 있다. 중세 초반 서구가 그리스와 로마의 고전 문명을 저버릴 때 이슬람은 그것을 고스란히 받아들여 자신의 문명을 키웠다. 중세 후반 서구는 자신들의 전통문화가 융화된 선진 이슬람 문명에서 자양분을 얻어 르네상스라는 전기를 잡는다. 물론 다른 종교와 마찬가지로 이슬람에도 소수의 '호전적이고 과격한 분파'가 있다. 그러나 다수는 그렇지 않았다. 테러 사건이 터지게 되면 대부분 이슬람 근본주의자들을 떠올린다. 테러는 당연히 이슬람 교도들에 의해 저질러진 것이고, 이슬람교는 '과격한 근본주의자 종교'라는 등식이 머리에 박혀 있기 때문이다. 이슬람 사상은 극단을 배격하는 중용 사상이다.

헌팅턴 교수의 문명 충돌론도 따지고 보면 냉전식 사고에서 빚어진 '우리'와 '그들'이라는 이분법적 사고방식의 산물이다. 헌팅턴의 주장은 너무나 도식적인 패러다임처럼 보인다. 그는 '근대화=서구화'라는 잘못된 근대화론을 바탕으로 이슬람을 기독교 문명의 대칭점에 있는 반서구적인 것으로 위치시키고 갈등과 대립 구조를 강조했다. 그러나 국제 관계는 정치적·경제적 이익 등 국가 이익에 바탕을 두는 것이지 종교적 신앙이나 가치가 지배하는 것이 아니다. 이런 요인들을 무시한 채 이를 단순히 '문명의 충돌'이라는 식으로 축소해 버릴 때 분쟁과 갈등에 내재해 있는 국제 정치적·경제적 요인과 책임을 망각하게 된다. 문명 충돌이 아닌 문명 간의 화합은 상대방을 인정할 때 가능해진다.

예수와 무함마드의 가르침 가운데 공통적인 것, 이 시대에 필요한 것은 '사랑'과 '평화'다. 그것이 곧 하나님의 뜻이기 때문이다. 예수가 가장 중요하게 가르친 것이 사랑이며, 무함마드가 세운 이슬람이란 단어 자체가 셈어로 '평화'라는 뜻이다. 두 종교가 평화 세계를 실현하는 방법에는 차이가 있을 수 있지만 하나님을 중심으로 한 평화 세계 실현이라는 목표는 똑같다. 따라서 자기의 신앙만을 내세울 것이 아니라 이 시대 하나님의 뜻이 어디에 있는가를 찾아 원점에서 다시금 하나 되는 길을 찾아야 할 것이다. 하나님은 이슬람교와 기독교가 서로 싸울 것이 아니라 서로 화해하여 이 땅에 진정한 평화가 이룩되기를 학수고대하고 계심을 잊지 말아야 할 것이다.

37_ 가톨릭과 개신교, 손잡을 수 없나

마르틴 루터와 장 칼뱅이 종교 개혁을 단행한 이후 가톨릭과 개신교는 여전히 적대적 관계를 유지하고 있다. 특히 일부 한국 개신교는 가톨릭을 이단으로 매도하는 등 서로 간의 대화는 거의 이뤄지지 않고 있다.

'중세암흑시대'라고 할 만큼 교황이 황제에게 파문 선고를 내리고 무고한 시민에게 '마녀 재판'을 벌일 정도로 가톨릭은 막강한 권력을 휘둘렀지만, 격세지감을 느낄 만큼 그 위상이 추락해 지금의 상황은 전여 딴판이다. 1517년 루터의 종교 개혁을 통해 세상에 선보인 개신교는 가톨릭 못지않게 세계적으로 탄탄한 기반을 이룩하였다.

1999년 10월 31일 종교 개혁 기념일에 가톨릭과 루터교회가 에큐메니컬 신학 선언을 통해 '신앙에 의한 의롭다 하심'과 '행함에 의한 성화'를 서로 받아들인다고 밝힘에 따라 양측 간 대화의 문은 열린 셈이다. 하지만 가톨릭과 개신교 사이에는 신학적인 차이가 너무 커 일치와 연합 운동에는 여전히 한계를 보이고 있다.

물론 가톨릭과 개신교가 기존의 교리를 모두 버리고 예수 시대로 돌아갈 수 있다면 일치 가능성이 없는 것은 아니다. 예수 시대에는 지금과 같은 교리나 신학, 어떠한 교회의 의식도 없었다. 이 모든 것은 인간이 만든 것이다. 따라서 교리나 신학, 의식에서 자유로울 수 있다면 지금과는 전연 다른 하나님 중심의 신앙 공동체가 새롭게 탄생될 수 있다. 그런 점에서 가톨릭과 개신교도 손을 잡을 수 있다고 본다.

이단이냐 형제냐_

가톨릭과 개신교의 갈등은 한국에서도 오래전부터 시작됐다. 개신교 선교사들은 1세기 먼저 들어온 가톨릭에 대해 비판적 눈길을 보냈다. 개신교는 처음부터 가톨릭과는 전혀 다른 새로운 종교임을 애써 강조하려고 했다. 개신교의 이 같은 태도는 가톨릭이 받은 수난과도 무관하지 않다. 개신교는 가톨릭 수난의 일차적 원인을 가톨릭의 잘못된 선교 방식에서 찾으려고 했다. 즉 가톨릭의 불법적이고 정치적인 선교 방식이 조선 정부와 마찰을 가져온 중요한 요인이라고 본 것이다.

한불조약 이후 종교의 자유가 점차 보장되어 감에 따라 가톨릭과 개신교는 물리적인 충돌을 벌이는 등 선교 과정에서 상당한 갈등을 빚었다. 가톨릭에 대한 개신교의 비판은 가톨릭의 선교 방식과 교리에 대한 비판으로 나눌 수 있다.

윌리엄 엘리엇 그리피스는 '황사영 백서'에 기록된 바와 같이 가톨릭이 실제 외국의 군사적 침략을 유발했다고 보았다. 요컨대 프랑스의 주교는 프랑스 군함의 첩자이자 길잡이였으며 프랑스의 신부는 해적질의 안내자였다는 것이다. 또 프랑스 선교사들은 선을 이루기 위해서라면 악을 행하여도 좋다는 그릇된 생각을 가지고 있었기 때문에 신부들의 거룩한 소명은 그 빛을 잃었고, 그와 같은 교리는 신약 성서를 즉각적으로 모독하는 것인 동시에 가톨릭교회가 가장 즐겨 원용하는 궤변이라는 것이다.

또 북장로교 선교사 빈톤은 로마 가톨릭의 그릇된 교리 때문에 한국 사회에 진리가 잘 수용되지 않고 있다고 말했다. 아펜젤러도 가톨릭 신부들이 상복을 입고 정체를 숨긴 채 다니는 것과 솔직하고 개방적인 개신교의 선교 태도를 비교했다. 그는 "나는 한국에 로마 교회가 있다는 사실에 대해 하나님에게 감사할 수 없다"고 잘라 말했다.

장로교 최초의 선교사인 알렌은 자신의 일기에서 "여자이며 그리스도의 어머니 성모 마리아를 경배하고 기도하는 것은 우상숭배이며, 죄를 사할 수 있는 힘을 하나님 이외에 신부에게 부여하는 것은 신부를 부패케 하고 타락시킨다"고 보았다. 그리고 독신 남자인 신부에게 부인네들이 개인적 고민이나 죄과를 고백하는 것은 위험하다고 주장했다.

이같이 초기 선교 과정에서 나타난 비판의 논리는 거의 수정되지 않은 채 그 후에도 지속됐다. 특히 가톨릭을 '우상 종교'로 보거나 아예 '기독교'로 인정하지 않는 이들도 있었다. 개신교에 대한 가톨릭의 입장이 여전히 달라지지 않고 있음은 물론이다.

로마 교황청은 2000년 9월 5일 "로마 가톨릭교회만이 유일한 정통성을 지닌 교회이며 개신교의 교회는 진정한 교회가 아니다"라고 발표했다. 교황청 신앙 교리성 장관인 요제프 라칭거 추기경(현 교황)은 '주님이신 예수님(Dominus Iesus)'이란 선언을 통해 "성 베드로와 그와 영적인 교감을 가진 주교들에 의해 주도되는 가톨릭교회만이 유일한 참된 교회"라며 로마 가톨릭이 기독교의 유일한 정통임을 분명히

했다. 예수 그리스도의 제자 베드로의 법통을 이어 온 교황의 지위, 사제들에 의해 진행되는 성찬 의식 등의 전통을 인정하지 않는 개신교는 진정한 의미의 기독교회가 아니라 '교회적 공동체'라고 규정했다. 개신교는 가톨릭교회처럼 '구원을 얻는 성소(聖所)로서의 교회'가 아니라 '교회적 성격을 지닌 모임(공동체)'에 불과하다는 해석이다.

그동안 자매 교회로 불러 온 개신교를 '교회적 공동체'로 부르라는 지침은 개신교 단체들의 반발을 불러일으켰다. 영국 성공회의 지도자인 조지 캐리 켄터베리 대주교는 선언이 발표된 당일 "세계 성공회 공동체는 한순간도 스스로를 '진정한 교회'가 아니라고 생각한 적이 없다"며 "이번 선언은 지난 30여 년간 이뤄 온 대화와 협력을 깊이 이해하지 못한 처사"라고 말했다. 루터교 세계연맹(LWF)도 성명에서 "종교 개혁의 전통을 이어 온 루터 교회를 비롯한 모든 개신 교회들은 '교회적 공동체'라는 성격 규정을 수용할 수 없다"고 입장을 밝혔다. 이 같은 개신교 단체들의 거부감에도 교황 요한 바오로 2세는 10월 1일 "로마 가톨릭이 다른 교파에 비해 우위에 있다는 사실이 기독교회 통합의 기초가 돼야 한다"라며 "이 같은 사실을 명확히 하지 않는다면 교파 통합을 위한 대화는 성과 없는 말잔치로 전락하고 말 것"이라고 강조했다. 가톨릭과 개신교의 상호 비판은 어느 종교가 '참기독교'인가 하는 논쟁으로 비화되고 있다.

둘은 하나다_

개신교는 가톨릭과 다른 근본적인 차이점이 몇 가지 있다. 우선 계시의 원천에 관한 것이다. 가톨릭은 성서와 함께 사도로부터 이어진 교회의 전통(성전)을 계시의 원천에 포함시키지만, 개신교는 성서만을 계시의 원천으로 인정한다. 개신교에서 교황의 수위권이나 무오류성, 마리아 교리, 성사 등을 인정하지 않는 것은 여기에서 비롯된다.

가톨릭은 믿음과 함께 올바른 행실이 따라야만 구원될 수 있다고 가르치는 데 비해 개신교는 믿음만 있으면 구원된다고 보고 있다. 죽음 이후에 관해서도 다소 차이가 있다. 천당, 연옥, 지옥에 관한 전통적인 가톨릭의 가르침과는 달리 개신교는 죽음 이후의 세계에 대해서는 세상 종말의 부활 교리만 강조한다.

가톨릭은 매일 미사를 통해 주님의 부활을 기념하며 성체 성사를 거행한다. 그리고 미사 때 빵과 포도주가 실제로 예수 그리스도의 몸과 피로 변화된다는 '실체 변화'를 교의적으로 믿고 고백한다. 그래서 가톨릭은 성체 조배와 성체 거동과 같이 성체를 공경하는 다양한 신심 행사를 한다. 그러나 개신교는 성체 성사 자체는 인정하지만 그 이해를 가톨릭과 달리한다. 부활절과 같은 주요 시기에 예수의 최후 만찬을 기념하여 빵과 포도주로 성찬 예식을 기념하긴 하지만, 실제 예수의 몸과 피로 변하는 것이 아니라 다만 예수의 몸과 피를 상징할 뿐이라고 믿는 것이다.

가톨릭이나 개신교, 정교회, 성공회는 모두 같은 성부 하느님과 같은 성자 예수님, 그리고 같은 성령님을 신앙하고 있다. 이 네 개의 큰 범주에 속한 신자들은 신앙적인 전통과 교리에서 부분적인 차이가 있다고 하지만, 신앙의 대상이 동일하고 같은 하나님을 아버지로 고백한다는 점에서 서로에 대해 형제자매라고 할 수 있다. 그러나 그동안 이들 교단은 상대의 신앙을 무시하거나 왜곡하는 데 급급했다.

개신교는 어느 날 갑자기 하늘에서 떨어진 것이 아니다. 가톨릭 지도층의 면죄부 판매를 동의할 수 없어 문제 제기를 했다가 정치적인 역학 관계 속에서 분리된 기독교의 한 분파이다. 만일 개신교가 가톨릭을 이단이라고 규정한다면, 이는 근본을 부인하는 꼴이 된다. 다시 말해 가톨릭의 신앙을 부정하는 것은 곧 자신이 속한 개신교의 신앙을 부정하는 것과 다름이 없다. 개신교가 기독교를 독점해서는 안 되며, 서로의 신앙을 인정해야 할 뿐만 아니라 서로가 서로에 대해 예수 그리스도 안에서 형제자매 됨을 회복해야 한다는 것이다.

모든 종교는 각각의 고유한 종교적인 전통과 진리를 갖고 있으며, 어느 특정한 종교의 신앙인이 된다고 하는 것은 자신의 삶 전체를 바치는 결단이라고 할 수 있다. 때문에 나와 다른 종교의 신앙인이라고 해서 그 신앙을 부정하거나 폄하한다면, 이는 그 사람의 존재 자체에 대한 폭력이다. 기독교의 구원과 타 종교의 구원이 동일한 내용은 아니라 할지라도 어느 종교의 신앙인이 그 신앙 때문에 삶의 의미와 목표를 찾아 살고 있다면 그 신앙을 인정할 필요가 있다.

이제 기독교 신앙인들은 서로에게서 배워야 한다. 가톨릭과 루터교회는 이신칭의(以信稱義)의 교리를 통해 신앙적으로 일치하고 있음을 확인했다. 그것은 기독교인들의 삶에 중차대한 사건이다. 죄인인 인간은 하나님 앞에서 선한 행위로써 구원받는 것이 아니라 오직 하나님의 은혜로 구원받는다. 기독교 신앙인이란 하나님 구원의 은혜를 오직 믿음으로 수용하고 있는 사람이다. 하나님은 죄인 된 인간이 하나님을 인정하고 믿는 것을 의롭다고 인정해 주신다. 이렇게 의롭다고 인정받은 사람이 의로운 행위의 열매를 맺으며 살 수 있는 것 또한 하나님의 은혜이다. 이러한 이유로 개신교는 오랫동안 '오직 믿음'을 강조하여 왔다. 그러나 개신교인들은 오직 믿음의 함정에 빠져서 선한 행위의 삶을 소홀히 하기도 했다.

가톨릭과 개신교가 이신칭의의 교리에서 서로 일치하고 있음을 확인함으로써 개신교는 선한 삶의 차원을 더 생각하게 되었고, 가톨릭은 믿음의 영성을 더 생각하게 됐다. 서로를 통한 자기 신앙의 보완이다. 이처럼 인간이 만든 교리이지만 서로 보완할 때 일치의 가능성은 점점 커지는 것이다.

가톨릭과 개신교는 둘이 아니라 하나이며, 가장 가까운 형제라는 것을 인식할 때 하나님의 나라는 이 땅에 비로소 만들어질 수 있을 것이다.

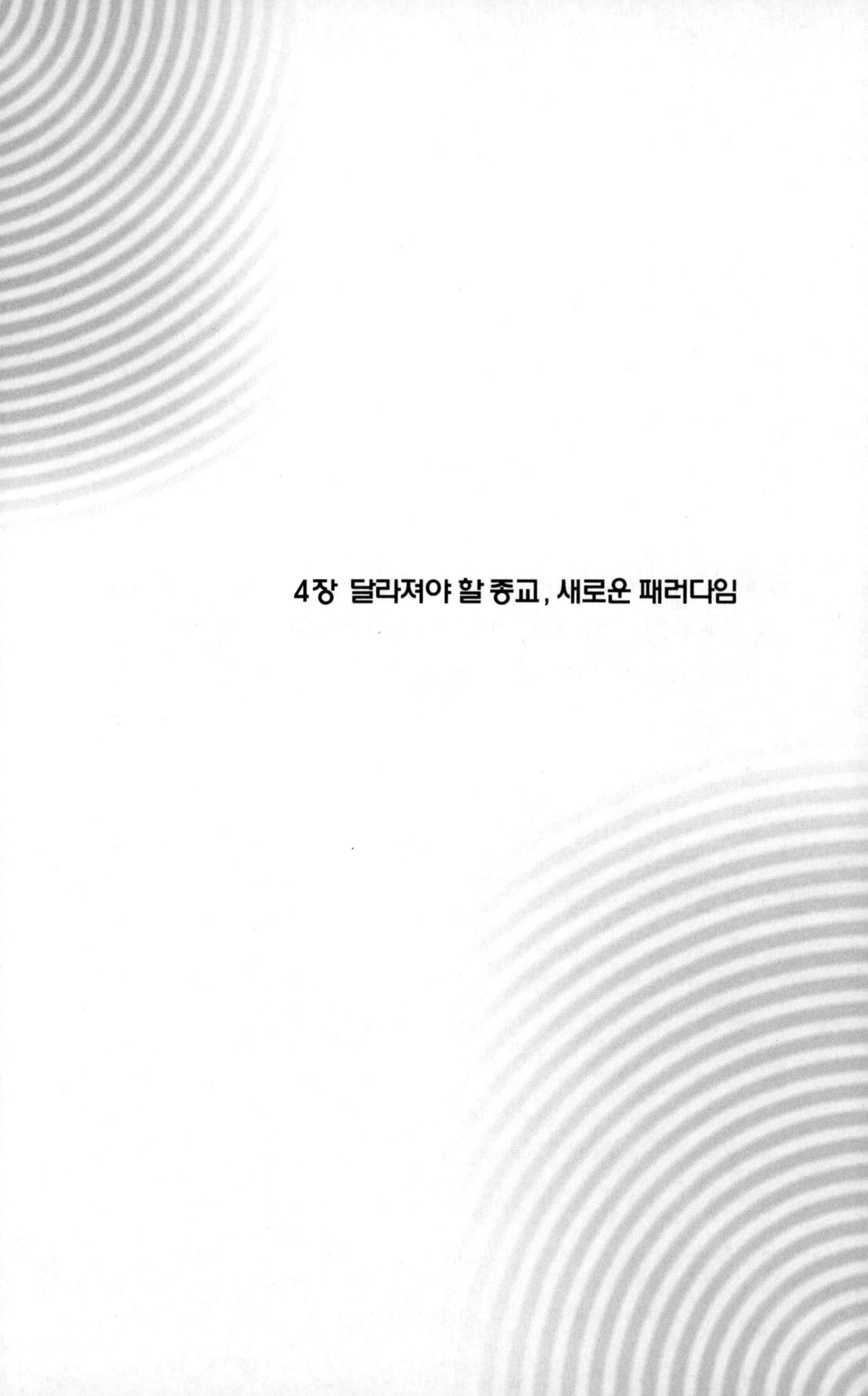

4장 달라져야 할 종교, 새로운 패러다임

영적 문제는 인간이 지상에서 살아가는 동안 가장 중요하게 다뤄야 할 과제이다. 인간은 육신을 터로 살아가고 있지만 결국 모든 평가는 어떻게 살아왔는가에 달려 있다.

38_ 종교는 왜 영적인 문제를 외면하는가

종교에서 가장 중요한 것 중 하나가 영적인 문제다. 정신적 혼란을 수습함은 물론 영혼과 사후 세계 등 인간에게 가장 중요한 문제에 대한 해답을 주어야 하기 때문이다. 그런데 종교는 수없이 일어나는 영적 현상에 대해 침묵하고 있다. 이것은 영적 현상이 논란의 여지가 많은 데다 종교 지도자들이 이에 대해 무지하기 때문이다.

모든 종교가 천국이나 지옥과 같은 사후 세계에 대해 이야기하고 있다. 그리고 대부분의 종교가 지상의 삶과 사후 세계는 상관관계가 있다고 보고 있다. 따라서 영원 세계에서 살아갈 '아름다운 영혼'을 위해 지상에서 살아가는 동안 챙겨야 할 부분이 분명 있을 것이다.

예수 그리스도가 공생애 기간에 행한 일 가운데 중요한 분야가 병자의 치유였다. 이 치유 사역은 영적 문제를 다루는 일이라고도 볼 수 있다. "예수께서 온 갈릴리에 두루 다니사 저희 회당에서 가르치시며, 천국 복음을 전파하시며, 백성 중에 모든 병과 모든 약한 것을 고치시니"(마태복음 4장 23절)라는 성경 기록도 이를 뒷받침하고 있다. 로버트 파리시는 치유의 기사가 4복음서 가운데 20%나 나오고 그중 누가

복음은 33%가 치유에 관한 기사로 엮어졌다고 보고했다.

예수의 치유 사역을 보면, 인간 육체의 질병뿐만 아니라 정신과 영혼 문제까지 총체적으로 다루고 있다. 기독교에서는 이 치유가 성령의 도움으로 이뤄지고 있다고 보고 있다. 예수도 "주의 성령이 내게 임하셨으니 이는 가난한 자에게 복음을 전하게 하시려고 내게 기름을 부으시고 나를 보내사 포로된 자에게 자유를, 눈먼 자에게 다시 보게 함을 전파하며 눌린 자를 자유케 하고 주의 은혜의 해를 전파하게 하려 하심이라"(누가복음 4장 18~19절)라고 강조했다. 자신의 치유 사역이 성령의 임재에 따른 것임을 밝히고 있다.

영적 현상은 치유 사역에만 그치는 것이 아니다. 환상을 보거나 계시를 받고 방언·예언을 하는 등 현실적으로는 이해할 수 없는 수많은 일들이 나타난다. 종교 지도자들은 이러한 영적 현상에 대해 정확한 판단 자료를 갖고 신자들을 지도할 필요가 있으며, 특히 영성 계발을 통해 본연의 인간 모습을 회복하는 작업이 동시에 이뤄져야 할 것으로 보인다.

영적 현상, 그리고 영성_

성경 복음서에는 하나님의 영이 임했다는 사례가 자주 언급된다. 그 대표적인 예로 예수가 세례를 받는 장면과 변화산 사건에서 하나님의 영이 임하시는 모습을 들 수 있다. 예수의 사역이 성령의 인도에 따른 것임을 스스로 증거하고 있다. 예수는 "주의 성령이 내게 임하셨으니……"라고 하는 이사야 61장 1절의 구절을 인용해 자신의 사명을 설명하고 있다. 구약에서 왕들과 예언자들이 사명을 성취하기 위해 성령을 선물로 받았듯이 예수도 성령에 의해 그의 소명을 수행했다.

그리고 예수는 제자들에게 다른 보혜사를 보내겠다고 약속했다. 그 보혜사는 진리의 영이시다.(요한복음 14장 15~17절) 예수가 제자들과 함께 있는 동안 그들은 하나님 성령의 실재를 체험했다. 그리고 예수의 부활 후에 그들은 성령으로 충만했고(사도행전 2장 4절), 복음을 땅 끝까지 전파하는 일꾼들이 되었다.

사도행전은 성령에 의해 뭉쳐진 신앙 공동체에 대한 기록이다. 거기에서 스데반을 '성령의 사람'(사도행전 7장 55절)으로 묘사한다. 그리고 빌립은 성령에 의해 에티오피아 내시에게 복음을 담대히 증거했다. 영적으로 깊은 경지에 올랐던 사도 바울은 가는 곳마다 예수 그리스도의 영에 대해 증거했다. 성령의 역사로 말씀을 전하고 병자들을 치유하고 고난을 이기며 승리하는 삶을 살아가도록 권면한다. 바울은 "하나님의 성령이 너희 안에 거하시는 것을 알지 못하느뇨"(고린도전서 3장 16절)라는 물음을 통해 예수를 믿는 사람들에게 성령이 함께 함을 가르쳐 주고 있다.

영성은 영적 삶의 능력을 뜻하는 말이다. 영적 삶은 본래 하나님의 은혜로운 뜻 안에서 주어진 것이며, 예수 그리스도 안에서 보증되는 것이고, 성령의 역사로 말미암아 인간에게 구현되는 것으로 기독교인들은 믿고 있다.

초대 기독교의 출발이라고 할 수 있는 오순절 성령 강림은 하나님의 현존에 대해 감각적으로 경험한 사건이었다. 초대 교회 시대는 주후 30년경부터 기독교가 공인된 313년까지의 시기에 해당된다. 예수와 열두 제자들의 하나님 나라 운동은 그것 자체가 성령의 권능과 은혜 안에서 이루어진 놀라운 영적 운동이었다. 그 영적 폭발로 이루어진 장엄한 산맥이 복음이며 사도들의 서신이다. 특히 바울의 신학 전체를 꿰뚫고 있는 중심 주제는 성령 신학이었다.

성 프란시스는 중세기의 꽃이다. 그는 이탈리아 중부 지방 아시시라는 마을에서 포목상의 아들로 태어났다. 용모가 준수하고 쾌활하며 경제적으로 풍요했던 젊은 시절 프란시스는 예수 그리스도를 체험한 후 전혀 딴사람이 되었다. 그는 "프란시스야, 너는 가서 내 집을 다시 세워라. 내 집이 무너져 가고 있다"는 그리스도의 영적 음성을 예배 시간에 여러 번 들었다. 처음엔 그 말씀이 눈에 뵈는 성당의 건축을 이야기하는 줄 알았으나 나중에야 비로소 영적 그리스도 몸으로서의 영적 공동체, 곧 신령한 교회가 세속적 권력이나 부귀영화의 탐심으로 인해 무너져 가고 있음을 아파하시는 주님의 음성이라는 것을 깨달았다.

종교 개혁자들은 하나님의 말씀인 성서와 그 안에 묻힌 영적 능력을 재발견한 거장들이다. 개혁자의 대표자는 루터와 칼뱅이다. 루터는 영성의 깊은 씨를 뿌렸으며, 그의 만인 제사장직에 관한 가르침은 평신도의 역할을 새롭게 조명할 근거를 마련하여 주었다. 칼뱅은 수도원의 형식적 신앙 훈련이 아니라 초대 교회로 돌아가 그리스도와의 신비스러운 일치를 위해 참회와 기도 등 신앙 훈련을 강조했다.

종교 개혁자들은 유난히 영성을 강조했고, 그것이 개신교의 전통이 되었다. 여기에서 성령은 교리 체계나 신학 이론이 아니라 우리에게 오시는 하나님의 계시요, 매개이며, 성육신이다. 하나님의 말씀에 근거하지 않은 신비 체험은 그것이 아무리 초자연적 신비 체험이라 할지라도 자랑할 것이 아닌 위험한 것이라고 본 것이다. 종교 개혁자들이 강조하는 영성은 단순한 신비 체험이 아니라 성령의 역사와 말씀이 그 중심을 이루고 있는 것이다.

영적 혼란과 그 대안_

인간은 '하나님의 형상'(창세기 1장 27절)대로 지음 받았다. 그러나 인간은 아담의 타락 이후 하나님의 형상을 잃어버렸을 뿐만 아니라 사탄의 영향 아래에 들어가게 됨에 따라 영적 혼란과 질병의 공격을 받게 되었다. 인간이 병들고 타락하는 것은 하나님의 본래 의도와는 반대되는 것이다. 그래서 예수의 구원 사업은 곧 하나님의 형상 회복에 목표를 두고 있다. 예수가 육체의 고통을 물리쳐 줌으로써 마음의 평안을 찾게 하는 것은 물론 하나님의 뜻을 발견하게 하고, 참하나님의 형상을 회복할 수 있게 한 것이다. 예수가 "하늘에 계신 너희 아버지의 온전하심과 같이 너희도 온전하라"(마태복음 5장 48절)라고 한 것도 하나님의 형상 회복을 강조한 것이다. 따라서 성령 치유의 목적은 인간의 하나님의 형상 회복을 향한 것이다.

현대의 과정 철학자 화이트헤드는 "현대는 하나님을 잃어버렸으며, 그래서 하나님을 다시 찾고 있다"고 말했다. 또 영국의 현대 영성 신학자 케네스 리치는 "현대 서양인들의 영적 고갈의 근본 원인은 하나님 상실에서 비롯되고 있다"고 하였다. 스위스의 정신과 의사이자 심리학자 칼 융은 현대인들이 하나님 없는 사회에서 무료하고 불안하게 사는 이유는 현대 종교가 '하나님의 상'을 제대로 제시하지 못했기 때문이라고 주장했다. 즉 그들의 영적인 욕구를 채워 줄 만한 영성을 제시하지 못하고 있다는 것이다. 결국 이들은 오늘 종교의 위기는 인류가 하나님을 제대로 알지 못하고 있을 뿐만 아니라 하나님의 구체적 계획, 즉 하나님을 둘러싼 영적 세계에 대한 무지 때문이라고 파악한다.

지금은 새로운 영성 운동이 일어나야 할 시점에 왔다고 해도 과언이 아니다. 사실 기독교 사회에서 영성에 대한 추구가 치열하게 나타났던 시기는 모두 새로운 시기가 도래하려는 때였다. 3, 4세기경 게르만의 침입으로 헬레니즘 사회가 혼돈에 빠지고, 그다음 게르만의 프랑크 제국 등이 세워져 유럽 사회에 새로운 질서가 재편되는 무렵에 성 안토니우스나 성 파코미우스, 성 바질 등은 사막에 들어가서 치열하게 영성을 탐구하여 베네딕트 수도원의 기초를 닦았다.

11, 2세기경 유럽 사회 전체가 십자군 전쟁으로 아노미 상태에 빠진 다음 교황권에 기초한 중세 제국이 세워지는 무렵에 시토수도원이 건립되고 성 프란치스코나 성 도미니코 등의 탁발승단이 생겨나 가난과 정결과 순명의 의미를 새롭게 해주었다. 그리고 마르틴 루터나 장 칼뱅 등 종교 개혁자나 성 이그나티우스 로욜라, 성 요한 등 가톨릭의 개혁자들이 나타나 영성의 깊이를 더한 것도 16세기 종교 개혁으로 기독교 제국이 로마 가톨릭 세계와 개신교 세계로 재편되는 무렵이었다.

영성이란 인간 속에 하나님을 섬기는 생명의 특질로, 참영성인 예수 그리스도를 본받아 가는 삶이며, 구체적이면서 공동체 속에서 실천되어지는 삶 전반을 가리킨다. 즉 삼위일체이신 하나님의 역사를 통하여 하나님과의 관계 속에서 하나님의 형상으로 변해 가는 인간의 정신 일체를 포괄한 삶 전체를 가리킨다고 할 수 있다.

현대인들이 방황하는 근본 원인은 영적인 갈등을 해결하지 못하고 있기 때문이다. 그 근본 원인은 '하나님의 상실'에 있다. 그러므로 목회에서 중요하게 다루어야 할 문제 중 하나는 영적·정신적 갈등을 해결해 줄 수 있는 '하나님 상'을 올바로 제공해 주는 것이다. 이런 점에서 영성 계발의 중요성은 아무리 강조해도 지나침이 없다. 하나님과의 관계 속에서 영적인 갈증을 해갈할 수 있는 것은 곧 하나님과의 접촉점이 영성이기 때문이다. 그리고 하나님이 함께하실 수 있는 성전이 되기 위해서는 영성 계발은 필수 불가결한 요소이다.

결국 영적 문제는 인간이 지상에서 살아가는 동안 가장 중요하게 다뤄야 할 과제이다. 인간은 육신을 터로 살아가고 있지만 결국 모든 평가는 어떻게 살아왔는가에 달려 있다. 특히 영혼은 육신의 꽃이라고 할 수 있기 때문에 그 영혼이 아름답게 열매 맺기 위해서는 지상의 삶이 얼마나 중요한가를 알지 않으면 안 된다. 따라서 종교 지도자들은 사람들이 한 번밖에 주어지지 않는 삶을 보람되게 살 수 있도록 영적 문제에 대해 올바른 정보를 제공해야 할 것이다.

66 죽음은 삶의 끝이 아니라 새로운 세계를 위한 출발점이라는 인식이 확
산되면서 이름을 후세에 남기고 명예롭게 죽는 것이 무엇인지에 대해서도
많은 사람들이 관심을 기울이고 있다. 99

39_ 종교의 핵심은 죽음 문제 해결

인간의 최대 관심사는 인생의 궁극적 문제인 생로병사(生老病死)라 할 수 있다. 종교가 이 문제에 관심을 갖는 것도 누구나 겪게 되는 현안이기 때문이다. 따라서 종교가 생로병사 가운데 가장 풀기 어려운 죽음의 문제를 해결할 때만이 그 역할을 다했다고 할 수 있다.

인간에게 "산다는 것이 무엇인가"라는 질문 못지않게 자주 던지는 것이 "사람은 죽으면 어떻게 되는가"이다. 그러나 그동안 종교와 과학, 철학, 의학 등 모든 방법이 동원됐지만 아직도 이 문제에 대한 명쾌한 해답을 내놓지 못하고 있다. 물론 예수나 석가, 공자, 무함마드 등 성인들이 이 문제에 대해 별다른 언급이 없었던 것은 이 문제가 중요하지 않아서가 아니라 현재의 삶을 올바르게 살아가는 것이 더욱 절실하다고 보았기 때문으로 풀이된다. 따라서 우리는 그들이 남긴 말이나 행적을 중심으로 죽음의 문제를 유추해 볼 수밖에 없다.

대부분의 종교는 죽음을 외적인 면에서 보면 유한 생명의 끝이지만 내적인 면에서 보면 자기 생명의 옹근 열매가 알곡으로 영글어 껍질을 깨뜨리고 나오는 것으로 보고 있다. 알로 말하면 알을 깨뜨리고 새 생명이 탄생하는 과정이다. 문제는 각자 자기 생명의 속알이 진실과 사랑과 자비로 인해 옹근 열매로 익어 가는가의 여부이다. 종교는 인간의 삶과 생명은 죽음으로 다 끝나는 것이 아니며 죽음을 능히 극복하고도 남는, 죽음보다도 더 강한 능력이 이 우주에 존재한다는 것을 가르치고 있다.

종교가 죽음에 대해 소극적 태도를 보이는 것은 죽음 이후의 세계에 대한 확신이 부족하기 때문이다. 종교 지도자들은 경전에만 의존하면서 사후 세계에 대한 구체적 실상을 파악하지 못하고 있다. 종교의 궁극적 관심이 생로병사에 있다고 할 때 죽음과 그 이후의 문제에 대한 정확한 정보를 제공하는 종교가 주류 종교로 등장하게 될 것이다.

종교에서 보는 죽음_

공자의 생사관은 현실적 느낌을 받을 정도로 보통 사람과 크게 다를 바가 없다. 공자는 제자 안회가 죽었을 때 "아아! 하늘이 나를 죽이는구나! 하늘이 나를 죽이는구나"라며 통곡했다. 그는 제자 계로가 "죽음이 무엇입니까"라고 묻자 "태어나는 것도 모르는데 어찌 죽음을 알리오"라고 대답했다. 공자는 죽음보다 현실을 강조했다. 그는 죽음의 문제를 생각하느라 마음을 분산시키지 말고 모든 주의력을 삶에 집중할 것을 가르쳤다.

공자가 '죽음'보다 '삶'을 더 강조한 것은 동양인들의 생사여일(生死如一) 사상의 연원이 됐다고 볼 수 있다. 삶을 지배하는 이치나 죽음 이후를 지배하는 이치는 하나이므로 삶의 의미를 잘 모르고 죽는다면 죽음 이후가 잘 보장된다고 할 수가 없다는 것이다. 삶의 의미를 잘 모르고 죽어도 죽음 이후의 삶이 잘 보장된다고 믿는 것은 미신일 뿐이다. 공자는 오로지 그 하나의 이치가 무엇인지를 깨닫는 것이 각자 살아 있는 동안의 의무라고 보았다. "삶도 모르는데 어찌 죽음을 알 수 있겠느냐?"라는 공자의 말은 우리에게 우선 살아 있는 동안 삶과 죽음 이후의 세계를 관통하는 하나의 이치를 깨닫도록 촉구하고 있다.

공자는 죽음을 천명(天命)으로 파악했다. 《사기》의 〈공자세가(孔子世家)〉에 보면 공자가 60세 때 송나라를 지나고 있었는데, 송의 중신(重臣)으로 사마(司馬)의 벼슬을 하고 있던 환퇴로부터 해를 당할 뻔한 일화가 나온다. 즉 환퇴가 병사를 시켜 나무를 뽑아 공자를 압사시키려 하자 제자들이 놀라서 피하기를 권했다. 이때에 공자가 태연히 말하기를 "하늘이 내게 선천적으로 덕을 부여해 주었거늘 환퇴가 나를 어떻게 해치겠는가"라고 했다.

공자는 위대한 인물답게 죽음에 직면해서도 당당했다. 공자가 어느 날 아침 일찍 일어나 한쪽 손은 뒤로하고 한쪽 손으로는 지팡이를 짚고서 문 앞을 이리저리 거닐면서 노래를 불렀다. "태산이 지금 무너지려고 한다. 대들보 나무가 지금 쓰러지려고 한다. 철인이 지금 시들려고 한다." 그는 자공에게 "나는 은나라 혈통이지만 어젯밤 꿈에 남의 집 두 기둥 중간에 앉아서 식사 대접을 받고 있었다"고 이야기하면서 자신이 죽게 될 것을 예언한 뒤 7일 만에 담담히 세상을 하직했다.

삶과 죽음의 벽을 허물어 서로를 소통시키려면 무아, 무분리, 무소유, 무집착의 지혜를 깨닫고 그 힘을 키워 가는 수밖에 없다. 생의 모든 내용물을 분리와 소유와 집착으로만 끌어안지 않는다면 죽음은 비로소 단절과 상실이 되기를 그칠 터이기 때문이다. 죽음을 담담히 안을 수 있는 것은 그 길밖에 없다. 불교는 죽음 그 정체와 정면 대결하여 죽음의 문제를 근본적으로 비문제화하고자 한다. 다시 말해 불교는 죽음이라는 실체를 인정하고 어떻게 죽음을 극복할 것인가라는 방향으로 가지 않고, 죽음이라는 실체를 근원적으로 부정해 버림으로써 죽음이란 없는 것이라고 깨달아 죽음을 극복하려는 종교이다.

인간의 생로병사는 이를 해결하고자 하는 웅지(雄志)를 품고 출가한 고타마 싯다르타가 보리수 아래서 등정각하여 해탈함으로써 해결된다. 그는 해탈했을 때, 무슨 초자연적인 계시적 지식에 의거하거나 초자연적 신령들의 도움을 얻어 등정각에 이른 것이 아니다. 석가가 죽음에 대해 확연하게 보고 깨달은 진리는 다름 아니라 삼라만유라는 인연생기(因緣生起)적 현상이며, 한마음[一心]이라고 부르는 청정한 고요의 바다 위에 일어난 하나의 물결 파문인 것이다. 다시 말해 죽음은 실체론적으로 존재하는 것이 아니라 인연생기하는 우주적 대생명의 한 변화와 창발적 계기에 불과하다고 깨우침으로써, 죽음에 연계된 일체의 두려움과 부정적 인상을 극복할 수 있다는 것이다. 현실의 냉혹한 자각을 통해 죽음이라는 실상을 초연하는, 보다 높은 차원의 진실을 체득함으로써 현실적 죽음의 문제가 극복된다는 것이 석가의 입장이다.

죽음의 극복을 통해 자유로움을 추구하는 것이 불교의 목표이다. 불교에서 문제가 되는 것은 사후의 존재가 아니라 죽음에 대한 새로운 차원의 인식이다. 즉 삶에도 번민하지 않고 죽음에도 번민하지 않는 생명에 대한 추구이다. 말하자면 삶과 죽음을 초월하여 업과 윤회를 벗어난 경지로서 번뇌를 꺼 버린다는 원의를 지닌 열반이다. 죽음에 대한 불교의 입장을 바르게 이해하는 것은 불교의 궁극적 인식인 '생사즉열반(生死卽涅槃)'을 바르게 이해할 수 있는 하나의 방도가 된다. 불교에서의 죽음의 문제는 마음의 문제로 귀결되며 마음의 문제는 궁극적으로 무심(無心)의 상태, 즉 적정(寂靜)이며 열반의 상태에 도달할 때 해결된다.

죽음은 끝이 아니라 또 다른 시작_

예수 그리스도의 삶과 죽음에 대한 신념은 "나를 믿는 사람은 죽어도 살고, 살아서 나를 믿는 사람은 영원히 죽지 않을 것이다"(요한복음 11장 26절)라는 대목에 잘 나타나 있다. 이것은 육신이 영원히 죽지 않는다는 말이 아니라 사람 속의 참생명은 영원히 산다는 뜻으로 볼 수 있다. 또 "하나님이 세상을 이처럼 사랑하사 독생자를 주셨으니 이는 저를 믿는 자마다 멸망치 않고 영생을 얻게 하려 하심이니라"(요한복음 3장 16절)라는 구절에서 보듯이, 기독교에서 말하는 영생은 예수 그리스도를 믿음으로써 하나님과의 새로운 관계에 들어가는 것을 뜻한다. 이것은 현재 하나님과 예수와의 교제로 주어지는 새 생명임과 동시에 마지막 날에 완성돼 하나님과 영원한 친교에 들어가는 것을 가리킨다. 이처럼 기독교는 타 종교에 비해 뚜렷한 영생관을 가지고 있다.

기독교는 죽음을 단순히 영혼과 육체가 분리되는 자연적 현상으로 보지 않는다. 인간이 죽음을 맞이하여 숨을 거둘 때, 그 육체는 자연의 흙으로 돌아가고 영혼은 영이신 하나님과의 관계 속에서 기능한다고 보는 것이다. 죽은 자의 부활에서 결정적인 말씀을 하시고 행동을 취하시는 분은 주 하나님이시지 인간이나 자연이 아니라고 보고 있다. 인간의 생명이 영원하다면 그것은 영원하신 창조주 하나님의 선물이며 영원성과 영광에 참여하도록 인간에게 허락하셨기 때문이라는 것이다.

기독교에서는 죽음을 자연의 질서로 보지 않고 극복되어야 할 현안으로 본다. 심지어 죽음을 '마지막 원수'라고 본 것은 생에 대한 집착 때문이 아니고 '정의로움에 대한 갈증'과 불의한 죽음의 세력이 생명을 파괴하는 '죽음의 독소와 죄의 권세' 때문이다. 죽음은 인간이 피조물의 위치를 지키지 못한 대가로 주어진 비정상적이고 비자연적인 현상이라는 것이다.

신약이나 구약이 말하는 사생관은 삶과 죽음 문제에 관한 종교 철학적 사색에 관심이 있는 게 아니다. 땅 위에 엄존하는 생명을 살리려는 힘과 생명을 죽이고 파괴하려는 힘과의 겨룸이 문제이다. 인간이 죽음 이후 하나님의 영원한 생명에 참여하려면 하나님의 능력에 의한 속 생명의 질적 변화와 영적 생명으로서의 형태 변화가 일어나지 않으면 안 된다고 보고 있다. 하나님께서 인간이 죽음의 현실 앞에 놓이게 될 때부터 구원의 계획을 친히 세우셨고, 예수 그리스도는 바로 그 죽음의 문제를 해결하러 오신 하나님 자신(히브리서 2장 15~18절)으로 보는 것이다. 예수 그리스도로 말미암아 생명의 근원 되신 하나님께 인간이 다시 돌아가게 됨으로써 사망에서 생명으로 옮겨지는 영생의 복을 얻는 자리에 놓이게 되었다(요한복음 5장 24절)고 보고 있다.

이슬람교의 사후 세계에 대한 시각은 한 뿌리를 두고 있는 기독교와 별반 다를 바가 없다. 하나님은 한 분뿐이고 그분은 죽음 이후 심판을 하실 것이기 때문에 지상에서 인간은 의롭고 윤리적 생활을 하지 않으면 안 된다고 본다. 이 세상에서 하나님의 뜻대로 의롭게 산 사람은 죽은 후에 하나님이 예비해 놓은 낙원에 들어간다고 본다. 이슬람교에서는 죽은 이들의 영혼이 무덤에서 부활할 때까지 머물러 있다가 모든 사람이 함께 경험하게 되는 종말론적인 사건에 참여하게 된다고 보고 있다. 시간이나 역사에는 창조의 때와 종말의 때가 있다고 보기 때문이다.

대부분의 사람들은 '인간은 모두 언젠가 죽는다'는 분명한 사실을 알면서도 죽을 준비를 하지 않고 죽음에 대한 생각을 떨쳐 버리려고 한다. 죽음이라는 현실을 받아들이지 않음으로써 그 불길한 '사건'을 늦추어 보려고 하는 것이다. 또 대부분은 주어진 일생의 책임을 다하지 못했다는 자책감과 영원한 이별이라는 불안감 때문에 죽음을 괴로워한다. 그러나 요즘 내세에 대한 관심이 늘어나면서 죽음은 언제라도 닥칠 '나의 일반적 문제'로 받아들여지고 있다. 죽음은 삶의 끝이 아니라 새로운 세계를 위한 출발점이라는 인식이 확산되면서 이름을 후세에 남기고 명예롭게 죽는 것이 무엇인지에 대해서도 많은 사람들이 관심을 기울이고 있다. 이제 종교가 삶과 죽음, 그리고 내세에 분명한 해답을 주어야 할 것이다.

" 사후 세계에 대해 준비하는 것은 우선 그 세계가 어떤 곳인가 하는 것
에 대해 관심을 갖는 데서부터 시작되어야 한다. 그 세계에서 우리가 어떻
게 사느냐 하는 것은 이 땅에서 어떻게 살아왔느냐에 달려 있다. "

40_ 사후를 준비하라

로마 가톨릭교회를 26년간 이끌어 온 교황 요한 바오로 2세가 2005년 4월 2일 84세를 일기로 선종하자 세계는 '평화의 사도'를 잃은 슬픔에 휩싸였다. 코피 아난 유엔 사무총장은 "그는 지칠 줄 모르는 평화의 옹호자였으며, 종교 간 대화의 선구자였고, 교회 자체의 비판적인 자기 분석을 추진한 원동력이었다"고 애도했다. 1978년 10월 58세의 나이로 교황에 즉위한 그는 유럽에서 공산 정권이 몰락하는 데 크게 기여했고, 피임과 낙태에 반대하는 운동을 펼쳤다.

요한 바오로 2세는 교황에 취임한 이듬해인 1979년부터 사순절 묵상 기간을 이용해 틈틈이 써 온 유언장에서 "세상에 남길 물질적 재산은 하나도 없다. 모든 개인적인 기록은 불태워 달라"라고 밝혔다. 그리고 "항상 대비하라. 주님이 오신 날을 너는 모를 수 있다"고 말했다. 1980년에 기록한 유언에서는 "오늘 나는 이 한 가지를 추가하고자 한다. 누구나 죽음의 가능성을 깨닫고 있어야 한다는 것을"이란 기록도 함께 남겼다.

죽음은 인간의 마지막 한계 상황으로 풀고 넘어서야 할 매듭이자 인간이 쌓아 올린 종교와 학문, 의학 등의 총체적 과제이기도 하다. 죽음이 인간이 풀고 넘어가야 할 절박한 과제인 이유는 죽음은 인간 누구에게 나 예고 없이 찾아오고, 죽는 순간 홀로 맞이해야 하는 실존적 사건이며, 한평생 쌓아 올린 모든 인연과 단절되며, 몸이 흙과 물로 해체되고, 죽음 이후의 생명 현실에 대한 무지 등으로 두려움이 몰려오기 때문이다.

죽음은 엄연한 현실이며, 인간의 최대 관심거리이며, 철학과 문학과 예술의 가장 깊은 탐구 대상이지만 현대인은 죽음을 터부시해 왔다. 죽음은 본래 삶의 일부분이기 때문에, 인간이 죽음을 삶에서 도외시 하고 삶의 변두리로 몰아내면 삶 그 자체도 비인간화되고 소외되며 죽음의 문제도 결코 풀리지 않는다. 따라서 죽음에 대한 두려움과 편 견을 극복하여 이 세상에서의 삶을 보다 건강하고 의미 있게 살아 나 가는 것만큼 중요한 일이 없을 것이다.

사람은 누구나 죽음을 맞게 돼 있다. 이 세상에서 영원히 살 것처럼 욕심을 부리던 사람도 함께하던 주위 사람들이 하나 둘 세상을 등지 게 되면 그것이 자신에게도 현실로 다가옴을 깨닫게 된다. 그래서 사 람들은 죽음에 대해 알고 싶어 한다. 죽음이 한 생명의 영원한 종말일 까? 죽음 이후의 삶은 없는 것일까? 그렇다면 그 삶의 모습은 어떤 것일까? 수많은 종교인과 구도자들, 학자들이 이 문제를 놓고 고민해 왔다. 그러나 각자의 주장이 다르니 도대체 어느 것을 취해야 할지 혼 란스럽기만 하다.

누구나 한 번쯤은 이곳저곳을 기웃거리지만 종국에는 자신의 미래 에 대한 근원적인 의문마저 슬그머니 덮어 버린다. 이제 이러한 혼란 과 방황에 종지부를 찍을 때가 됐다. 모호한 말이나 막연한 주장에 자 신을 맡길 것이 아니라 죽음과 그 이후의 삶에 대한 확실한 이해 속에 서 자신의 미래를 준비하고 결정해야 할 것이다.

죽음학의 등장_

죽음은 누구도 부인하거나 회피할 수 없는 것임에도 사람들은 죽음이 자신의 생활과는 무관한 일이라고 행동하거나 머나먼 미래의 일로 여겨 왔다. 동서고금을 막론하고 성인군자나 영웅호걸도 다 이 세상을 떠났다. 현대 사회는 의학의 발달로 사망자 대부분이 노인이기 때문에 죽음에 대해 별로 심각하게 생각하지 않고 있다.

그러나 죽음이 반드시 노인에게만 오는 것은 아니다. 죽음은 일상사처럼 다가올 수도 있다. 대구 지하철 참사에서 보듯이 현대 문명은 수명이 다해 가만히 누워서 죽도록 내버려 두지 않는다. 현대인은 어쩔 수 없이 죽음과 친숙해지고 말았다. 고대 사회에서 죽음을 인간의 자연스러운 '현상'이자 삶의 연장선으로 받아들였던 것처럼, 이제 현대 인류 사회도 죽음을 개개인에게 친숙한 현상으로 받아들이기 시작했다는 것이다.

영국의 문화 비평가 알프레드 알바레즈는 《자살의 연구》에서 자살은 개인이 사회에 적응하는 정도와 관계가 있으며 사회 변동이 급격하여 미처 대처하지 못할 때 일어나는 사회적 타살이라고 했다. 그러니 자살의 증가는 죽음의 일상화 현상의 하나이다. 죽음은 시대적·문화적 차이, 사회적·역사적 배경에 따라 모습을 달리하고 있으며 죽음에 대한 반응도 다양하게 나타나고 있다. 이제 죽음은 철학과 예술, 특히 문학에서의 대명제가 아니라 대중적으로 친숙한 매우 실용적이고 현실적인 삶의 조건으로 떠오르고 있다.

요즘 학계에서는 어떻게 하면 신체적, 정신적으로 고통 없이 편안하게 죽을 수 있는가에 대한 연구가 진행되고 있다. 이러한 연구를 죽음학(Thanatology) 또는 임종학이라고 한다. 'Thanatology'는

Thanatos(죽음)와 Logos(이성, 학문)가 합쳐진 글자이므로 글자 그대로 '죽음학'을 의미한다. 물론 죽음의 문제를 삶으로부터 분리해 연구할 수 없기 때문에 'Thanatology'를 '생사학'으로 보기도 한다. 생사학은 삶과 죽음에 관한 학문, 어느 한쪽에 치우침 없이 삶과 죽음 사이에서 균형을 잡아 주는 학문이다. 이 학문이 철학, 종교, 심리학, 인류학, 정신 의학, 간호학 등 다양한 측면에서 학제적으로 연구되는 것도 이 때문이다. 미국에서 1969년 엘리자베스 큐블러 로스가 죽음에 직면한 사람 200명의 심리 상태를 직접 조사해 《인간의 죽음》을 출판한 것이 죽음학의 시작으로 보고 있다.

죽음학은 죽음에 대한 의학적·문화적·종교적·법적인 의미와 접근 방법, 죽음에 대한 알 권리, 인공적인 생명 연장에 대한 논의, 안락사, 존엄사, 임종 간호, 통증 관리 등 죽음과 임종에 관련된 다양한 의제를 과학적으로 연구한다. 죽음학에서는 죽음의 의미와 대응 방법을 가르쳐야 삶과 죽음의 진정한 의미를 알 수 있다고 보고 있다. 그래서 죽음에 대한 교육을 어려서부터 시작해야 한다는 주장이 제기되고 있다. 실제로 미국의 많은 주에서는 죽음의 준비 교육을 초중고등학교의 다양한 교과목 안에 포함시켜 가르치고 있다. 독일 역시 초등학교 1학년부터 고등학교까지 종교 수업 시간에 학생의 성장 과정에 맞게 죽음이란 테마를 다양한 각도에서 취급하고 있다.

종교의 궁극적 관심은 생로병사 해결_

그동안 인간은 생로병사의 문제를 해결하는 데 온 정열을 쏟아 왔다. 인간 유전자의 염기서열을 밝힌 게놈 지도가 완성되고, 복제 인간

탄생이 눈앞에 다가오면서 생로병사에 관한 의문이 풀릴 것이란 기대도 불러일으켰다. 그러나 인간이 생로병사의 고통을 초탈하기 위해서는 과학의 힘만으로는 해결하기 어렵다. 인간의 육체 복제는 가능할지 모르지만 정신 복제까지는 아직 논의조차 되지 않고 있기 때문이다. 인간의 사고는 다양한 경험이나 문화적 배경 속에서 형성된 것이기 때문에 유전자가 똑같다고 해서 자신의 분신일 수는 없다. 노화의 비밀을 밝혀내 생명 연장의 꿈을 실현할 수는 있을지 모르지만, 오래 살고자 하는 인간의 욕망은 오히려 사후에 대한 불안이 원인이라고 볼 수 있다.

영생은 인간의 오랜 꿈이지만 자연 섭리는 아직까지 이를 용납하지 않고 있다. 생명 있는 것은 모두 생로병사하게 돼 있고, 땅 위의 모든 것들은 성주개공(成住改空)의 섭리를 따르고 있다. 그것은 죽음이 단순히 생명의 소멸이 아니라는 역설적인 의미를 담고 있다. 다시 말하면 생성과 소멸, 삶과 죽음이 결코 독립적으로 일어나는 현상이 아니라는 사실이다. 마치 땅에 떨어진 낙엽이 그냥 사라지는 것이 아니라 썩어서 다른 존재의 영양분이 되는 것처럼, 생명체가 소멸한다고 해서 단지 없어져 버리는 것이 아니라 다른 생명의 생성으로 이어지는 것이다. 삶이 있으므로 죽음이 있는 것이고, 그 죽음이 있으므로 다음 삶이 있을 수 있다고 보는 것이다.

죽음으로 모든 것이 끝나는가? 죽음은 끝이 아니라 죽음 이후에도 모습은 달리하지만 또 다른 삶이 계속 이어진다고 많은 사람들이 믿고 있다. 육신은 사용 기한이 다 되면 땅으로 되돌아가지만 영혼은 그대로 남아 있다. 인간에게 정신이 주체이고 육신이 객체이듯이 정신은 육체와 상관없이 무형의 세계를 형성할 수 있다. 그렇다면 또 다른 삶은 어떻게 전개될까? 사실 죽음 이후의 삶을 올바로 아는 것만큼 중요한 것은 없다. 누구도 피해 갈 수 없는 미래이며, 종교의 교리나 주장 이전에 누구나 직접적으로 경험하게 될 실제 상황이기 때문이다. 사후의 삶을 올바로 알지 못한 탓에 지금껏 구구한 억측이나 다양한 주장들에 막연한 기대를 갖고 살아왔지만 여러 사람들의 증언을 통해 그 세계의 실상이 속속 밝혀지고 있다.

죽음 그 자체 못지않게 중요한 것이 어떻게 죽느냐이다. '죽으면 어떻게 될까' 하는 것보다 '어떻게 살아야 하는가' 하는 문제에 많은 관심을 가져야 한다. 불행하게도 많은 사람들이 실제로 죽어 가고 있을 때에야 비로소 자신의 삶을 후회한다. 죽음이 자신을 가장 극명하게 독대할 수 있는 순간이기 때문이다. 죽을 때 후회하기보다는 평소 자신의 삶 속에서 죽음의 임박을 늘 생각하며 현재의 삶에 충실을 가해야 할 것이다.

죽음에 대한 준비만큼 중요한 것은 없다. 죽음은 삶의 일부분이다. 죽음의 순간은 삶의 단절이 아니라 연속이기 때문이다. 만일 죽음 이후의 세계를 어느 정도 파악한 뒤 죽음에 임한다면 공포나 분노, 집착이 없이 가벼운 마음으로 죽을 수 있을 것이다. 죽음이 끝이 아니라 사후 세계를 향한 새로운 출발이라고 한다면 아무런 준비도 하지 못한 사람은 얼마나 당황할까. 아름다운 죽음은 준비한 사람에게만 찾아오는 것이다.

현대 사회학의 거장인 노베르트 엘리아스는 《죽어 가는 자의 고독》이라는 책에서 서구 문명 사회가 죽음과 노화를 은폐하고 젊음과 건강을 강조하면서, 늙음과 죽음에 대한 부정과 왜곡된 공포가 죽어 가는 인간을 고독과 절망 속에 빠뜨렸다고 비판했다. 죽음에 대한 왜곡된 시각이 이제 올바로 잡혀져야 한다. 그러기 위해서는 죽음의 의미와 사후에 대한 분명한 시각이 필요하다. 죽음은 인간의 운명이기도

하지만 열심히 살다가 잘 죽는 것은 동물과는 달리 인간에게 주어진 특권이기도 하다. 삶이 한 번뿐인 유한적인 운명임을 깨닫고 매일 죽음과 더불어 살아가고 있음을 인식할 때 삶이 더욱 소중하게 느껴지며 적극적으로 충실하게 현재를 살려고 최선을 다하게 된다. 잘 죽는다는 것은 잘 산다는 것과 마찬가지다. 티베트의 정신적 지도자 달라이 라마는 평화로운 죽음에 대해 다음과 같이 말한다.

"사람들은 평화롭게 죽기를 바란다. 그러나 우리의 삶이 폭력으로 가득 차 있거나 성냄, 집착, 공포 같은 감정으로 크게 혼란스럽다면 평화롭게 죽을 수 없음 또한 자명하다. 따라서 죽음을 평온하게 맞이하고자 한다면 올바르게 사는 법을 배워야 한다. 평화로운 죽음을 희망한다면 우리의 삶 속에서 평화를 일구어야 한다."

죽음의 순간을 잘 맞이해야 하는 이유는 죽음이 생명의 끝이 아니라 새로운 시작이기 때문이다. 죽음을 유념하며 삶을 산다는 말은 의미 없는 활동과 의미 있는 활동을 구분해 현재의 삶을 보다 충실히 영위한다는 뜻이다. 따라서 죽음에 대한 준비는 말 그대로 죽을 각오를 하라는 뜻이라기보다 삶을 준비하라는 의미, 자기 삶을 제대로 영위하고 있는지 점검해 보라는 뜻이다.

죽음을 준비하는 사람에게 죽음은 끝이 아니라 삶의 가장 영광스러운 성취의 순간이다. 사후 세계에 대해 준비하는 것은 우선 그 세계가 어떤 곳인가 하는 것에 대해 관심을 갖는 데서부터 시작되어야 한다. 그 세계에서 우리가 어떻게 사느냐 하는 것은 이 땅에서 어떻게 살아왔느냐에 달려 있다. 그것이 우리가 이 땅에서 올바른 삶을 살아야 하는 이유이다.

> 하나님의 뜻을 알기 위해서는 하나님과의 관계를 회복해야 한다. 그러려면 우리 자신이 하나님이 함께하실 수 있는 성전이 되어야 한다.

41_ 궁극적 실재, 하나님에 대한 고백

인류는 그동안 인생과 우주에 대한 근본 문제를 해결하기 위해 많은 노력을 기울여 왔다. 그러나 아직까지 그 누구도 이 문제에 대한 명쾌한 해답을 내놓지 못하고 있다. 그것은 하나님에 대한 근본적인 의문을 풀지 못하고 있기 때문이다. 아직까지 하나님의 존재는 미스터리로 남아 있다. 하나님의 존재를 부정하는 종교도 있지만 하나님을 믿는 종교도 교파마다, 사람마다 그 관점이 다르다. 따라서 인생과 우주에 대한 근본 문제를 해결하는 데에는 하나님을 정확하게 아는 것만큼 중요한 것이 없다.

기독교와 이슬람교, 유대교를 포함해 세계 인구의 절반 이상이 하나님을 믿고 있는데 그들이 믿는 하나님에 대한 시각은 얼마나 정확한 것일까. 그러한 시각이 기존 관념을 토대로 형성된 것이라면 한번쯤 되물어 볼 필요가 있다. 믿음이 이론이나 논리로 풀리는 문제는 아니지만 자신의 믿음이 이론이나 논리에 못 미친다고 생각된다면 스스로 반성해 볼 필요가 있다. 아무런 이론적 근거나 비판도 없이 믿는다는 것 때문에 무조건 받아들이는 것은 문제가 있다. 특히 하나님에 대한 관점이 무속적 시각과 연결되어 복이나 내려 주는 분으로 왜곡되고, 징벌의 상징으로 표현되는 현실은 하나님과 인간, 그리고 우주에 대한 근본 문제를 풀어 가는 데 큰 장애가 되고 있다.

어린 시절에는 부모에게 이끌려 교회에 가지만 사춘기가 지나면 삶에 대한 성찰이 깊어져 하나님에 대한 믿음도 달라진다. 하나님이 인간을 자기 형상대로 만들었다고 성경에 씌어 있으니 하나님도 인간과 비슷할 것이라고 보는 것이 전통적 기독교의 입장이다. 하나님도 인간처럼 기뻐하고, 슬퍼하고, 진노하고, 질투하고, 번제를 흠향하고, 찬양을 받으면 즐거워하실 것으로 믿고 있다.

그래서 부모가 어린 자식이 무엇을 달라고 조르면 못 이긴 척 주듯 하나님도 빌기만 하면 주는 분으로 많은 기독교인들이 착각하고 있다. 이것을 두고 기복적·주술적 신관이라고 말한다. '금 나와라 뚝딱' 하고 두드리기만 하면 금을 가져다 주는 도깨비 방망이쯤으로 하나님을 생각하는 것이다. 또 기복적 신관은 하나님을 잘못에 대해 벌을 주는 심판관, 재판관쯤으로 생각하게 만든다. 지옥을 만들어 놓고 악행을 저지른 사람을 가두는 무자비한 분으로 생각하는 등 이중적인 신관을 갖게도 만든다.

신에 대한 잘못된 이론이나 논리가 하나님께로 가는 길을 막고 있다는 점에서 이제 하나님에 대한 잘못된 생각을 떨쳐 버릴 때가 됐다. 하나님에 대해 정확히 아는 길은 자식을 길러 본 아들딸이 비로소 부모의 심정을 알게 되는 것과 마찬가지다. 하나님의 심정을 꿰뚫어 볼 수 있는 성숙한 종교인이 많아야만 이 땅에 참된 평화가 찾아올 것이다.

아! 하나님, 당신은 누구십니까_

하나님은 어떤 모습으로 계시는가. 하나님의 존재를 의심하는 사람들에게 하나님이 분명하게 자신의 모습을 드러낸다면 모두 믿게 될 것이다. 하나님은 모든 존재의 제일 원인으로서 무형으로 계시기 때문에 인간의 눈으로는 볼 수 없다. 다만 우주와 인간을 통해 하나님의 존재를 확인할 수 있을 뿐이다.

하나님은 우주와 인간에 자신의 모습을 투영하고 있다고 여겨져 왔다. 많은 사람들은 우주의 오묘함을 보면서 하나님을 체휼한다. 그리고 인간은 여러 가지 영적 체험을 통해 하나님의 존재를 확인하고 있다. 따라서 하나님이 어떤 모습으로 계시는가 하는 문제는 사람마다 다를 수 있지만, 대체로 하나님을 만유를 통괄하는 '궁극적 실재'로 보고 있다.

우선 성경을 중심으로 하나님이 어떤 분인가를 살펴보자. 성경에는 하나님이 인간과 우주를 창조한 분으로 등장한다. 곧 하나님의 자기 전개가 인간과 우주라는 관점이다. 성경 창세기 1장 1절에는 "한 처음에 하나님께서 하늘과 땅을 지어내셨다"라고 기록되어 있다. 하나님이 인간을 창조하셨다면 인간은 하나님의 창조 목적대로 살게 돼 있다. 그러나 인간은 하나님의 말씀, 즉 금기 사항을 지키지 않음으로써 하나님과의 관계가 단절되고 말았다. 하나님이 직접 주관할 수 있는 상태에서 벗어났던 것이다. 여기서부터 인간의 비극은 시작됐다. 그래서 인간은 하나님을 떠나게 됐고 하나님을 알 수 없게 된 것이다.

하나님은 선지자와 예수를 보내 관계 회복을 시도했다. 하나님은 인간의 타락으로 직접 나타날 수 없었고 관여하기도 어려웠다. 그럴 수 있는 여건이 마련되지 않았다. 인간의 생사화복을 주관하는 분이 하나님이라고 기독교인들은 믿고 있다. "행복을 주는 것도 나요, 불행을 조장하는 것도 나다"(이사야 45장 7절)라고 한 것처럼 말이다. 그러나 하나님이 인간의 행복과 불행에 직접 관여하기보다는 그럴 수 있는 여건, 상대적 기준을 갖출 때만이 가능하다. 그리고 하나님이 임재할 수 있는 성전이 되고 하나님이 축복할 수 있는 터전을 마련하는 것은 인간 자신의 몫이다. 하나님의 뜻대로 살아서 행복한 인간이 되고 하나님의 뜻을 배반해서 불행한 모습이 되는 것은 어디까지나 자신에게 달려 있다. 결국 하나님이 인간에게 행복과 불행을 주는 것이 아니라 행복과 불행은 인간 자신에게 달려 있는 것이다. 다만 하나님은 행복의 원천이기 때문에 하나님의 창조 목적대로 살면 불행해지려야 불행해질 수 없는 것이다.

성경은 하나님과 인간은 부자의 관계이며 그것을 이어 주는 것은 사랑이라고 기록하고 있다. "사랑은 하나님께로 오는 것입니다. 사랑하는 사람은 누구나 하나님께로부터 났으며 하나님을 압니다. 사랑하지 않는 사람은 하나님을 알지 못합니다. 하나님은 사랑이기 때문입니다."(요한일서 4장 7~8절) 하나님과 인간이 부자의 관계라는 것은 예수의 고백이다. 하나님과 인간은 사랑의 관계로 맺어질 수밖에 없다.

하나님의 사랑은 부모가 자식을 낳아 기뻐하듯이 그렇게 애틋한 사랑이다. 그러나 인간이 타락한 상태이기 때문에 함부로 사랑을 줄 수는 없을 것이다. 하나님의 사랑은 무한한 사랑이지만 그것을 받을 수 있는 성전이 없다면 무조건 퍼부어 주기는 어렵다. 결국 하나님은 사랑을 줄 기반이 갖추어지지 않으면 사랑을 주지 않으며, 그러한 원리 원칙에서 벗어난 하나님의 사랑은 있을 수 없다. 따라서 하나님에게 무조건 복 달라고 하는 기도를 하나님은 들어줄 수 없다.

우선 하나님과의 관계를 회복해야

하나님은 인간을 원리 원칙과 사랑으로 주관하신다. 하나님의 인간 창조는 원리 원칙에 따라 이뤄졌고, 그 원리 원칙에 따라 하나님과 인간은 관계를 갖는다. 이 원리 원칙에도 인간의 책임과 자율이라는 중요한 요소가 개재한다. 인간이 하나님의 뜻대로 살고 자신의 본분을 다하면 하나님은 주관한다. 또 하나님과 인간은 부자의 관계로 이뤄졌기 때문에 사랑으로 주관한다. 타락한 인간의 구원도 사랑 때문이며 복귀 섭리도 하나님의 무한한 사랑 때문이다.

그런데 하나님의 주관 아래로 인간이 들어가기 전에는 하나님이 역사하기가 어렵다는 것이다. 일부 종교가 착각하는 게 있다. 인간 세상에서 많이 일어나는 무속적 현상까지도 하나님이 직접 하시는 일로 착각하는 것이다. 병을 낳게 하고 어려움을 극복하도록 도움을 주는 것은 무속적 행위에서도 가능한 일이다. 다시 말해 영적인 문제를 처리해 줄 때 병은 나을 수 있으며 조상이 나서서 후손을 도와줄 수 있다.

특정인들이 만들어 낸 잘못된 신관으로 인해 하나님이 철저히 왜곡되고 있다는 데 문제가 있다. 하나님을 왜곡하고 있는 잘못된 관념을 배격하고 참하나님을 찾는 것이 참신앙인의 태도라 아니할 수 없다. 더구나 특정한 교파가 만들어 낸 하나님을 믿으라고 강요하는 것은 오히려 비신앙적이다. 하나님은 특정 교파의 이론이나 관념에 갇혀 있는 분이 아니다. 특히 복을 주고 병을 고쳐 주는 하나님으로 왜곡시켜 신자들을 유혹하는 일부 대형 교회의 행태는 이런 점에서 시정되어야 할 것이다. 하나님이 오늘 인간에게 무엇을 말씀하고 계실까를 올바로 깨닫고 행동하는 것이 참신앙인의 태도일 것이다.

우주와 인간은 하나님 스스로 전개해 놓으신 것이다. 우주와 인간은 하나님 자신의 외적 표현이다. 불교에서 모든 것이 부처이고, 인간도 소우주라 하듯이 인간에게 보이는 것은 모두 하나님 자신을 표현한 것이다. 그것을 보고도 하나님을 외면하거나 하나님을 보여 달라고 아우성이다. 인간 자신이 하나님이자 메시아요, 부처인데 무엇을 바라는가. 이 오묘하고 황홀한 인간을 포함한 우주 세계에서 하나님의 모습을 느낄 수 없다면 그것은 인간이 타락했기 때문이다. 하나님의 모습을 꼭 빼닮은 인간을 보고도 남의 것까지 빼앗겠다고 욕심을 부리고 미워하는 것은 사탄 근성이다. 한정된 삶을 살아가면서 무엇이 되고 무엇을 더 가지겠다고 욕심을 부리고 그것을 위해 기도하는 것은 부질없는 짓이다. 하나님이 모든 것을 주신 것 아닌가. 너무 풍족하게, 아무런 부족함 없이 인간에게 주고 계신 것 아닌가.

오늘 하나님을 믿는 이들이 하나님에게 욕을 보이는 일이 비일비재하다. 자식의 잘못으로 부모가 욕먹는 것과 다를 바 없다. 지금 기독교가 세상의 빛과 소금의 역할을 제대로 하지 못하고 있다는 지적이 많다. 더구나 교회는 하나님의 이름을 내걸고 성경에도 없는 수십여 가지의 헌금을 거둬들이고 있다. 그리고 일부 목사는 하나님의 이름을 내걸고 막강한 권력을 행사하고 있다. 하나님을 현실적 욕구 해결의 대상으로 생각하거나, 병을 고치고 예언을 하는 등의 무속적 현상을 하나님의 역사로 착각하여 이를 선교 수단으로 악용하는 기복 종교의 행태는 반드시 근절되어야 한다. 신도들은 목사의 한마디가 하나님의 뜻인 양 무비판적으로 받아들이고 있다. 바른 소리를 하는 이들이 '마귀', '사탄'으로 지탄받는 세상이다.

성경에 보면 하나님은 인간을 창조했지만 잃어버린 자식을 놓고 어느 한시도 슬퍼하지 않은 날이 없었다. 즉 "주님께서는, 사람의 죄악이 세상에 가득 차고, 마음에 생각하는 모든 계획이 언제나 악한 것뿐임을 보시고서, 땅 위에 사람 지으셨음을 후회하시며 마음 아파하셨다"(창세기 6장 5~6절)고 나와 있다. 하나님을 창조주로, 우리의 부모로 다시 모셔야 한다. 우리가 하나님을 '아버지'라고 부를 수 있기 위해서는 우리가 먼저 '자식' 된 도리를 다해야 한다. 그러기 위해서는 하나님 아버지의 뜻이 어디에 있는지 우선 파악해야 한다.

결국 하나님의 뜻을 알기 위해서는 하나님과의 관계를 회복해야 한다. 그러려면 우리 자신이 하나님이 함께하실 수 있는 성전이 되어야 한다. 우리가 하나님의 성전이 되지 않는다면 하나님은 우리에게 역사하실 수 없다. 그리고 오늘 우리가 하나님을 아무리 잘 믿는다고 하더라도 하나님의 뜻과 먼 거리에 있어서는 하나님과 함께할 수 없음을 우리는 다시 한 번 명심해야 할 것이다.

42_ 절대자에게 코드를 맞춰라

　종교는 신이나 절대자를 인정하여 일정한 양식 아래 그것을 믿고, 숭배하고, 받듦으로써 마음의 평안을 얻고 행복을 얻고자 하는 정신문화의 한 체계이다. 물론 사전에 나오는 종교에 대한 정의가 신이나 절대자를 인정하지 않는 종교에서 볼 때 논란의 여지가 없는 것은 아니다. 신이나 절대자로 대표되는 하나님이 어느 특정 종교의 하나님이 아니라 모든 존재의 근원이란 점에서 하나님을 믿든 믿지 않든 간에 종교의 대상으로 일단 볼 수 있을 것이다.

　종교인들, 특히 기독교인들이 하나님에 대해 너무 모르고 있다는 지적이 제기되고 있다. 물론 하나님을 볼 수 없고 감각적으로 느낄 수 없기 때문에 깊은 신앙의 단계에 도달한 사람이 아니고서는 대부분 추상적으로 생각하고 있을 뿐이다. 더구나 기존의 신학이 하나님의 진정한 모습을 전하기보다는 하나님의 본질과 동떨어진 신관을 갖고 있기 때문에 신자들도 하나님을 왜곡되게 보고 있다. 물론 성경을 문자 그대로 해석하고 있는 지도자들의 책임도 크다.

　오늘날 종교가 제 역할을 못하고 있는 것은 절대자 하나님에게 코드를 맞추지 못하고 있기 때문이다. 그것은 절대자를 제대로 알지 못하고 있다는 데 원인이 있다. 무전기는 주파수 코드가 맞아야 서로 통한다. TV나 라디오도 마찬가지다. 코드가 맞는 사람끼리 만나면 서로 통한다. 행복해진다. 그래서 서로 코드를 맞추는 일은 대단히 중요하다. 종교가 제 역할을 하기 위해서는 절대자를 제대로 알고 그분에게 자신의 코드를 맞추어야 한다. 다른 코드로 접근하면 서로 통하지 못할 뿐만 아니라 그 수고와 노력도 헛될 뿐이다.

성경은 언어라는 수단으로 기록됐다. 언어는 하나의 상징체계일 뿐이다. 하나님이 인간에게 자신의 메시지를 전달하는 방법은 언어 외에도 성령이나 영적 체험 등 여러 형태로 나타난다. 문제는 하나님의 뜻이 어디에 있는가를 정확히 확인하는 것이다. 하나님의 의도를 제대로 파악하지 못할 경우 아무리 잘 믿는다고 해도 헛수고일 뿐이다. 성경이 아무리 성령의 감동으로 기록됐다고 할지라도 문자 그대로 봐서는 안 된다. 구약의 경우는 철저히 이스라엘 민족 위주로 기록됐기 때문에 보편성이 부족하다는 지적이 제기되고 있다. 따라서 성경에 담긴 하나님의 의도를 제대로 파악하기 위해서는 하나님과 코드를 맞출 수 있어야 한다.

이스라엘만의 하나님이냐, 세계인을 위한 하나님이냐_

구약 성서는 이스라엘 백성과 하나님 야훼와의 계약을 중심으로 엮어진 신앙의 역사이다. 신약 성서는 예수 그리스도의 복음 선포 활동과 그를 믿고 따르는 신앙인 공동체의 이야기를 담고 있다. 지금의 형태로 성서가 모양을 갖추기까지 그 저자들만 해도 수십 명이 넘었으며, 그중에는 자신의 이름을 감춘 이들도 적지 않다. 또 성서에 쓰인 언어는 히브리어, 그리스어, 아람어 등 세 가지이며, 성서의 각 권들은 설화 같은 이야기, 역사 이야기, 법전, 설교, 시와 편지 등 다양한 문학 유형으로 구성돼 있다.

이스라엘은 오로지 야훼 하나님 한 분만을 신으로 인정하고 섬겨 왔다. 이 백성들은 자신들과 야훼 하나님을 연결해 주는 특수한 관계를 계약이라는 법적인 용어로 표현했으며, 이 계약을 지키며 살아가는 것이 곧 하나님의 백성으로 살아남을 수 있는 길이라 믿어 왔다. 이 점이 이스라엘과 타 민족을 구별해 주는 특징이었다. 이 계약과 관련된 이스라엘의 신앙사가 바로 구약 성서라고 일컫는 히브리어 성서이다. 따라서 구약 성서는 하나님과 하나님의 백성, 이스라엘 사이에 맺어진 계약을 중심으로 기술된 구원의 역사라고 볼 수 있다.

문제는 구약 성서가 고난받는 이스라엘 백성의 역사이다 보니 중동 지방의 작은 부족의 신관을 벗어나지 못하고 있다는 것이다. 하나님은 이스라엘만을 '택한 백성'으로 삼으시고 그와 반대되는 모든 족속은 무자비하게 쳐부수는 신으로 부각되고 있다. 특히 출애굽기를 보면 야훼 하나님은 애굽(이집트)에서 종살이하는 이스라엘 백성의 부르짖음을 듣고 그들을 구출하기로 자정한다. 그리고 마침 살인죄를 지고 미디안에 피신해서 양을 치고 있던 모세를 불러 애굽으로 내려가 이스라엘 백성을 종살이에서 구해 '젖과 꿀이 흐르는' 가나안 땅으로 인도하라는 명령을 내린다. 모세는 바로 애굽의 왕 바로를 만나 여호와의 말씀이라며 놓아줄 것을 부탁하지만 거절당하고 만다. 모세가 불평을 하자 하나님은 "내가 바로에게 하는 일을 네가 보리라"라고 하면서 열 가지 재앙을 내려 바로의 항복을 받아 낸다. 여기서 우리는 잔인한 하나님의 모습을 보게 된다. 애굽 민족에게는 사랑과 자비와 공의의 하나님이 아니었다.

하나님은 가나안 정복도 직접 진두지휘한다. "우박으로 죽은 자가 이스라엘 자손의 칼에 찔려 죽은 자보다 많다"고 기록될 정도로 하나님은 도망가는 적군에게 무자비하게 우박을 퍼부었다. 문제는 이러한 기록이 철저히 이스라엘 백성의 신앙 고백이라는 점이다. 이렇게 자기들만의 신이라고 보는, '부족 신관'을 그대로 받아들이고 있다는 데 문제의 심각성이 있다. 물론 바빌론 포로 이후의 성서의 기록에서는 한 민족만을 위한 전투적이고 무자비한 신은 사라지고 만국을 통치하는 보편 신관이 등장한다.

또 하나 경계해야 할 것이 율법주의적 신관이다. 성경에는 하나님을 '만왕의 왕', '만주의 주', '용사', '전사', '재판장', '법을 주신 이', '목자', '토기장이', '의원', '아버지', '어머니', '친구' 등 여러 가지로 묘사하고 있다. 이 가운데 하나님을 왕으로 보는 시각은 이스라엘 백성의 특수한 시각이 반영된 것이다. 그런데 기독교인 대부분이 왕으로서의 하나님을 그대로 받아들이고 있다.

율법주의는 하나님의 계명을 잘 지킬 때 복을 받고 잘 못 지킬 때 큰 형벌을 받는다는 이원론적 믿음을 강조하고 있다. 믿음을 순종과 불순종의 잣대로 가르다 보니 외면적이고 위선적인 신앙으로 바뀌고 만다. 그래서 예수는 이런 율법주의자들에 대해 '회칠한 무덤'(마태복음 23장 27절)이라고 진노한 것이다. 예수는 율법주의로부터 우리를 해방시킨 분이다.

지금 종교계에는 절대자에게 빌기만 하면 복이 하늘에서 뚝뚝 떨어진다고 믿는 기복적·주술적 신관이 활개 치고 있다. 자신의 이기적 야망을 충족시키기 위해 교회를 찾고 절을 찾는 것이다. 헌금을 하고 제물을 바치는 것도 실은 자신의 잇속을 채우려는 것에서 시작됐다면 큰일이 아닐 수 없다. 또 종교인들은 절대자를 철저히 심판관이나 감독관쯤으로 생각하고 있다. 그래서 늘 불안에 떨고 있다. 하나님의 깊은 심중을 읽는 것이 아니라 외적인 것, 이를테면 예배 참석이나 헌금, 의식 등에 치우치고 성서의 자구에 매달리는 율법주의적 신앙 행태에서 벗어나지 못하고 있다.

사도 바울이 "내가 어렸을 때에는 말하는 것이 어린아이와 같고 깨닫는 것이 어린아이와 같고 생각하는 것이 어린아이와 같다가 장성한 사람이 되어서는 어린아이의 일을 버렸노라"(고린도전서 13장 11절)라고 고백한 것처럼 종교인들은 이제 성숙한 신앙인의 모습을 보여야 할 것이다.

하나님을 얼마나 믿고 있나_

하나님에게 순종하면 복을 받고 불복종하면 형벌을 받는다는 율법주의적 신관은 예수 시대에 와서 달라진다. '해야 한다', '하면 안 된다'는 두 가지 원칙만 존재하는 신앙생활은 어린아이 시절의 신앙 형태이다. 그러한 신앙은 결국 세상이 어떻게 돌아가든 나만 축복을 받아 잘 살면 그것으로 감사할 뿐이라는 태도와 다를 바 없다.

예수는 탕자의 이야기를 통해 하나님이 어떤 분인가를 소개한다. 탕자의 아버지는 집을 나간 아들이 방탕한 삶으로 재산을 다 탕진하고 처절한 실패를 경험한 뒤 다시 집으로 돌아오는데도, 미처 용서를 구하기도 전에 달려와 아들을 안고 울면서 받아 준다. 아직 탕자는 잘못을 고하지도 못했고 단지 돌아왔을 뿐인데 그 아버지는 용서하고 품어 준 것이다. 이것이 아버지의 사랑이다.

하나님도 마찬가지다. 우리는 하나님의 자녀로 살아가야 하는데 탕자처럼 살아가고 있다. 그러나 하나님은 탕자의 아버지가 그랬던 것처럼 우리가 돌아올 때 울며 반겨 주시는 것이다. 율법주의적 제사 종교에서는 용납될 수 없는 이야기다. 조건적인 하나님이 아니라 무조건적인 하나님이요, 일방적으로 사랑을 베푸시는 분임을 예수는 가르치고 있다.

하나님은 타락한 인간을 구원하기 위해 수많은 선지자와 종교 지도자를 보내 구원 섭리를 펴고 있다. 세상의 그 어느 하나라도 스스로 된 것이 있는가. 수많은 종교와 철학, 그리고 과학 등 모든 인간의 문명사가 하나님의 구원 섭리를 떠나서는 생각할 수 없다. 역사 가운데 살아 계시는 하나님을 우리는 발견해야 한다. 그 하나님은 우리의 삶과 동떨어져 있는 분이 아니라 늘 우리와 함께하신다. 우리가 그분을 받아들일 수 있는 터전을 만들지 못해 우리와 먼 곳에 계시는 것처럼 보일 뿐, 그분이 만들어 놓은 자연과 우주 공간에서 우리는 숨 쉬고 있지 않는가.

하나님은 어떤 이론이나 신관에 갇혀 있는 분이 아니다. 하나님은 초월적이고 만유에 편재하는 분이기 때문에 언어 영역 안에서는 어쩔 수 없이 상징적이고 유추적으로 생각할 수밖에 없다. 그러나 하나님은 어떤 이론이나 개념, 교설로 설명할 수 있는 분이 아니다. 다시 말하면 그분을 특정 종단의 교리로 가두어 놓을 수 없다는 것이다. 기독교가 하나님을 독점한 것처럼 보이지만 사실 하나님은 모든 인류의 하나님이요, 궁극적으로는 인류 전체를 구원할 때까지 마음을 놓지 못하시는 분이다.

우리가 늘 입으로 찬양하고 기도를 한다고 해서 하나님의 참된 자녀가 되는 것은 아니다. 우선 하나님에게 코드를 맞춰 하나님이 무엇을 원하는가를 알아야 한다. 하나님은 특정 교단의 교리로서는 알 수 없는 분이요, 접근할 수 없는 분이다. 하나님이 원하는 것이 무엇인가를 알기 위해서는 나 자신을 비워야 한다. '하나님의 형상'(창세기 1장 27절)대로 창조된 인간인 만큼 '하나님의 성전'(고린도전서 3장 16절)이 돼야 하는 것이다. 거기에는 교리도, 교회도, 교단도 중요하지 않다.

신앙은 하나님과 나와의 일대일 관계다. 내가 하나님을 모실 수 있는 터전이 되지 않고서는 아무런 의미가 없다. 그렇게 해서 하나님을 체험한다면 예수가 그랬던 것처럼 공적인 길로 나설 수밖에 없게 된다. 그 후에 자연스럽게 하나님의 구원 섭리에 동참하게 되고, 하나님의 참자녀로 나서게 되는 것이다. 물론 예수가 그랬던 것처럼 그 길로 갈 때는 온갖 반대와 조소, 핍박을 각오해야 한다.

하나님이 타락한 인간을 구원하기 위해 정성을 들이는데 우리만 외면할 수는 없다. 그런데 오늘날 기독교는 철저히 타력 신앙에 매몰돼 있다. 우리가 너무 남에게 의존하다 보면 홀로 설 수 없고 제대로 성숙될 수 없는 것처럼 무조건 믿으면 된다는 소극적 신앙은 큰 고난이 다가오면 무너질 수밖에 없다. 따라서 기독교인이 성숙된 신앙인이 되기 위해서는 불교의 수행 정신을 받아들여 기독교의 약점을 보강할 수 있어야 한다. 기독교에는 불교에 비해 모든 이기심의 원천인 자기 버리기, 극기 수행의 양식이 부족하다는 지적이 많다. 비록 소수이긴 하지만 무소유를 지향하는 불교 수행자의 철저한 수행은 기독교가 바탕이 된 자본주의적 양식에 정면으로 배치되는 것이기 때문에 늘 신선한 자극으로 다가오는 이유도 여기에 있다.

종교 간의 대화 없이 종교 간의 평화가 있을 수 없고, 종교 간의 평화 없이 세계 평화가 있을 수 없다. 종교 간의 대화는 내 이웃의 종교를 더욱 깊이 이해하지 않고는 불가능하다.

43_ 통합 종교 가능한가

한국의 민족 종교인 원불교인들을 만나면 늘 온화한 얼굴을 보게 된다. 남을 미워하거나 자기 것을 주장하지 않는다. 그래서 부담이 없다. 원불교를 세운 소태산 대종사는 자신을 찾아온 예수교 장로에게 다음과 같이 말했다.

"예수교에서도 예수의 심통제자(心通弟子)만 되면 나의 하는 일을 알게 될 것이요, 내게서도 나의 심통제자만 되면 예수의 한 일을 알게 되리라. 그러므로 모르는 사람은 저 교 이 교의 간격을 두어 마음에 변절한 것같이 생각하고 교회 사이에 서로 적대시하는 일도 있지만, 참으로 아는 사람은 때와 곳에 따라 이름만 다를 뿐이요, 다 한집안으로 알게 되나니, 그대의 가고 오는 것은 오직 그대 자신이 알아서 하라…… 나의 제자 된 후라도 하나님을 신봉하는 마음이 더 두터워져야 나의 참된 제자니라."(《대종경》 전망품 14장)

소태산 대종사의 타 종교에 대한 이러한 태도는 그의 '만법귀일(萬法歸一)'의 종교 사상에 기인한다. 그는 봉래정사에 있을 때 큰 비로 인해 절벽 위에서 떨어지는 폭포와 사방 산골에서 흐르는 물을 보고 모든 종교는 결국 하나로 돌아간다고 말했다. "저 여러 골짜기에서 흐르는 물이 지금은 그 갈래가 비록 다르나 마침내 한 곳으로 모아지리니 만법귀일의 소식도 또한 이와 같나니라."(《대종경》수행품 27장)

제2대 종법사인 정산 종사는 소태산의 이러한 사상을 삼동윤리(三同倫理)에서 재천명한다. 삼동윤리 가운데 하나는 동원도리(同源道理)이다. 정산 종사는 "삼동윤리의 첫째 강령은 동원도리이니, 곧 모든 종교와 교회가 그 근본은 다 같은 한 근원의 도리인 것을 알아서 서로 대동화합하자는 것이니라"라고 했다. 원불교는 이러한 교리를 바탕으로 종교 연합 운동을 펴왔고 좌산 이광정 종법사는 유엔 법문을 통해 종교연합기구의 창설을 제안하기도 했다.

종교의 연합 운동이나 종교 통합 논리는 이와 같이 '진리는 하나다'라는 근거에서 나오고 있다. 또 종교의 배타주의가 분쟁의 원인이 되고 세계 평화에 가장 위협적 요소라는 점 때문에 종교의 연합 운동이 힘을 얻고 있다. 특히 종교 간의 평화를 추구하는 종교 다원주의는 타 종교에도 구원이 있다고 하는 근간에서 출발한다. 물론 일부 개신교 지도자들은 "다른 이로서는 구원을 얻을 수 없나니 천하 인간에 구원을 얻을 만한 다른 이름을 우리에게 주신 일이 없음이니라"(사도행전 4장 12절)라는 성경에 근거해 종교 다원주의를 반기독교적 행위로 몰아붙이고 있지만 세계 평화에 대한 위기론이 고조되면서 종교 연합 운동의 중요성이 커지고 있다.

진리는 하나, 서로 다투는 것은 비진리적 행태_

종교 개혁가 칼뱅은 각 종교의 가치를 인정했다. 하나님은 모든 인류의 마음속에 종교의 씨앗을 심어 놓았으며, 그 결과 참된 종교에 이르지 못한다고 할지라도 다양한 종교적 형태를 통해 종교성을 부분적으로나마 실현하고 있다고 생각했다. 그래서 개혁파 신학에서는 종교를 하나님이 이방인들에게도 주시는 햇빛이나 우로와 같은 일반 은총의 하나로 간주했다.

네덜란드 개혁 신학자인 헤르만 바빙크는 타 종교에도 성령의 역사와 일반 은총이 관찰되고 있다고 언급하면서, 타 종교의 창시자들은 기만자나 사탄의 도구가 아니라 자기들의 시대와 민족을 위해 종교적 소명을 성취하고 백성들의 생활에 적지 않게 좋은 영향을 행사한 사람들이라고 평가했다.

로마 가톨릭교회는 이미 1960년대 초 제2차 바티칸공의회를 개최해 기독교 이외의 타 종교의 가치에 대해 새롭게 인식하고 그들과 적극적으로 대화하도록 권고한 바 있다. 그리고 세계기독교협의회(WCC)가 추진한 종교 간의 대화들도 종교 다원주의를 잉태시키는 요인이 됐다.

1975년 나이로비 총회에서는 타 종교와 함께 대화를 하도록 촉구했으며, 1990년에 발표된 '바아르 선언문'은 종교 다원성을 극복해야 할 장애로서가 아니라 하나님과 이웃을 더욱 깊이 만나 대화하고 인류의 다양성과 풍성함을 체험할 수 있는 호기로 받아들였다. 종교 다원성을 인정한 이 선언문은 '네 이웃의 신앙과 나의 신앙 종교 간의 대화를 통한 신학적 발견들'이라는 주제로 개신교, 가톨릭, 정교회 신학자들이 4년간에 걸쳐 이룬 결실이었다.

또 로마 가톨릭은 1999년 10월 독일 아우크스부르크에서 개신교의 일파인 루터교와 역사적인 '의화(義化) 공동 선'에 서명함으로써 양측 간의 '구원론'을 둘러싼 500년간의 대립을 종식시켰다. 의화 논쟁은 오직 믿음(신앙)으로서만 구원을 받는다는 루터교의 주장과, 신앙과 선행을 함께 실천해야 한다는 가톨릭의 주장이 맞붙으면서 나타났다. 이 대립은 가톨릭과 개신교가 갈라서는 계기가 됐고 결국은 종교 전쟁에서 피를 뿌리기까지 했었다. 그러나 양측은 1967년 신학적 대화가 시작된 이후 32년간의 긴 논의 끝에 '의화 공동 선'에서 "구원은 선행의 실천적 산물이 아니라 선행 속에 반영된 것"이라고 절충함으로써 논란을 마무리 지었다.

교황 요한 바오로 2세는 1999년 3월 이슬람 국가인 이란의 모하마드 하타미 대통령을 만나 이슬람과 기독교 문명의 화해를 이끌어 냈다. 가톨릭 수장과 이슬람 국가의 지도자가 화해를 다짐한 것은 11세기 십자군 전쟁 이후 처음 있는 일이었다. 이슬람의 고위 성직자이기도 한 하타미 대통령은 "종교들 간 근본적 차이는 없다"면서 문명·종교 간의 대결이 아닌 대화를 제의했고 교황도 "중요하고도 고무적인 만남"이라고 화답했다.

한국 교회도 교파와 교단이라는 외국의 신학 이데올로기에 무참하게 휘둘린 채 같은 기독교인들끼리 서로 정죄하고 대립했던 과거의 행태에서 벗어나 서로 수용하고 대화하며 일치를 추구하는 변화가 일어나고 있다. 이것은 과거의 지나친 이성주의적 독선에 회의를 느끼고 각종 이데올로기의 종속으로부터 벗어나 보다 인간적이고 자유로우며 평화롭고 진실한 인간 사회를 추구하는 현대인의 갈망이 반영된 것이라 볼 수 있다.

한국은 다종교 사회다. 부모 형제도 다른 종교를 갖고 있는 것을 보게 된다. 이웃의 종교를 더욱 깊이 이해하는 것은 종교 간 평화와 세계 평화를 위해 절대 필요하다. 다원주의 사회의 세계 시민으로서 가져야 할 기본적 자세다. 신학자 한스 퀭이 말한 것처럼 "종교 간의 대화 없이 종교 간의 평화가 있을 수 없고, 종교 간의 평화 없이 세계 평화가 있을 수 없다"는 것이다. 종교 간의 대화는 내 이웃의 종교를 더욱 깊이 이해하지 않고는 불가능하다.

서울대학교 종교학과 금장태 교수도 "다른 종교를 거짓된 것으로 배척하는 독선적 태도는 다른 종교에 대한 이해가 결여된 것일 뿐만 아니라 자기 종교의 진리도 편협하게 이해하는 것으로 성숙한 종교의식이라 할 수 없다……. 남을 억누르고 자기만이 승자로 군림하겠다는 패권주의의 상극 논리는 지난 시대의 낡은 사고다. 이제는 함께 어울려 살면서 서로 돕고 서로 성장하는 공동체 의식의 상생 논리가 요구된다"라고 말했다.

궁극적 관심과 궁극적 실재_

모든 종교는 처음에는 하나의 종교로 시작된다. 창시자는 한 사람이기 때문이다. 그러나 세월이 흐름에 따라 종교 창시자의 의도를 해석하는 과정에서 여러 분파가 생겨난다. 특히 경전 해석의 차이, 제자들의 불일치, 지역과 문화권의 차이, 혹은 정치적·경제적 이권에 따른 분리 작용, 심지어는 종교적 권위를 갖고 있는 이들의 개인적인 세력 확보 등 여러 요인에 의해 종교는 분열된다.

인간이 무엇을 안다고 하지만 그것이 절대적일 수는 없다. 자신의 생각이 잘못되고 허점투성이인 것을 언제나 느끼면서 살고 있지 않는가. 나이가 들면 어릴 때 생각이 철이 없었다고 느끼게 되는 것은 실제 경험이다. 그런데 이상하게도 종교를 갖게 되면 그것이 절대적이라는 관념에 빠지게 된다. 믿음 그 자체의 속성이 그렇기 때문이다. 좀 더 열린 마음으로 세상을 바라보자. 그러면 상대방에 대한 안목이나 아량도 넓어지게 될 것이다.

우선 이웃 종교에 대해 열린 마음을 가져야 한다. 막스 뮐러는 "하나의 종교만 아는 사람은 아무 종교도 모른다"고 했다. 종교를 가진 사람은 자신의 종교에 대해 당연히 누구보다도 잘 알고 있다고 생각하기 쉽지만 그것은 착각이다. 이웃 종교를 아는 것은 나의 종교를 더욱 깊이 이해하는 데 도움이 된다. 따라서 이것은 신앙인으로서 가질 수밖에 없는 '실존적 관심'이라 할 수 있다.

폴 틸리히는 종교를 '궁극 관심'이라고 정의했다. 인간의 궁극적 관심을 사로잡고 있는 것이 바로 종교가 된다는 뜻이다. 궁극적 관심은 궁극적 실재와 연결되고, 궁극적 실재에 의존하고, 또 그것과 실존적 관계를 갖고자 하는 열망이 종교로 나타났다는 것이다. 따라서 각 종교가 궁극적 관심이 다르고 궁극적 실재에 대한 견해에서 큰 차이가 있다고 하더라도 그 지향하는 방향은 언젠가는 한 곳으로 모일 수 있다는 것이다.

같은 뿌리를 둔 종교가 수많은 교파로 갈라진 현 상황에서 종교 일치를 논하는 것은 시기상조일지도 모른다. 가톨릭과 개신교는 한 하나님을 믿고 한 뿌리에서 나왔지만 서로 교류가 없고 상대방을 적대시하고 있다. 그리고 개신교에는 수백 개의 교파가 난립하고 있다. 그들도 교회 일치는 내세우지만 서로의 이해관계에 얽혀 손을 잡지 못하고 있다. 만일 하나님이 계신다면 지금처럼 여러 종교로 분열되는 것을 용납하지 않을 것이다.

미국의 미래 전망 잡지 〈더 트렌드 저널〉은 새 천년 10대 신 조류를 소개하면서 통합 종교의 출현을 전망했다. 21세기는 종교 간 벽 허물기 현상이 활발해지면서 통합 종교 출현이 예상된다는 것이다. 지금까지 종교계는 서구의 기독교와 동양의 불교, 중동의 이슬람교로 분화됐지만 21세기에는 3대 종교는 물론 다양한 토속 종교까지 합쳐진 '통합 종교'가 출현해 기존 종교 체제가 심각한 도전을 받을 것으로 보았다. 이 잡지는 종교가 본질적으로는 같은 목표를 지향하고 있으며 교리적 차이 때문에 상대 종교를 적대시하거나 분쟁을 일으킨다면 그러한 종교는 결국 설 자리를 잃어버리게 될 것이라고 전망한다.

통합 종교는 요즘처럼 특정 교리를 앞세우는 것이 아니라 참사람을 목표로 하게 될 것이다. 그리고 인류가 그동안 쌓아 올린 종교 문화 가운데 장점만을 모아 신앙 체계를 만들고, 인류 모두가 하나 될 수 있는 길을 지향할 것이다. 예를 들어 깨달음에 이르는 수행 방법을 불교에서 따오고 기독교의 신관을 받아들여 신앙 체계를 다시금 정립할 수도 있다고 본다. 처음 단계에서는 각 종교의 고유성을 서로 인정하면서 서로 하나 될 수 있는 길을 모색할 수 있을 것이다.

정보화 시대를 맞아 인간을 갈라놓고 구속했던 모든 경계선이 무너지고 있다. 그동안 높게만 생각됐던 종교의 담도 언젠가는 무너지게 될 것이다. 그때 비로소 종교인들은 종교는 하나라는 것을 확인하게 될 것이며 종교 본연의 길은 참사랑이 꽃피는 세계라는 것을 실감하게 될 것이다. 물론 모든 종교인들은 그동안 자신들을 옭아맸던 교리나 의식도 참사랑이 숨 쉬는 공동체 사회를 이뤄 가는 데 장애가 되지 않는다는 것을 깨닫게 될 것이고, 그럴 때 비로소 전 인류의 참다운 구원은 이뤄질 수 있다고 본다. 예수가 유대인들에게 "진리를 알지니 진리가 너희를 자유롭게 하리라"(요한복음 8장 32절)라고 한 것처럼 종교는 하나일 수밖에 없다는 참진리를 깨닫게 될 때 자신을 구속했던 모든 장벽에서 벗어나 참자유를 얻게 될 것이다. 그것이 오늘 석가나 예수 등 성인들이 우리에게 전하고 싶은 강력한 당부일 수 있다.

종교는 이제 인류에게 미래에 대한 비전을 제시할 수 있어야 한다. 특
히 21세기 정보화 사회의 추세에 맞춰 하나의 세계를 추구하는, 그야말로
종교의 대동단결이 이뤄지도록 개혁의 방향을 잡아야 할 것이다.

44_ 또다시 종교 개혁을 위하여

종교계에 다시금 개혁의 목소리가 높아지고 있다. 1517년에 행해졌던 종교 개혁의 깃발을 다시 올려야 한다는 것이다. 그것은 이 시대 빛과 소금의 역할을 해야 할 종교가 오히려 갈등과 분쟁의 온상이 되고 종교 지도자의 위상이 절대화하면서 온갖 부조리와 부패의 원인이 되고 있기 때문이다. 더구나 디지털·정보화 시대를 맞아 모든 경계가 무너지고 있는 상황에서 종교계만이 자기 간판 고수에 급급해 종교 간의 일치와 통합 운동을 소홀히 하고 있다는 지적이다.

1517년 독일에서 루터가 종교 개혁의 깃발을 든 때부터 1648년 베스트팔렌조약으로 신구 종파 간의 싸움이 끝날 때까지의 130년 동안은 종교가 새롭게 탄생되는 기간이었다. 중세의 봉건 제도와 로마 가톨릭의 세속적인 타락은 인간의 본성까지 억압했다. 신앙은 각자가 하나님을 찾아가는 과정이기 때문에 하나님과의 관계를 회복하는 것이 무엇보다 중요시된다. 그러나 당시 종교 체제나 의식, 규범은 신앙 생활의 자유를 구속하였고, 특히 교황은 일반 사회의 권력 기관과 다름없이 비신앙적인 입장에 서면서 신도들의 신앙생활을 지도할 수 없게 됐다. 따라서 종교 개혁은 인간의 본성 회복, 다시 말하면 하나님과 인간과의 새로운 관계 설정을 위한 몸부림이라고 볼 수 있다.

종교 개혁은 인간의 자유를 구속하는 형식적인 종교 의식과 규범에 대한 반항이었고, 인간의 이성을 무시하고 무엇이든지 교황에 예속시키는 데서만 해결된다고 생각하는 고루한 신앙생활에 대한 반발이었다. 여기다가 자연과 현실과 과학을 무시하는 둔세적 · 타계적 · 금욕적인 신앙 태도를 배격한 것이다.

14세기 영국 옥스퍼드대학의 신학 교수였던 위클리프는 신앙의 기준을 교황이나 승려에게 둘 것이 아니라 성서 자체에 둬야 한다는 주장과 함께, 당시 교회의 제도나 의식이나 규범은 성경에 아무런 근거도 없다고 밝혔다. 이와 같이 종교 개혁 운동은 십자군 전쟁에 의해 교황의 위신이 떨어진 후 이미 영국에서 움텄고, 15세기 말에는 이탈리아에서도 이 운동이 일어났으나 실패로 그쳤다.

1517년 교황 레오 10세가 성 베드로 사원의 건축 기금을 모으기 위해 면죄부를 팔자 이에 대한 반대 운동이 종교 개혁의 도화선이 되었다. 결국 독일에서 비텐베르크대학의 신학 교수로 있던 마르틴 루터를 중심으로 종교 개혁 운동은 폭발된 것이다. 이 혁명 운동의 불길은 프랑스의 칼뱅, 스위스의 츠빙글리 등을 중심으로 타올랐고, 영국, 네덜란드 등 여러 나라로 확대됐다.

종교 개혁은 본질로 돌아가자는 것_

종교 개혁에 대한 논란이 없는 것은 아니다. 로마 가톨릭은 종교 개혁이 인류 문명에 일어난 가장 무시무시한 재앙이었다고 평가한다.

교황의 추종자들에 따르면 이 세상의 모든 악의 근원은 분열이요, 이 문제는 전 세계가 '교황' 아래 뭉칠 때까지는 결코 해결될 수 없다고 주장한다. 종교 개혁자들이 역사의 흐름을 바꾸어 놓자 로마 가톨릭은 이 반역자들을 '참되고 유일한 거룩한 사도 교회'를 전복시키려는 '지옥의 권세들'이라고 주장했고 이 불빛을 꺼 버리기 위해 '반동 종교 개혁'이라고 부르는 반격을 시도했다. 그러나 종교 개혁에 반대한 가톨릭도 상당한 개혁을 시도했다. 따라서 개혁의 당위성은 누구나 인정하는 것이다.

종교 개혁은 인간의 본질을 회복하기 위한 몸부림이요, 하나님을 대신했던 인간의 제도 대신 성서를 본래의 자리에 서게 한 역사적 사건이다. 교회는 부패했고 신학 스스로가 자정 능력을 상실했을 때 종교 개혁은 빛을 발했다. 또 전통이 성서의 권위를 앞지르고 교황이 하나님의 자리를 위임받아 절대권자로서 군림하면서 개혁의 의미는 더욱 진하게 다가왔다.

중세 교회는 성직자와 평신도가 이원화되고, 성직자 간에도 엄격한 계급에 의해 구분된 계층 구조였다. 성직자는 평신도에게 은혜의 매개자였으며, 교황은 신의 대리자로서 교권뿐만 아니라 속권까지도 지배하는 절대적인 존재였다.

15, 6세기에 이르러 성직의 매매와 축첩 등 교회 내부의 부패와 타락은 극에 달했으며, 외적으로 보여지는 교회의 웅장함은 교황의 가시적인 힘을 대변했다. 종교 개혁의 도화선이 되었던 면죄부 역시 돈을 끌어 모으기 위한 수단이었다. 이러한 상황에서 루터의 종교 개혁은 제도화된 교회에 대한 살아 있는 신앙의 반발이었으며, 하나님의 말씀을 본래의 자리에 세우고자 하는 영적인 개혁이었다.

종교 개혁은 로마 교황청의 부패와 그에 따른 잘못된 관행을 시정하려는 데서 직접적으로 표출되었지만, 중세적 질서의 중심인 교회가 제자리를 찾는 데 초점이 맞춰졌다. 중세 생활의 모든 것이 교회로부터 출발하고 교회와 관계돼 있었기 때문이다. 당시 교회는 봉건적 질서의 정점에 위치했다. 따라서 교회는 단순히 세속 권력의 일부가 아니라 곧바로 세속 권력 그 자체를 대변하고 있었다.

게다가 당시 교회는 신적 질서의 표현으로 간주됐다. 그러니까 중세의 교회란 세속 권력의 정점이면서 세속 권력을 신적 영역으로 편입시켜 거룩한 질서로 정당화해 준 기제로서 역할을 하고 있었다. 그것의 구체적 표현이 바로 교황의 세계 지배였다. 때때로 교황권과 황제권, 혹은 교권과 세속 권력 사이에 갈등이 일어나기도 했지만, 기본적으로 신성의 영역과 세속의 영역을 동일시하는 질서가 지속된 것이 중세였다. 그래서 중세의 서구 세계를 '그리스도교 왕국' 또는 '그리스도교 제국'이라 말한다. 바로 중세 사회의 이러한 성격 때문에 종교 개혁은 전 사회의 근본적 변혁 운동으로서의 성격을 지니고 있다.

교회가 타락한 이유는 말씀의 권위와 살아 있는 신앙보다는 종교적인 전통과 인간들이 만들어 낸 여러 가지 관습에 사로잡혔기 때문이다. 그리고 예수 당시 바리새인들과 서기관들의 신앙이 그러했다. 그들은 종교적인 전통으로 예수를 핍박했으나 예수는 살아 있는 말씀으로 그들을 책망했다. 중세 교회가 타락했던 것도 말씀의 권위와 순수한 신앙보다는 자신들의 이익을 위해 만든 교회의 전통과 사람의 권위를 앞세웠기 때문이다. 이에 대해 루터와 칼뱅, 츠빙글리 등은 철저히 말씀 중심으로 교회를 개혁하는 데 앞장섰다. 그들은 "오직 의인은 믿음으로 말미암아 살리라"(로마서 1장 17절)라는 신앙 구호를 붙들고 개혁을 이끌었다.

지금은 근본 개혁이 필요한 때_

종교 개혁을 통해 세워진 개신교는 가톨릭과 대등한 관계를 유지하고 있다. 그러나 가톨릭에서 분열된 개신교는 또다시 수천 개의 교파로 갈라지고 세속화로 인해 비판받는 등 새로운 문제들을 낳고 있다.

요즘 찬송가와 성경을 들고 교회에 가는 것이 창피하다는 말을 하는 기독교인들이 많다. 언론에서 대형 교회의 재정 불투명, 세습, 목회자들의 부도덕, 비윤리적 언행 등을 집중 보도하면서 교회와 교회 지도자들에 대한 우리 사회의 시각이 부정적이기 때문이다. 일부 교회에서는 시장에서도 보기 드문 몸싸움을 벌이는 등 교권 싸움에 몰두해 있다. 한국 교회는 빛과 소금이 되기보다는 사회로부터 조롱을 받고 있는 것이다.

한국 교회는 오래전부터 자성과 갱신, 그리고 개혁을 주장해 왔으나 스스로 그것을 실행에 옮길 능력을 상실했다는 데 문제가 크다. 결국 16세기 칼뱅, 루터의 종교 개혁보다 더 근본적인 개혁이 요구되는 시점이다. 21세기 정보화 사회를 맞아 그동안 깊숙한 곳에 숨겨져 있던 신앙의 이중성이 낱낱이 드러나면서 종교계는 생존을 위한 새로운 패러다임의 모색에 적극 나서지 않을 수 없는 상황에 이르렀다.

그렇다면 종교 개혁을 어디서부터 시작해야 할 것인가. 하나님이 교회를 통해 이루고자 했던 근본 뜻을 올바로 세우고 예수 정신이 살아 숨 쉬는 초대 교회 정신으로 돌아가야 한다. 그러기 위해서는 세속적 관념, 즉 수천 년에 걸쳐 형성된 자기중심적 욕망을 떨쳐 버리지 않으면 안 된다. 모든 종교는 세속적 욕망이 참신앙의 길을 가로막고 있기 때문에 그것의 온상이 되고 있는 '자기'를 버리라고 주장한다. 자기를 버릴 때만이 사랑과 자비, 인(仁)의 마음이 깃들 수 있다는 것이다.

그래서 한국의 종교인들은 마음을 비우고 더욱 더 청빈하게 살아갈 각오를 해야 한다. 예수가 "낙타가 바늘귀로 나가는 것이 부자가 하나님의 나라에 들어가는 것보다 쉬우니라 하시니"(마가복음 10장 25절)라고 가르친 것처럼 세속과의 단절을 각오해야 한다는 것이다. 이것은 본연의 세계로 돌아가야 한다는 경고로도 볼 수 있다. 요즘 대형 교회는 후계자 세습 문제로 세간의 비판을 받고 있다. 그동안 쌓아 올린 공적을 하루아침에 무너뜨리고 있는 것이다. 목회자는 성도를 위한 봉사자일 뿐이다. 남보다 더 봉사할 준비가 돼 있지 않는 사람을 후계자로 삼을 때에는 분란만 나타남을 우리는 수없이 목격해 왔다.

또 한국 교회가 개혁되어야 하는 이유는 유대교나 중세 교회와 같이 형식화됐다는 것이다. 교회의 몸집을 키우는 데 혈안이 된 나머지 초대 교회와 같은 진정한 은혜는 찾아볼 수 없다. 한국 교회는 건전한 영향력을 발휘하여 죄악과 부패에 빠진 한국인들의 희망이 되어야 한다. 그리고 한국 교회는 자기 교회, 자기 교파만이 최고라는 우월 의식에서 벗어나야 한다. 참된 신앙, 참된 진리를 받아들일 수 있는 열린 자세, 겸허한 마음이 필요하다. 그러기 위해서는 화합을 해치는 모든 장벽을 허물어야 한다.

그리고 자기를 버린 터전 위에 진리를 받아들이는 것은 물론 참된 행동이 수반돼야 한다. 그렇게 참된 신앙인이 탄생된 이후 참된 사회, 참된 국가, 참된 세계로 나아갈 수 있는 공동체 정신을 길러야 한다. 다시 말하면 종교가 개인이나 소속 종교 단체만을 위해 존재했던 그동안의 행태에서 벗어나 역사와 사회, 국가, 세계를 위해 봉사해야 한다는 것이다.

종교는 이제 인류에게 미래에 대한 비전을 제시할 수 있어야 한다. 특히 21세기 정보화 사회의 추세에 맞춰 하나의 세계를 추구하는, 그야말로 종교의 대동단결이 이뤄지도록 개혁의 방향을 잡아야 할 것이다. 공존, 공영, 공생을 특성으로 하는 디지털 문화는 가장 먼저 종교 간의 벽, 교파 이기주의를 타파할 것이기 때문이다. 자기 종단, 자기 교단, 자기 교파의 교리와 주장이 아무리 옳다고 하더라도 남과 분쟁을 일으키고 남을 미워할 때 그 정당성은 허물어질 수밖에 없다. 특히 디지털 시대를 맞아 사이버 종교가 보편화될 경우 각 종교 간에 이러한 현상은 더욱 두드러질 것이다. 21세기는 종교계에 새로운 패러다임을 요구하고 있다. 종교 역시 시대적 요구를 받아들이지 않는다면 자연 도태될 수밖에 없을 것이다.

45_ 종교와 평화

　모든 성인은 사랑을 외쳤다. 그 사랑은 나를 비우고 남을 위해 살아갈 때 완성될 수 있다. 자기 자신에 집착한 욕심과 이해관계에 얽혀 사물을 보는 눈이 아니라 맑은 양심과 뜨인 눈으로 세상을 관조할 때 사랑의 마음이 자연스럽게 우러나오는 것이다. 사랑은 상대와 정상적인 교류를 영위케 하는 최고의 묘약이다. 사람과 사람 사이에 사랑이라는 감초가 있을 때 아름다워질 수 있고 행복 속으로 빠져들 수 있다. 사랑은 인간 삶의 목적인 동시에 서로 다른 상대가 하나 될 수 있는 최선의 방안이다. 성인들이 사랑을 외친 것은 사람과 사람 사이가 잘못될 경우 만사가 빗나간다는 것을 알고 있었기 때문이다. 따라서 개인과 개인의 조화가 이뤄지지 않으면 사회와 국가, 세계의 갈등은 영원히 치유될 수 없다.

　신약 성서 고린도전서 13장 13절에는 "믿음, 소망, 사랑, 이 세 가지는 항상 있을 것인데 그중에 제일은 사랑이라"라고 했다. 사도 바울이 고린도 교회 교인들에게 말한 이 구절은 성서에서 사랑의 중요성을 가장 잘 표현하고 있다. 석가는 "사람이 건강을 잃고 친구를 잃고 명예를 잃는다는 것은 그 어느 것이나 커다란 손실이다. 그러나 사람으로서 자비심을 잃는다는 것은 무엇보다도 큰 손실이다"라고 했다. 공자도 《논어》의 〈이인편〉에서 "군자는 밥 먹는 사이에도 인(仁)을 어기지 않으며, 위급한 순간에도 반드시 인에 머무르며, 넘어지는 순간에도 인에 근본을 두어야 한다(君子無終食之 間違仁 造次必於是 顚沛 必於是)"고 했다. 모두 사랑의 중요함을 말하고 있다.

인류에게 가장 절실한 '평화'는 이 사랑을 터로 할 때 가능하다. 국가 간의 조화로운 관계는 국가와 국가가 서로 사랑할 때 가능하며 그것을 우리는 평화라고 부른다. 부모와 자식 간의 조화는 부모의 사랑에서 가능하고, 형제 간의 조화는 형제애에서 가능하며, 남녀 간의 조화는 남녀의 이성적 사랑으로 가능한 것처럼 말이다. 이웃을 사랑하고 국가를 사랑하고 세계를 사랑할 때 평화 세계의 이상이 실현될 수 있다. 사랑은 모든 경계를 철폐한다. 여기에는 개인과 가정, 국가, 세계의 경계선이 포함된다.

각 종교가 지향하는 평화의 세계_

인류는 지금 대문명사적 전환기에 처해 있다. 세상은 초민족, 초인종, 초국가 즉 하나의 세계를 지향하고 있다. 과학기술 문명은 수천 년에 걸쳐 소망해 왔던 인류 대가족의 꿈을 성취할 수 있는 외적 환경을 만들었다. 평화 세계의 모델이 인류 앞에 전개되고 있는 것이다. 그러나 아직도 지구촌 곳곳에는 포연이 자욱하다. 인종과 민족, 국가 간의 갈등이 끊이질 않고 있다.

그 갈등은 존재에 대한 잘못된 인식에서 비롯됐다. 인간의 사회적·문화적 환경, 가정환경 등은 모두 다르다. 어떤 상황에 부딪힐 때 하는 생각이나 행동, 판단 역시 다 다르다. 문제는 자기 생각이나 행동과 다른 것을 인정하려 들지 않는 데 있다. 자기와 이해관계에 얽매이면 더욱 예민해진다. 홉스가 말한 '사회는 만인에 대한 만인의 투쟁'이 되는 것이다.

불교에서는 모든 존재는 '불일불이(不一不異)'의 관계라고 말한다. 존재는 하나도 아니며 다른 것도 아니라는 뜻이다. 존재는 다 다르지만 서로 연관되어 있어 하나라는 것이다. 손과 손가락을 두고 볼 때 각 손가락은 다 다른 기능을 하고 있지만 손에 연관되어 있다. 몸과 공기, 물, 음식물은 각각 다르지만 몸의 일부를 이룬다. 그리고 태양, 공기, 물은 다르지만 식물의 일부를 이룬다. 다른 기능을 하는 것들이 서로 협력하지 않고 그 다름을 인정하지 않으면 죽게 된다. 그래서 불가에서는 서로 다름을 인정할 것을 가르친다.

이 불일불이의 세계관이 평화 사상의 핵심이다. 나와 다른 생각, 다른 경험을 지니고 다른 조건에서 살고 있는 사람들을 이해할 때 화해와 공존을 낳는다. 다름을 인정한 하나, 하나임을 자각한 다름, 즉 불일불이의 세계관을 인정하고 몸으로 실천할 때 평화로운 사회가 이 땅에서 이루어질 수 있다.

세계적인 정치사회학자 요한 갈퉁은 불교 사상의 가장 큰 특징을 평화주의라고 규정한 바 있다. 불교 사상은 목적으로서의 평화뿐만 아니라 수단으로서의 평화도 강조하는 데 커다란 특징이 있다. 다시 말해 '평화에 이르는 길은 평화적이어야 한다'는 관점을 취하고 있다. 이것은 '평화'라는 고상한 목적을 내세우며 '전쟁과 폭력'이라는 수단을 정당화하는 '힘의 정치'를 거부하는 것이다.

불교 사상은 분쟁이나 전쟁을 사전에 예방하는 데 초점을 맞추고 있다. 〈40화엄〉에서는 "왕의 세력이 뛰어나게 용맹하거나 덕이 높아지면 전쟁을 하지 않고도 이웃나라를 굴복시킬 수 있다"고 설파하고 있다. 이웃나라의 굴복을 받는다는 것은 외국이 항복한다는 의미가 아니라, 나라의 기반을 잘 닦아 놓으면 외국의 침범을 걱정하지 않아도 된다는 것을 가리킨다. 국내적으로 위기와 분쟁 요인을 제거하는 것은 물론 주변국과의 관계 개선과 협력 안보 체제의 구축 등으로 평화로운 안보 환경을 정비하는 데 힘을 쓰는 것이다.

기독교에서 예수 그리스도는 '평강의 왕'(이사야서 9장 6절)으로 인식되고 있다. 즉 "지극히 높은 곳에서는 하나님께 영광이요, 땅에서는 기뻐하심을 입은 사람들 중에 평화로다"(누가복음 2장 14절)라는 구절에서 보듯이 땅에 거하며 믿는 모든 사람에게 예수 그리스도는 평화가 된다. 예수는 분쟁을 만들기 위해 이 땅에 오신 분이 아니라 평화로운 세계를 만들려고 오신 하나님의 아들이다.

예수의 평화 운동은 담을 허는 데서부터 시작된다. 예수는 유대인과 이방인의 막힌 담을 허물기 위해서 이 땅에 왔다. 즉 "그는 우리의 화평이신지라 둘로 하나를 만드사 중간에 막힌 담을 허무시고"(에베소서 2장 14절)라고 한 것처럼 막힌 담을 헐고자 했다. 유대인들은 자신의 특권을 주장한 나머지 이방인들을 무시했다. 그러나 예수를 경배하러 온 동방 박사들은 유대인이 아니라 이방인이었다.

예수는 교회 안에 막힌 담을 헐고자 했다. 에베소 교회는 겉모양으로 볼 때 통일되어 있는 것처럼 보였지만 내면은 겉모양과는 판이하게 달랐다. 에베소 교회는 적지 않은 갈등과 불협화음을 가지고 있었지만 예수의 가르침을 통해 하나가 되었다. 교회의 분열을 하나로 묶어 줄 수 있는 분은 예수 그리스도밖에 없다. 왜냐하면 예수 그리스도만이 우리를 하나로 묶어 줄 수 있는 평안의 줄이기 때문이다.

또 예수는 남자와 여자의 막힌 담을 허물었다. 구약 시대에 예루살렘의 성전 구조를 보면 성전 미문을 통해서 안으로 들어가게 되어 있다. 미문 안으로 들어가면 남자의 뜰과 여자의 뜰이 구별되어 있다. 인류 역사를 보면 남녀 차별의 역사가 오랫동안 지배해 왔다. 남녀 차별의 역사를 뒤바꾸어 놓은 분이 바로 예수이다.(갈라디아서 3장 28절)

예수는 하나님과 인간 사이의 막힌 담을 허물고자 했다.(에베소서 2장 16절) 그리고 인간에게 평화를 주고자 했다. 예수는 "평안을 너희에게 끼치노니 곧 나의 평안을 너희에게 주노라. 내가 너희에게 주는 것은 세상이 주는 것 같지 아니하니라. 너희는 마음에 근심도 말고 두려워하지도 말라"(요한복음 14장 27절)라고 주장했다. 또 "수고하고 무거운 짐 진 자들아 다 내게로 오라 내가 너희를 쉬게 하리라"(마태복음 11장 28절)라고 했다.

참평화는 사랑과 실천_

사랑은 믿음보다 중요하다고 한 성경 구절은 '사랑 없는 믿음'만이 횡행하는 기독교계에 시사하는 점이 크다. 또 인간에게 건강이나 친구, 명예 등 개인적 현안보다는 남을 위하는 마음, 즉 자비심의 중요성을 강조한 것도 종권이나 사리사욕에 탐착하는 불교 지도자들에게는 뼈아픈 이야기다. 일상생활에서 인(仁)을 늘 생각하며 살아야 한다는 공자의 말씀은 전통 윤리와 도덕이 땅에 떨어진 현실에서도 집안 싸움에 날을 지새우는 유림들에게 경종을 울려 주고 있다.

지금 세계 곳곳에서는 문화적 충돌이 일어나고 있다. 많은 사람들이 그 문화적 갈등의 원인이 종교라는 데 주목하고 있다. 종교는 어느 사회에서든 문화적 공감대, 사회적 통합의 기능을 해왔지만 종교와 종교가 부딪칠 경우 그 기능은 상실된다. 종교 문화권이 서로 섞여 있으면서 갈등과 대립을 반복하고 있는 것은 자기중심주의, 자기 집단 우월주의 더 나아가 배타주의 때문이다.

모든 종교가 사랑과 평화, 자비 등을 이야기하면서도 각종 분쟁에 깊숙이 개입한다. 그것은 흑백, 나와 너, 친구와 적으로 나누는 이분법적 사고 때문이다. 즉 자기중심적인 보편성 주장의 결과다. 나와 네가 아닌 우리의 개념, 즉 인류 대가족의 개념이 없는 것이다. 종교와 사상과 이념이 다르다고 사람을 죽이는 것은 절대 정당화될 수 없다. 오히려 이러한 사상과 종교, 이념들은 서로 동의할 수 있는 절대 기준을 세워 상호 이해해야 한다.

종교는 모두 겉으로는 평화를 내세우지만 속내를 들여다보면 사실과 다르다. 일부 기독교에서는 타 종교인과 만나는 것조차 '사탄의 장난'으로 보고 있으며, 남의 종단의 상징까지 마구잡이로 깨부수는 것을 잘 믿는 것으로 보고 있다. 물론 일부 근본주의자의 왜곡된 신앙 행태이지만 오늘날 종교가 개재된 분쟁의 배경에는 상대 종교를 적대시하는 교만과 잘못된 신앙심이 깔려 있다. 하나님을 내세우면서 남을 비방하고 전쟁을 치르는 이들은 결국 하나님을 욕되게 한다.

참사랑은 인간의 사지백체(四肢百體)에 비유할 수 있다. 건강하다는 것은 사지백체 어느 한 곳도 이상 없이 질서 정연하게 움직이고 있다는 것을 뜻한다. 마찬가지로 참사랑이 녹아나는 세상은 남의 아픔을 자신의 아픔으로 여기고 남의 기쁨을 자신의 기쁨으로 생각하는 세상이다. 참사랑의 동산은 공동체 정신이 꽃피는 세상이다. 참사랑이야말로 모든 문제, 인류 현안을 해결하는 최대 방안임을 다시 한 번 강조하고 싶다.

지구촌 곳곳에서 일어나는 갈등과 분쟁을 해소하는 방법은 참사랑을 터로 한 평화 문화를 정착시키는 길밖에 없다. 그것을 위해 각 종교는 진정으로 참사랑을 실천해야 한다. 그 참사랑은 다름 아니라 자기의 기득권을 포기하는 것, 즉 비움에서부터 출발해야 한다. 그러지 않고서는 상대방을 설득할 수 없다. 종교가 나서서 그동안 스스로 주장해 온 사랑을 실천할 때 비로소 이 땅에 평화가 찾아올 것이다. 세계 평화는 더 이상 미룰 수 없는 종교의 최대 과제이다.

참사람이 부부를 이뤄 참된 가정을 이룰 때 참자녀가 나오고 참된 종
족, 참된 국가, 참된 세계가 실현될 수 있다.

46_ 종교의 궁극적 목표

인간은 끊임없이 이상적 삶을 추구한다. 그 최고의 경지는 인간으로서 누릴 수 있는 최고의 행복일 수도 있고 온 인류가 오순도순 모여 사는 참사랑의 공동체일 수도 있다. 물론 아직 그러한 경지를 누렸다는 사람이 없는 것으로 보아 이상 세계일런지도 모른다. 그러한 경지를 찾기 위해 인류는 종교와 철학, 그리고 외형적이고 물질적인 갖가지 수단을 동원했다. 그러나 어느 분야도 인류에게 그러한 세계를 가져다주지는 못했다.

종교는 그러한 경지에 이르기 위해서는 참사람이 되어야 하다고 보았다. 참사람이 되지 않고서는 참된 사회, 참된 국가, 참된 세계의 실현이 불가능하다고 본 것이다. 종교마다 참사람에 대한 규정은 다르지만 대체로 '깨달음을 완성한 사람'이나 '죄 없는 인간'을 상정하고 있다. 모든 종교가 인간이 종국에는 참사람이 돼야 한다고 보고 있다.

기독교에서는 하나님이 창조한 인간이 참사람이 돼야 하지만 타락해서 거짓 인간이 되었다고 보고 있다. 그래서 하나님의 구원 섭리는 참사람으로 복귀하는 데 목적이 있다고 주장한다. 불교에서는 온갖 번뇌와 망상에 사로잡힌 인간이 깨달음을 통해 참사람이 될 수 있다고 보고 있다.

기독교나 불교에서는 각각 예수와 부처를 참사람의 모델로 삼고 있다. 기독교에서 "하늘에 계신 너희 아버지의 온전하심과 같이 너희도 온전하라"(마태복음 5장 48절)라고 한 것처럼 본래 인간은 온전한 존재가 되어야 했다. 그 온전한 존재는 하나님의 형상대로 창조된 인간이다. 그러나 인간은 타락으로 말미암아 구원의 대상이 됐고, '하나님의 아들' 예수가 인간 구원을 위해 강림했다고 본다. 불교에서는 고타마 싯다르타가 깨달음을 얻어 부처가 됐고, 모든 인간은 깨달음을 통해 부처가 될 수 있다고 보고 있다. 공자는 《논어》에서 남이 나를 알아주지 않아도 섭섭해하지 않는 것이 사람다운 참사람(군자)이 되는 기본 조건이라고 했다. 성인들이 추구한 참사람은 모든 종교가 추구하는 길이다. 그것은 방법만 다를 뿐 모든 종교의 정점이다.

각 종교가 참사람의 실현 문제를 놓고 다양한 방법을 제시하고 있지만 인간이 스스로 깨우쳐 참사람이 될 수 있는 터전을 닦는 것은 각자의 책임인 만큼 각 종교의 교리 차이는 별로 중요하지 않다는 것이 종교학자들의 주장이다. 기독교에서는 예수를 통한 구원을 주장하지만, 구원에 이르기 위해서는 하나님이 함께할 수 있는 터전을 닦아야 한다. 그러지 않으면 구원이 자신과 상관없는 일이 될 수 있다는 점에서 기독교도 불교에서 말하는 수행의 길을 가지 않을 수 없다.

참사람은 누구인가_

성서에는 인간이 하나님의 말씀을 거역함으로써 타락의 길로 접어들 있다고 적고 있다. 즉 창세기에 인간이 뱀의 유혹을 받아 선악과를 따 먹어 에덴동산에서 쫓겨났다는 것이다. 그 후 인간은 죄악의 구렁텅이로 빠지게 됐고 선악이 공존하는 불완전한 존재로 전락하게 됐다고 보고 있다. 성경은 인간의 이러한 상태를 다음과 같이 적고 있다.

"올바른 사람은 없다. 단 한 사람도 없다. 깨닫는 사람도, 하나님을 찾는 사람도 없다. 모두가 비뚤어져 쓸모없게 되었다. 선한 일을 하는 사람은 없다. 단 한 사람도 없다. 그들의 목구멍은 열린 무덤이며 그들의 혀는 거짓을 말하고 입술에는 독사의 독이 흐르니 그들의 입은 저주와 독설로 가득하다. 그들의 발은 피 흘리는 일에 날쌔며 간 데마다 파괴와 비참을 남긴다. 그들은 평화의 길을 알지 못하고 그들의 눈에는 하나님을 두려워하는 기색이 없다."(로마서 3장 10~18절)

위의 내용은 사도 바울이 성경의 내용을 인용하여 한 말이지만 타락한 인간의 적나라한 모습을 잘 나타내 주고 있다. 그래서 참감람나무에 돌감람나무를 접붙이듯이 참인간 예수를 타락 인간에 접붙임(로마서 11장 17절)으로써 구원에 이른다는 것이다.

불교도 참사람을 추구한다. "도대체 나는 무엇인가?"라는 끊임없는 물음과 명상을 통해서 궁극에는 사람이 더 이상 그것이 무엇인가를 물을 수 없는 단계로 나아가게 된다는 것이다. 임제 선사가 어느 날 법회에서 대중에게 다음과 같이 설법했다. "그대들의 생동하는 가슴에는 무엇이라고 이름 붙일 수 없는 무위진인(無位眞人)이 있다. 그것은 끊임없이 그대들의 머리를 드나들고 있으니, 이것을 알게 될 때까지 잘 살피고 살펴야 하느니라." 그때 한 스님이 앞으로 나와서 묻는다. "무엇이 무위진인입니까?" 그러자 임제는 법상(法床)에서 내려와 그 스님의 멱살을 움켜잡고 말했다. "말해라! 말해 봐라!" 그 스님이 무슨 말을 할까 망설이고 있는데 임제는 잡았던 그를 밀쳐 버리면서, "이 무슨 마른 똥막대기 같은 무위진인인가!" 하면서 방장실로 들어가 버렸다. 임제는 무위진인을 몸 안에 있는 부처로 본 것이었는데 임제로부터 무안을 당한 그 스님은 무위진인을 하나의 대상으로만 생각했기 때문에 생명도, 가치도 없는 마른 똥막대기와 같은 상태로 전락시키고 만 것이다. 임제는 인간의 자기 신뢰를 내내 강조했던 사람이다. 만일 진아(眞我)와 '현실의 나' 사이를 갈라놓고 있는 그 간격을 좁힐 수 없다면 달 세계를 여행한다 한들 무슨 소용이 있겠느냐는 식이었다.

2003년 12월 13일 좌탈입망(坐脫立亡 : 앉은 채로 죽음에 드는 것) 상태로 입적한 백양사 방장 서옹(西翁) 스님은 '참사람 수련원'을 개설하는 등 참사람 운동을 펼쳤다. 서옹 스님은 참사람을 '자각한 사람의 참모습'이라고 정의하고 "모든 사람이 누구든지 본래로 차별 없는 참사람이다. 참사람은 눈 깜짝하지 아니하되 본래로 선과 악, 또는 이성을 초월하여 생사도 없다. 시간과 공간이 거기에는 존재하지 아니한다. 근본 원리라든가 신이라든가도 있을 수 없다. 부처도 없다. 여기에는 무한한 자기 부정만이 지속한다"고 설명한다. 그리고 참사람은 사리사욕이 없고 진실하고 공명정대하며 한량없는 자비심을 갖는다고 했다. 서로 신의를 지키고 서로 존중하며 서로 도와 평화로운 세계를 이룩하게 된다. 그러니 인간이 인간을 속이고 죽이고 해치는 범죄와 전쟁과 수탈이 없는 것은 물론이고 지구 환경 파괴와 생태계 오염과 같은 인간과 자연 간의 부조화와 마찰이 있을 수 없다.

토마스 아퀴나스와 더불어 중세 도미니크수도회의 가장 탁월한 지도자로 불린 마이스터 에크하르트는 "실로 제대로 된 사람은 어떤 장소, 어떤 사람과 있든지 문제가 없다. 그러나 제대로 되지 못한 사람은 어느 장소, 어떤 사람이라도 문제가 된다"고 말했다. 참다운 주체가 될 때 본질적 삶이 문제이지 어떤 생각이나 관념, 대상이나 환경에 휘둘리지 않는다는 것이다. 임제가 말한 "가는 곳마다 주인 노릇 하면 처하는 곳마다 참되다(隨處作主 立處皆眞)"고 하는 경지다.

본연의 인간성 회복: 참사람의 길_

기독교나 불교에서 말하는 참사람은 모든 것을 초탈한 사람으로 비쳐진다. 그것은 자기를 비운 사람이다. 예수는 "네가 온전하고자 할진대 가서 네 소유를 팔아 가난한 자들에게 주어라. 그리하면 하늘에서 보화가 네게 있으리라. 그리고 와서 나를 따르라 하시니"(마태복음 19장 21절)라고 한 말에서 보듯이 모든 것을 버려야 한다. 이는 불교의 출가 정신과 아주 비슷하다.

참사람은 참다운 인간성을 실현한 사람이다. 성인들도 참다운 인간이 되는 것을 최상의 목표로 삼았다. 기독교에서의 구원이란 죄에 물든 인간이 하나님이 창조한 본연의 모습, 본래의 인간성을 회복하는 것이다. 인간은 본래 하나님의 형상을 닮게 창조됐다. 예수를 '두 번째 아담'이라고 한 것은 첫 번째 아담이 타락으로 인해 하나님을 배반했지만, 두 번째 아담은 본연의 인산성을 갖고 나타난 분이라는 것을 말한 것이다. 예수는 하나님의 성전이 됨으로써 신인합일(神人合一)을 이루었다.

우리는 어떤 삶을 살아야 하는가. 바울은 "누구든지 그리스도 안에 있으면 새로운 피조물이라 이전 것은 지나갔으니 보라 새것이 되었도다"(고린도후서 5장 17절)라고 말했다. 그는 더 나아가 "이제는 내가 사는 것이 아니요, 오직 내 안에 그리스도께서 사시는 것이라"(갈라디아서 2장 20절)라고 선언한다. 이는 우리가 예수를 믿고 따르게 되면 새로운 인간성, 본래의 인간성을 회복할 수 있다는 믿음을 보여 주는 것이다. 물론 예수를 믿는다는 것은 특정한 시대 특정한 교단이 만들어 낸 예수에 관한 교리를 믿는 것이 아니라 예수의 믿음을 우리가 그대로 받아들이는 것이다. 그렇게 예수와 하나 됨으로써 본래의 인간성을 회복하고 참사람으로 다시 태어나는 것이다. 이는 불교에서 깨달음을 통해 본성인 불성이 나타난다는 것과 다를 바 없다.

종교는 그동안 참사람이 되는 길을 가르쳐 왔다. 구원이나 해탈은 본래의 순수한 인간성의 발견과 실현이다. 물론 종교가 구원이나 해탈을 통한 본연의 인간성 회복에 목표를 두고 있지만, 결국 참사람이 되는 것은 절대자와 나와의 관계를 회복하는 것이다. 그것은 곧 하나님의 형상을 회복하는 것이다. 참사람이 되는 길은 예배(예불)나 기도(참선) 등 종교적 행위만으로 가능한 것이 아니다. 불교에서 가르치는 수행을 통해 깨달음을 얻어 하나님이나 절대자와 하나 될 수 있는 길을 찾는 것이다. 그렇게 참사람이 된다면 참가정, 참사회, 참국가, 참세계는 자연스럽게 만들어 갈 수 있다.

예수와 석가는 자기중심적 삶에서 초월 실재 중심의 삶으로 전환함으로써 자기로부터 완전히 해방되었다. 그리고 나를 포기함으로써 온 세상을 얻고 자기 부정을 통해 영원한 생명을 얻음으로써 순수한 사랑과 자비의 삶을 살았다. 따라서 우리는 예수와 석가가 보여 준 참사람의 전형을 따라가야 할 것이다.

예수와 석가는 철저히 자기를 비운 분들이다. 예수가 철저히 자기를 비우고 하나님을 받아들였기 때문에 하나님처럼 보였고, 철저히 하나님에게 자기를 맡겼기 때문에 하나님의 권능이 고스란히 나타났던 것이다. 인간 본연의 모습을 회복한 예수가 하나님 중심의 삶을 산 것처럼 우리도 하나님에 대한 예수의 믿음을 그대로 본받아야 한다.

　예수나 석가가 우리에게 철저한 초탈과 무념 속에서 이루어지는 삶, 본연의 삶이 어떤 것인가를 보여 준 것처럼 종교인들도 네 것 내 것을 따지지 않고 서로 사랑하는 것부터 배워야 한다. 주체적 인간, 참사람은 종교나 교리, 사상, 제도 등 거추장스러운 옷을 벗어 버리고 그야말로 진정한 자유를 누리면서 살아가는 사람이다. 우리가 진정 가야 할 길은 하나님이 준 본연의 삶을 회복하는 것이다. 그것이 오늘 인류가 처한 위기를 극복하는 길이요, 모든 종교가 하나 될 수 있는 방안이다.

　대부분의 종교는 참사람을 지향한다. 그것을 우리 인간이 추구할 수 있는 최고의 경지, 이상적 목표로 보는 것이다. 그러한 인간만이 비로소 행복과 사랑, 그리고 기쁨을 누릴 수 있다고 보기 때문이다. 석가나 예수도 그것을 가르쳤다. 그러나 참사람만으로 이상 세계는 이뤄질 수 없다. 참사람이 부부를 이뤄 참된 가정을 이룰 때 참자녀가 나오고 참된 종족, 참된 국가, 참된 세계가 실현될 수 있다. 또 그렇게 참사랑과 참행복을 이 땅에서 실현하다가 죽으면 천국으로 갈 수 있다. 따라서 앞으로 주류 종교는 참사람을 터로 하여 참가정과 참된 국가, 참된 세계를 지향하게 될 것이다. 그러면 자연스럽게 자기 종교를 특별히 내세우거나 이웃 종교에 대한 적대감을 가질 수 없다. 참된 세계는 그것을 용납하지 않는다. 결국 종교는 참사람에 머물지 않고 참된 세계를 지향할 수밖에 없으며 그럴 때만이 참평화가 정착될 수 있을 것이다.

이제 예수 정신, 석가 정신에 따라 근본으로 돌아갈 때다. 그때 우리는 모든 종교, 모든 교리를 떠나 진정한 자유를 성취할 수 있으며 예수와 석가가 추구했던 참된 삶을 살아갈 수 있을 것이다.

47_ 근본으로 돌아가자

　종교는 크게 구원과 깨달음이라는 두 가지 목표를 갖고 있다. 구원은 개인 구원과 사회 구원으로 크게 나눠지며, 깨달음은 개인에 한정되지만 '깨달음의 사회화'를 통해 사회 발전을 꾀할 수 있다. 종교의 목표를 실현하기 위한 방안으로는 초월적 존재에 의지하거나 개인이 스스로 그 목표에 도달하는 두 가지 방법으로 대별된다. 종교는 이러한 몇 가지 방법을 통해 인생과 우주, 죽음의 문제 등에 대한 해답을 제시하고 있다.

　종교는 장시사에 따라 새로운 교리나 신학, 의례 등이 결정되면서 다양한 형태로 나타난다. 어느 종교든 보이지 않는 초월적 존재인 신, 적어도 종교의 기능상 신에 상응하는 존재나 실재를 믿고 있다. 신화나 교리, 교학 등을 통해 이 존재에 대하여, 그 존재와 인간 세계의 관계에 대한 사유를 전개하고 있다. 같은 신앙을 가진 사람끼리 신앙적 공동체를 갖고 포교를 하면서 신앙의 동지를 늘려 간다. 교단이 만들어지고 교단의 결속을 위해 우월성이 강조되면서 차츰 배타적 모습으로 바뀌어 간다.

기독교도 마찬가지였다. 중세의 가톨릭은 지상의 모든 권한을 갖고 있을 정도로 강력한 집단이었다. 하지만 자본주의의 발달, 근대 과학의 등장, 근대 국가의 출현 등으로 중세의 체제가 와해되고 가톨릭의 권위에 근본적으로 도전하는 종교 개혁이 일어나면서 한계점에 도달한다. 그 후 역사상 가장 잔인한 종교 전쟁이 가톨릭과 개신교 사이에서 벌어진다. 악몽과도 같은 종교 간의 갈등과 전쟁이 끝나면서 가톨릭에 대한 시선도 달라진다.

모든 종교는 인간의 본성에 근거한 것이므로 인간 이성으로 모든 것을 파악할 수 있다는 시각이 나타난다. 계몽주의 시대를 맞은 기독교는 이전의 특권적 위치를 상실하고 종교라는 보편적 범주 안에서 한 자리를 차지하는 것에 만족해야 했다. 그리고 종교 현상은 독자적이고 자율적인 것이므로 다른 현상으로 환원시키지 말고 이해하자는 입장은 종교 현상학의 기반을 이뤘다. 이런 역사적 배경을 갖고 등장한 종교학은 19세기 말부터 신학에서 독립해 특정 신앙과 상관없이 종교를 연구하게 된다.

종교학의 원어인 'science of religion'을 처음으로 사용한 막스 뮐러는 한 종교만 아는 사람은 아무 종교도 알지 못한다고 했다. 남의 종교를 아는 것은 나의 종교를 더욱 깊이 깨닫는 길이라는 뜻이다. 결국 종교학은 타인과 타 종교는 물론이요, 자신의 종교에 대해서도 더 깊은 이해를 추구한다. 당시는 기독교가 절대적이었기 때문에 종교를 객관적이고 보편적으로 보고자 하는 신학적 흐름은 나타날 수 없었다. 당시 신학의 경직성과 독단성이 기독교 이외의 종교를 용납할 수 없었던 것이다.

예수의 근본정신을 외면하는 기독교인들_

종교가 여러 종류인 것처럼 각 종교의 주장도 다양하다. 문제는 모든 종교가 '진리는 오직 하나이고, 그것은 우리 종교에만 있다'고 주장한다는 것이다. '믿음'이란 그 자체가 무조건 신뢰한다는 의미를 갖고 있기 때문에 어느 정도 배타적 태도를 가질 수는 있다. 그러나 과연 자기 종교만이 옳고 남의 종교는 거짓인가. 이것은 결국 자기 종교를 통해서만이 깨달음을 얻고 구원을 받을 수 있느냐는 문제와 직결된다. 깨달음은 사찰에서만 가능한 것이 아니요, 인간 구원은 교회에서만 가능한 것이 아니다. 따라서 이제는 근본 문제를 생각할 때가 됐다.

사실 예수를 안다고 하지만 제대로 알지 못하고 있다. 예수가 어떤 분인가를 밝히고 있는 기독론이 그 대표적인 예다. 예수에 대한 시각은 성서에 근거하기보다는 로마 황제 콘스탄티누스 시대, 기존의 문화와 접합해 신학이 덧씌운 면이 강하다. 유대교에서 말하는 지혜, 희생양 같은 개념이라든지, 희랍 사상에서 논의되던 로고스 사상, 신이 죽었다가 부활한다는 믿음, 신의 아들이나 하늘의 구원자가 지상으로 내려와 인간을 구원하리라는 생각은 이미 이전부터 존재하고 있었다. 이러한 근거를 바탕으로 예수를 보았다.

만일 예수가 다른 나라에서 태어났다면 예수에 대한 관점은 달라질 수 있었을 것이다. 이는 예수가 오늘 우리에게 던지는 메시지를 확실히 알지 않으면 안 된다는 의미도 된다. 오늘의 상황에 맞춰 예수를 다시 이해하고 해석하는 작업을 서두르지 않으면 안 되는 이유도 여기에 있다. 종교학자 미르체아 엘리아데의 말처럼 '근원으로 돌아감'에 관심을 가져야 한다.

예수가 개혁자가 될 수 있었던 것은 당시 시대적 상황에 얽매이지 않았기 때문이다. 그래서 인습적이고 상식적인, 그리고 통념적이고 통속적인 가치관이나 세계관을 완전히 뒤집어 버렸다. 자기의 이해관계에 얽혀서 보는 것이 아니라 세상을 있는 그대로 보았다. 실재와 진리를 그대로 본 것이다. 궁극적 실재와 하나 되고 진리와 하나 된 상태에서 예수는 "내가 곧 진리"라고 선포했다. 석가의 "천상천하에 나밖에 없다"는 고백도 이러한 상황에서 나올 수 있었다.

예수는 서기관과 바리새인들을 향해 "독사의 자식들아 너희는 악하니 어떻게 선한 말을 할 수 있느냐. 이는 마음에 가득한 것을 입으로 말함이라"(마태복음 12장 34절)라고 저주했다. 그리고 "화 있을진저 외식하는 서기관들과 바리새인들이여 회칠한 무덤 같으니 겉으로는 아름답게 보이나 그 안에는 죽은 사람의 뼈와 모든 더러운 것이 가득하도다"(마태복음 23장 27절)라고 질타했다. 예수의 눈에는 잘 믿는다고 하는 이들이 모두 '외식하는' 이들로 보였다. 진리와도 동떨어지고 궁극적 실재와도 상관없는 그들이었다.

예수의 하나님 체험은 하나님의 나라를 이 땅에 실현하는 것으로 연결된다. 인간의 고통은 하나님의 고통이었고, 그것은 곧 예수 자신의 고통이었다. 그런 예수는 세상이 만들어 놓은 인습과 통속적 이해관계에 얽힌 기득권 세력과는 하나 될 수 없었던 것이다. 예수는 자기 한 몸을 불사르더라도 하나님의 한을 해원해 드리고자 했고, 창세기 이래 계속돼 온 인류의 고통을 해결하고자 했다. 근본정신을 외면한 채 외식하는 유대교 신자들을 예수가 책망하지 않을 수 없었던 사정을 우리는 반면교사로 삼아야 할 것이다.

종교 본연의 모습_

　종교는 종조들의 가르침을 따라가는 데 일차적 목표를 두고 있다. 신앙인들은 대부분 그렇게 믿어 왔고 지금도 그렇게 알고 있다. 예수는 "내가 곧 길이요, 진리요, 생명이니 나로 말미암지 않고는 아버지께로 올 자가 없느니라"(요한복음 14장 6절)라고 했다. 예수의 확신에 찬 이 말씀에 따라 기독교인들은 예수를 믿고 따랐다. 그러나 예수는 궁극적으로는 하나님의 뜻을 실천하는 데 목표를 두고 있다는 점을 알아야 한다.

　예수는 하나님을 선포하고 이 땅에 하나님의 나라를 세우고자 했다. 예수는 인간으로서의 실존적 한계를 극복하고 기존 체제의 압박과 온갖 부조리의 구렁텅이에서 신음하던 사람들에게 새로운 희망을 주었고 구원의 기쁨을 맛볼 수 있게 했다. 예수가 그렇게 신념에 찬 증거를 할 수 있었던 것은 궁극적 실재인 하나님에 대한 확신 때문이었다. 예수는 요르단 강에서 세례를 받을 때 '성령이 비둘기같이' 임하는 성령 체험을 하게 된다. 그는 이사야에 있는 성경 구절을 인용하여 "주의 성령이 내게 임하였으니"(누가복음 4장 18절)라는 선언과 함께 공생애를 시작했다. 그는 하나님을 '아버지'로 체험하면서 하나님의 일을 성취하기 위해 몸 바친 것이다.

　기독교에서 말하는 하나님의 나라를 불교에서는 정토(淨土)라고 한다. 대승불교에서 부처와 또 장차 부처가 될 보살이 거주한다는 청정한 국토가 정토이다. 그곳은 깨달은 자인 부처와 깨닫기 위해 수행하는 보살이 사는 세계다. 맑고 깨끗하기 때문에 아무런 고통도 괴로움도 없이 영원히 평안하고 안락한 곳이다. 이에 반해 우리가 살고 있는 세상은 고통과 번뇌로 가득 찬 더러운 곳으로 예토(穢土)라 부른다. 예토에서 정토에 이르는 길은 두 가지다. 하나는 혼자 힘으로 열심히 노력해서 어렵게 찾는 길이요, 다른 하나는 자동차를 타고 가듯이 남의 힘을 빌려 쉽게 찾는 것이다. 선종에서는 "오직 마음이 정토요, 자신의 마음이 미타(彌陀)"라고 하여 사람들이 본래 갖추고 있는 일심(一心) 외에 정토는 없다고 말한다.

하나님의 나라이든 정토이든 간에 삶의 궁극적 목적은 행복을 추구하는 것이다. 정토 신앙의 목적도 사후에 현재 우리가 살고 있는 이 더러운 땅인 예토를 떠나, 고통과 유혹이 없는 아미타불의 극락 정토에서 다시 태어나 그곳에서 부처의 설법을 듣고 수행하며 성불하려는 데 있다. 다시 말해 중생이 정토에 왕생한 후 해탈하여 구원을 받는 데 그 목적이 있다. 기독교인들도 예수를 믿고 천국에 가서 하나님과 함께 영생하는 데 목표가 있다. 하나님이나 부처님을 중심으로 살아갈 때에 비로소 인간의 존재 목적이 실현될 뿐만 아니라 인간의 최대 행복이 꽃피게 된다.

종교의 목표는 신앙 그 자체에 있는 것이 아니라 이처럼 인간이 이상하는 행복의 세계를 실현하는 데 있다. 종조들은 그 행복은 자기를 버리고 남을 진실로 사랑할 때 찾아온다고 가르치고 있다. 그리고 행복은 외적인 것에 있는 것이 아니라 내적 성숙을 통해 가능하다는 것을 강조한다. 그러나 중요한 것은 어떤 종교나 어떤 교리가 아니라 우리가 그것을 위해 어떻게 살아가느냐이다. 예수나 석가가 우리에게 준 메시지를 어떻게 받아들여 참되게 살아가느냐가 중요한 것이다.

예수는 "너희는 먼저 그의 나라와 그의 의를 구하라"(마태복음 6장 33절)라고 했다. 하나님의 나라를 찾고자 하는 사람이 자기의 형편과 처지를 다 따질 수는 없다. 하나님의 뜻을 따르기로 한 사람에게 성공과 실패라는 것은 없다. 자기만 구원받겠다고 기도하면서 남의 사정은 거들떠보지 않는 사람은 하나님 뜻대로 살았다고 할 수 없다. 그래서 "나더러 주여 주여 하는 자마다 다 천국에 들어갈 것이 아니요, 다만 하늘에 계신 내 아버지의 뜻대로 행하는 자라야 들어가리라"(마태복음 7장 21절)라고 단호하게 예수는 가르쳤다.

우리가 예수를 믿고 석가를 따른다면서 자기 사정에 얽매이고 자기 교파와 교리 때문에 그들의 가르침을 놓친다면 제대로 믿는 것이 아니다. 기존의 관념을 타파하고 개혁의 깃발을 세운 분들이 예수와 석가이다. 오늘 우리 자신이 기존 관념과 체제의 노예가 되고 있는 것은 아닌지 살펴봐야 할 것이다. 이제 예수 정신, 석가 정신에 따라 근본으로 돌아갈 때다. 그때 우리는 모든 종교, 모든 교리를 떠나 진정한 자유를 성취할 수 있으며 예수와 석가가 추구했던 참된 삶을 살아갈 수 있을 것이다. 종교는 인간이 추구한 이상 세계를 찾아가는 방편이지 목적은 아니기 때문이다.

현재 종교가 안고 있는 한계를 극복하고 인류에게 구체적으로 이상 사
회 실현을 위한 비전을 제시할 수 있는 종교가 참종교가 될 것이다.

48_ 참종교의 전제 조건

종교는 인간의 삶을 가장 오랫동안 묶어 두었던 유일한 정신문화 체계이다. 그 정점에는 신이나 절대자, 그들의 부름을 받은 인물 혹은 창시자가 있다. 예수 그리스도나 석가모니, 공자, 무함마드 등 성인들은 오래전에 세상을 떠났지만 세계 수십 억 명이 그들을 따르고 있으며 지금도 '신의 부름'을 내건 새로운 종교들이 수없이 생겨나고 있다. 지구상에 그렇게 많은 종교가 존재하는데도 세상은 여전히 강퍅하다. 그리고 갈등과 전쟁은 끊이질 않고 있다. 요즘의 종교계를 보면 세상을 계도하거나 새 세상을 만드는 데 앞장서기는커녕 사사로운 복을 빌어 주는 기관으로 변질되거나 조직의 생존만을 위해 정신을 쏟고 있는 실정이다.

종교인들은 어쨌든 신이나 창시자들을 믿고 숭배하고 받듦으로써 마음의 평안과 행복을 얻었다. 종교는 이처럼 개인의 소원 성취나 천국행의 수단으로 신봉되고 있다. 그들은 또한 자기 종교의 우월성을 강조하기 위해 교세 확장에 나서는 한편 자기 주장과 다를 경우 매몰차게 갈라서거나 상대방을 이단으로 몰아세우는 데 주저하지 않았다.

특히 기독교와 이슬람교, 가톨릭이나 개신교 혹은 개신 교파들이 똑같이 하나님의 이름을 내걸고는 경쟁적으로 자기의 영역을 넓혔으며, 급기야는 치열하게 전쟁까지 치렀다. 타 종교나 타 교파 간의 작은 대립까지 치면 수도 없이 많다. 지금 이 시간에도 국내외를 가릴 것 없이 대립이 진행되고 있다. 신은 이들의 소원을 모두 들어주실 것인가, 아니면 이용만 당하시는 것인가. 어떻게 보면 그들의 소원을 다 들어줘야 할 하나님은 가장 곤란한 처지에 있는 분이요, 가장 불쌍한 분인지도 모른다.

많은 사람들은 근대 과학기술의 발전과 더불어 종교가 과거의 유물이 될 것이라고 예측했다. 특히 과학적 무신론으로 무장한 공산주의자들은 종교를 '민중의 아편'으로 보았고 프리드리히 니체는 서슴없이 "신은 죽었다"고 진단했다. 그러나 19세기 계몽주의자들이 예측했던 '종교의 소멸'은 빗나가고 과학문명이 눈부시게 발전한 지금도 교회와 사찰은 신도들로 붐비고 있으며, 어떤 나라에서는 종교가 권력 기관보다 막강한 힘을 갖고 있다. 그것은 아직도 사람들이 종교에 대한 기대를 저버리지 않고 있기 때문이다. 지금은 종교가 제 길을 찾아 본연의 모습으로 돌아가야 할 때다.

참된 종교, 참된 종교인의 길_

종교계는 각종 대형 비리에 연루되고 종권 다툼으로 날을 지새우기도 했다. 사회적으로 모범을 보여야 할 종교 지도자들이 대형 비리 사건에 관련되면서 종교인도 별수 없다는 것을 세상에 다시 한 번 보여주었다. 또 잘못된 신앙, 빗나간 교리가 종교인의 발목을 잡고 그 맹

종이 얼마나 많은 피해를 줄 수 있는가를 보여 주었다. 이 밖에 복을 비는 수단으로만 치부되는 신앙 행태나 종교 간의 갈등, 배타적 교파 이기주의 등 종교계가 안고 있는 고질적인 병폐가 수없이 노정되고 있다.

종교 본연의 모습은 어떤 것인가. 이를 알기 위해서는 몇 가지가 전제돼야 할 것이다. 우선 종교가 지향하는 것은 궁극적으로는 인간의 행복이란 점이다. 본래 신은 인간이 행복하게 살 수 있도록 창조했고, 모든 종교는 공통적으로 인간의 행복을 추구하고 있다. 인간은 정치, 경제, 문화 등 모든 수단을 동원해 행복을 달성하기 위해 노력해 왔다. 신과 인간 모두가 지향하고 있는 행복은 어떻게 하면 얻을 수 있는가. 지금까지는 개인적 차원에서 행복을 추구해 왔지만 수천 년의 역사를 통해 개인이 아무리 행복을 원한다고 해도 그가 속한 집단이나 국가라는 구조적인 문제가 해결되지 않는 한 불가능하다는 것이 입증됐다.

디지털 정보 혁명으로 초민족, 초종교, 초국가의 세계화 시대를 지향하고 있는 지금 개인적 차원보다는 세계인의 공통적 과제로서 행복의 열쇠를 풀어 나가야 한다는 점이 더욱 절실해지고 있다. 개인 구원에 치중하거나 배타적 신앙만으로는 행복한 사회 실현이 불가능하다. 이제 모든 종교는 본연의 세계, 행복의 동산을 가꾸기 위해 정말로 힘을 모아야 할 때이다.

그리고 모든 종교의 지향점은 같다. 교회에 가는 것이 좋으냐, 절에 가는 것이 좋으냐를 따지기보다는 어떻게 하면 참된 사람이 되느냐가 중요하다. 참사람이 되기 위해서는 인간 본래 모습이 어떤 것이냐를 따져 볼 필요가 있다. 참된 사람이 되지 않고서는 아무리 열심히 신앙한다고 해도 그들이 원하는 천국에 갈 수 없다. 지금은 종교의 공통적 과제를 놓고 진지한 토론이 전개돼야 할 시점이다.

따라서 종교는 갈라져서는 안 된다. 본연의 세계에서는 서로 다툼이나 분열이 있을 수 없다. 이미 경제와 과학기술의 진전으로 일부에 한정된 것이긴 하지만 외적으로는 행복의 세계가 어떤 것인가를 보여 주고 있다. 세상은 다양성을 바탕으로 한 다원주의를 지향하고 있지만 하나같이 인간의 최대 목표인 평화 세계를 향해 달려가고 있다. 이런 점에서도 현재는 종교가 다양하지만 우선 비슷한 것끼리 통합되면서, 종국에는 하나의 종교로 갈 수밖에 없다는 것이다. 결국 신앙의 대상도 하나로 묶일 수밖에 없다.

많은 사람은 과학이 신의 존재를 증명하는 시대가 오리라고 보지만 궁극적으로 최고의 신은 한 분일 수밖에 없다는 논리가 타당성을 갖게 될 것이다. 그분을 하나님이라고 하든 다른 무엇이라고 하든 그것이 문제가 되지는 않는다. 예수 그리스도는 하나님을 분명하게 세상에 드러낸 분이다. 석가모니도 그 방법은 달랐지만 참나를 발견하는 것이 무엇보다 중요하다고 보았다. 공자나 무함마드도 마찬가지로 인간의 도리와 참된 인생길이 무엇인지를 보여 주었다. 궁극적으로는 신과 인간이 한 정점에서 서로 만날 수밖에 없다.

성인들은 고해를 건너서 행복의 세계를 찾는 길이 무엇인가를 가르쳤다. 근원적 자리, 행복의 자리에 반드시 신이 계신다고 한다면 그 세계와 연결되지 않을 수 없을 것이다. 석가나 공자는 신의 문제를 본격적으로 언급하지 않았을 뿐 그것을 부인하지는 않았다. 따라서 존재하지도 않는 신을 존재한다고 우기는 것도 우습지만, 분명히 살아 계시는 신을 종교가 다르다고 해서 외면하는 것도 옳지 않다. 인간과 우주의 궁극적 실재를 신이라고 한다면 그 신에 대한 경외심은 기독교인들에게만 우러나오는 것은 아닐 것이다.

이제 종교인들은 인간이 고대해 온 본연의 세계가 어떤 것인지 분명한 시각을 가질 필요가 있다. 그 세계는 성인들이 주장한 것처럼 사랑 혹은 자비, 인(仁)의 세계다. 사랑과 자비, 인은 인간과 인간, 인간과 자연 등 모든 관계에서 갈등이 아니라 조화를 이루기 위해 필요한 수단이다. 따라서 종교인들이 추구해 온 행복의 세계가 건설되기 위해서는 말로만이 아니라 행동으로 사랑을 보여 줘야 한다. 이제는 정말로 종교 본연의 모습을 보여 줄 때가 됐다.

참종교의 전제 조건들_

종교인이 종국적으로 찾고자 한 이상 동산은 어떻게 건설될 수 있는가. 물론 이러한 이상 세계 건설은 종교인의 역할만으로는 불가능하다. 그렇지만 종교인이 앞장서서 행복한 세계를 세우기 위해서는 기본적으로 모두가 지켜야 할 규약 같은 것이 필요하다. 먼저 종교인이 달라져야 하고, 그 세계를 세우기 위해 하나가 돼야 하기 때문이다.

그 첫째가 성인들이 가르쳐 온 참사랑을 행동으로 옮겨 보자는 것이다. 성경은 "산을 옮길 만한 모든 믿음이 있을지라도 사랑이 없으면 내가 아무것도 아니요"(고린도전서 13장 2절)라고 했다. 사랑은 믿음보다 우선시된다는 말이다. 현재와 같이 도그마에 빠져 배타적 신앙을 한다면 아무것도 안 된다. 종교의 교리보다 더 중요한 것이 서로 사랑하는 것이다. 종교인들이 이웃을 내 몸같이 사랑해야 하는 것은 두말할 나위가 없다. 배타적 신앙을 가질 경우 사랑은 거짓이 될 수밖에 없고, 우리에게 내리시는 하나님의 갈급한 목소리도 듣지 못할 것이다.

둘째는 상대방의 견해도 존중하자는 것이다. 1993년 9월 4일 미국 시카고에서 열린 세계종교의회에서는 글로벌스탠더드라 할 수 있는 '세계윤리선언'을 발표했다. 모든 주요 종교의 지도자들이 서명한 이 선언은 "법, 통치, 협약 그 자체만으로는 보다 나은 세계 질서를 창조할 수도 강제할 수도 없다"면서 "새로운 세계 질서는 전 세계적 윤리를 요구한다"고 강조했다. 다음은 '세계윤리선언'에서 눈여겨보아야 할 대목이다.

"아무도 빼앗을 수 없고 침해할 수 없는 존엄성을 보호하기 위해 이 선언은 수천 년 동안 인류의 수많은 종교들과 윤리적 전통 내에서 입증된 황금률인 하나의 원칙을 확인하고자 한다. '다른 사람으로부터 받고자 하는 행동을 다른 사람들에게 해주어라.' 이것을 보다 적극적으로 표현하면 '어떤 방식으로든 네가 대우받고 싶은 방식이 있다면 그 방식으로 다른 사람들을 대우해 주어라'라는 말이 될 것이다. 이 원칙은 삶의 모든 측면, 가족과 공동체, 인종, 국가와 종교를 위해 침해될 수 없는 삶의 절대적인 기준이 되어야 한다."

셋째는 각 종교 간의 차이를 극복하려면 우선 상대방을 인정한 후에 대화를 해야 한다는 것이다. 그다음에는 공통의 과제를 찾아 공동 사업을 전개하고 종국에는 하나의 부모 아래 한 형제라는 인식하에 통합을 이뤄 나가는 것이 필요하다. 최근 각국에서 벌어지는 종교 간의 갈등이나 지난 1,000년 동안의 유럽에서 일어난 기독교 간의 갈등은 종교가 본래의 목적에서 이탈될 경우 어떤 결과를 가져올 수 있는가를 극적으로 보여 주고 있다. 종교의 본질은 사랑과 화해, 행복을 추구하는 것이지 갈등이 아니다. 따라서 종교계가 갈등을 부추기거나 자기 교단의 교세를 확장하는 데 혈안이 될 것이 아니라 종교 본연의 모습을 회복하는 데 온 힘을 쏟아야 할 때다.

넷째는 종교가 이상 사회 실현을 위한 비전을 제시할 수 있어야 한다는 것이다. 하나님 나라의 가치와 법도를 가르쳐야 하는 교회 지도자들이 세상의 가치와 법도를 설파하고 있다는 것은 여간 모순이 아니다. 기독교의 본질인 종 됨이나 섬김과 같은 것을 가르쳐야 하는데 이들도 세상에서와 마찬가지로 남보다 앞서는 것, 남 위에 자리하는 것을 성공이라고 가르치고 있다. 또 한 예로, 이승만 정권 당시 교인 수가 전체 인구의 10%도 안 되는데 기독교인이 대통령이 되고, 기독교인들이 제헌국회의원을 비롯한 초기 각료 40% 이상을 차지하고, 이승만정권이 독재정권으로 부패하고 불의한 정권으로 비난받고 있는데도 교계 신문들은 이승만을 '모세'로, 이기붕을 '여호수아'로 칭송하는 등 이른바 '정교유착'의 전형을 보여 주었다. 이렇게 교회가 타락의 길을 가게 되면 국민은 등을 돌리게 된다.

참종교는 인류에게 희망을 주는 종교다. 그것을 위해서는 세계인들에게 꿈을 심어 줄 강력한 메시지가 있어야 한다. 또 그것을 직접 행동으로 보여 줄 수 있어야 한다. 오늘 종교가 세상을 이끌어 가지 못하는 것은 종교 자체가 갖는 한계도 있지만 어느 종교도 인류에게 확실한 비전을 심어 주지 못하고 있기 때문이다. 따라서 앞으로 현재 종교가 안고 있는 한계를 극복하고 인류에게 구체적으로 이상 사회 실현을 위한 비전을 제시할 수 있는 종교가 참종교가 될 것이다. 그리고 인류는 그러한 비전을 제시하고 세계적 혼란과 갈등을 해소할 수 있는 강력한 종교 지도자를 고대하고 있다.

> 정보화 시대를 이끌어 나갈 주류 종교는 인류에게 새로운 비전을 제시하고 개인 구원은 물론 평화 세계 구축에 앞장서는 종교가 되어야 한다.

49_ 주류 종교의 새로운 패러다임

어떤 단체나 집단이 본연의 자세를 잃고 그들의 임무를 망각했을 때는 그 사회로부터 비판의 대상이 된다. 이 땅에 존재하는 교회도 의인들의 모임이 아니라 보통 인간의 집합체이므로 항상 청결할 수 없으며, 성장하고 비대해지면 당연히 부패할 수밖에 없다. 그러므로 어떤 집단이든지 세력이 커질수록 부패를 막는 일에 더 많은 노력을 기울여야 한다.

기독교가 한국 땅에 처음 뿌리를 내렸을 때는 본연의 자세를 잃지 않고 핍박과 고통 속에서도 주님을 의지하는 믿음으로 인내하며 이 사회의 빛과 소금 역할을 감당했다. 그러나 선교 1세기가 지난 오늘날 이 사회에 큰 영향력을 행사하는 집단으로 성장하고 발전한 교회는 비판의 대상이 되고 있다. 한국 교회가 자정 능력을 상실했음은 공공연한 사실이다. 이제 교회 밖으로부터 교회 개혁이 진행되어야 한다는 탄식까지 나오고 있다. 지금이라도 한국 교회가 이 사회의 비판의 목소리를 하나님께서 이방인들을 통해 하시는 경고로 받아들이고 본연의 자세를 회복해야 한다는 지적이 제기되고 있다.

한국 교회가 크게 지탄받고 비판의 표적이 되고 있는 것은 하나님을 섬기는 본연의 신앙생활을 추구하기보다는 외형적 성장, 즉 성전 중심의 외적 발전에 치중하고 있기 때문이다. 그리고 목회자는 기름 부음 받은 자요, 마치 제사장이라도 된 듯 큰 권세를 행사하고 있는 것이 한국 교회의 실상이다.

이제 종교도 달라져야 한다. 그러기 위해서는 종교가 개인 구원의 차원을 넘어 사회 구원, 즉 '사회 목회'로 전환하는 길밖에 없다. 이 길만이 살길이요, 종교의 참뜻을 살려 나가는 길이다. 이것만이 그동안 높은 담을 쌓고 남을 적대시하는 옹졸한 신앙 태도를 보여 온 종교가 본연의 모습을 세상에 다시 보여 줄 수 있는 유일한 길이다.

본연의 모습을 찾아야 할 종교_

종교는 분명 달라져야 한다. 새로운 환경적 여건뿐만 아니라 현재와 같이 개인 구원이나 이기적 선교 행태로서는 생존 자체가 불가능하다. 지금까지 종교는 '믿으면 천국 간다', '깨달으면 부처가 된다'는 식으로 개인 구원에 초점을 맞췄다. 이 시대는 개인 문제가 해결됐다고 해서 행복해질 수 없다. '핵'이나 '환경' 문제, 지역 단일 통화 추세 등 세계는 거대한 블록 속으로 빠져들고 있다.

개인 구원을 강조해 왔던 종교의 시대는 가고 종교가 지향하는 세계를 건설해 가는 종교 이후의 시대가 오고 있다는 말이 설득력을 얻고 있다. 특히 디지털 혁명으로 대표되는 정보화 사회에서는 이전의 제도와 의식은 무너질 수밖에 없다. 종교라고 예외는 아니다. 새 시대를 리드해 나갈 수 있는 선교 전략을 수립해야 하는 것이 종교계의 시급한 과제가 되고 있다. 지금은 '대혁신'이 필요한 시점이다.

최근 한국 종교계는 한계를 드러내면서 정체되거나 빛을 잃어 가고 있다. 이 위기를 극복하기 위해서는 우선 현 종교계의 문제점을 점검하는 것이 무엇보다 필요하다. 그다음에는 종교의 정체성과 목표를 분명히 하면서 새 선교 전략을 펴야 할 것이다. 새 시대의 모든 조직에서는 경쟁력 강화를 우선시한다. 새 시대에 맞는 종교법 제정, 의식의 제도화, 신앙과 예배 형식의 정비 등도 서둘러야 한다. 현재의 종교를 넘어서는 새로운 형태, 어느 종교도 통합이 가능한 형태를 갖추는 것도 고려해야 한다.

21세기를 이끌 수 있는 종교가 되기 위해서는 '신앙 개혁'이 우선시돼야 한다. 현재와 같은 개인 구원과 구복 신앙으로는 사회 개혁을 이끌어 낼 수가 없다. 사회 속으로 깊숙이 파고들어 가 종교의 가르침을 실천하는 생활 종교가 아니고서는 사회 구원은 불가능하다. 따라서 종교의 가르침으로 철저히 무장되고 의식화된 신자들이 사회 속으로 뛰어들어 진심으로 어려운 사람들과 함께할 때 사회 구원은 시작될 수 있다.

오늘날 종교계는 말만 앞세우며 겉치레 행사만 경쟁적으로 열어 왔다. 행동은 없고 예배 의식만이 있는 종교, 즉 개인 구원에만 관심을 두는 종교는 21세기에는 쇠퇴할 수밖에 없다. 앞으로는 사회 구원에 목표를 두고 세상 깊숙이 파고들어 종교의 가르침을 실천하는 종교만이 빛을 발할 수 있다. 그래서 '실천 신앙', '사회 목회'를 할 수 있는 사회 구원 실천 프로그램을 만들어야 할 것이다.

종교가 달라지기 위해서는 우선 예배 형식을 바꾸는 것까지도 고려해야 한다. 예를 들어 일주일에 한 번 정도는 사회 복지 시설 등을 방문하여 헌신 봉사하고, 예배는 단순히 하늘 앞에 보고하거나 말씀으로 재

무장하는 시간으로 전환해야 한다. 신자들이 실천 신앙을 할 수 있는 것으로는 사회 복지 시설을 방문하거나 소년 소녀 가장 돕기, 공공장소 청소, 환경 운동 등 여러 가지 형태가 있다. 정부가 지원하는 복지관을 위탁 운영하거나 복지 시설을 만들어 직접 운영하는 방법도 있다.

또 교회나 사찰을 사회 교육 기관으로 개방하여 본격적으로 사회 교육에 나서야 한다. 여기서는 기존의 교회나 사찰의 형태가 아니라 사회 교육의 분위기가 물씬 풍길 수 있도록 각종 프로그램을 개발해야 할 것이다. 종교는 더 이상 개인이 위안을 받기 위한 장소가 아니라 사회에 봉사하고 이 땅에 평화 세계가 이뤄질 수 있도록 힘을 모으고 실천하는 공동체가 되어야 한다.

서울 영등포구 도림교회는 문맹자를 위한 '한글학교', 65세 이상 주민의 여가를 위한 '노인학교', 맞벌이 부부 자녀를 위한 '방과 후 교실', 장애인 자녀 '주간보호센터' 등 다양한 프로그램을 마련해 교회 시설을 지역 주민들에게 제공하고 있다. 문화 사역을 표방하는 경기 평촌의 새중앙교회는 대예배당 한쪽에 2만여 권의 장서를 갖춘 도서관을 꾸며 주민들에게 개방하고, 예배당을 연극이나 뮤지컬 등을 위한 공연장으로, 아파트 주민을 위한 월례회 장소로 빌려 주기도 한다. 이처럼 교회의 문턱을 낮추기 위해 예배당을 365일 개방하는 교회들이 늘어나고 있다.

사회 구원에 앞장서는 복지 종교가 정보화 시대 주역_

종교는 참사람으로 살아가려는 첫째 목표와 사회를 통해 이를 구현하려는 둘째 목표를 갖고 있다. 지금까지 어느 종교를 막론하고 첫째 목표에는 관심을 두어 왔으나 이제는 둘째 목표의 달성에도 관심을 가져야 한다. 그동안 '깨달음', '믿음' 등이 신앙의 전부인 것으로 강조되어 왔다. 여기서 변질돼 '믿으면 구원받는다'는 개인 구원에 초점이 맞추어졌으나 실제 참사람이 되기 이전에는 구원이 불가능하다. 이같은 목표를 달성하기 위해서는 그동안의 신앙 지도와 교회 시스템을 바꾸지 않으면 안 된다. 종교인들이 참사람으로 거듭난 뒤에 사회를 위해 헌신하는 단계로 올라서지 않으면 안 되기 때문이다. 신앙인을 양성해 사회 구원 운동에 참여시키기 위해서는 적절한 교육 프로그램, 새 시대의 비전을 담은 교육 프로그램의 개발이 시급하다. 앞으로 가정 문제가 최대 현안으로 등장할 것이기 때문에 이에 대비해 각종 교육안을 만들고 영상 매체 등을 동원한 교육 프로그램 개발에 나서는 것도 중요하다.

최근 개인 구원에만 관심을 가졌던 교단들이 사회 구원에 눈을 돌리고 있다. 자기 수행과 사회 복지 참여를 신앙의 두 수레바퀴로 보기 때문이다. 그동안 종교 단체가 학교나 병원, 복지 단체 등을 산발적으로 운영해 온 것은 사실이지만, 본격적으로 사회 구원의 이데올로기를 개발하고 적극적으로 사회 속으로 뛰어들지는 않았다.

부산의 호산나교회는 사회의 빛과 소금 역할을 고아 입양 운동을 통해 실현해 가고 있다. 교회 안에 입양 담당 목회자까지 두고 교인들과 지역 사회를 대상으로 입양 전문 사역을 편 지 벌써 5년째다. 현재까지 열세 가정이 18명의 오갈 데 없는 고아들을 공개 입양했다. '공개 입양'이란 입양 문화의 사회적 확산을 위해 입양 가정들이 서로의 경험을 공개적으로 주위 사람과 나누는 것을 의미한다. 교회가 주관하는 입양 가족 모임과 전문 상담, 목회자를 위한 입양 세미나 등은 이제 서울의 대형 교회들도 배워 갈 정도이다.

종교가 이 나라, 이 세계를 위해 무엇을 해왔는가. 세계 평화와 인류 구제를 위해 존재한다는 종교 본연의 목표를 위해 얼마나 매진해 왔는가. 이에 대해 진지한 대답을 할 때가 됐다고 본다. 이제는 교세 확장, 교회 정착을 위해 정신없이 뛰어왔던 과거를 되돌아보고 종교 본연의 목표를 향해 전진해 가야 한다. 사회 복지 사업은 사회 구원의 첫 단계라 할 수 있다. 이제 종교인들은 개인 구원과 사회 구원이 하나라는 생각 아래 사회 속으로 파고들어 가 모두가 목회하는 심정으로 실천 신앙을 하고, 그 경험을 집회를 통해 나누는 시스템으로 전환해 나가야 할 것이다.

참사랑은 남을 위할 때 진정으로 발휘되는 것이다. 교회 안에서 예배를 보고 신자들끼리 회동하는 것보다는 사회 속으로 들어가 어려운 사람들을 위할 때 진정한 사랑이 우러나올 수 있다. 이러한 분위기를 조성하기 위해서는 사회 복지 사업의 참여를 독려하고 목회 시스템을 바꿔 누구나 대사회 목회자라는 자부심을 갖도록 해야 할 것이다. 그럴 경우 신자들까지 사회 목회에 뛰어들게 돼 상당한 목회 인력을 확보할 수 있게 된다.

인간은 고난에 처하거나 절망을 느낄 때 구원의 손길을 기다린다. 이스라엘 민족도 마찬가지였다. 유랑하는 이스라엘 민족은 자신들을 거룩한 땅으로 인도할 메시아를 고대했다. 메시아의 대망은 유대인들로 하여금 수난과 핍박을 견디어 낼 수 있게 했다. 지금 인류는 정보화 시대를 맞아 전례 없는 혼란 속에 빠져들고 있다. 이러한 대문명사적 전환기에 처한 인류를 올바로 이끌 수 있는 메시아 사상은 기존의 일방통행적인 구원 사상이 아니라 기존 사상과 체제에 대한 극복과 새로운 세계를 이끌 수 있는 패러다임의 구축이라는 전제 아래 나타날 수 있을 것이다.

정보화 시대의 메시아는 "나는 하나님의 아들이니 나를 따르지 않으면 지옥에 간다"는 식이 아니라 종교나 사상, 체제의 다양성을 극복하면서 새로운 대안을 내놓을 수 있는 인물이어야 한다. 지금은 한 사람의 메시아보다는 다수의 '사이버 메시아들'이 필요한 시점이다. 2,000년 전 메시아 사상이 배태된 황제 통치의 봉건적 사회와는 문명적 배경이 다르기 때문이다. 지금은 디지털 문명이 만들어 내는 부정적 요소를 극복하면서 새 문명 시대의 비전을 제시할 사이버 메시아, 과학기술을 리드해 나갈 정신적 지도자가 등장할 때다. 결국 정보화 시대를 이끌어 나갈 주류 종교는 인류에게 새로운 비전을 제시하고 개인 구원은 물론 평화 세계 구축에 앞장서는 종교가 되어야 한다.

앞으로 주류 종교는 통합 종교일 가능성이 크다는 주장이 제기되고 있다. 여기서 말하는 통합 종교란 특정 종교가 모든 종교를 통합하는 식이 아니라 이 지구촌에 오색 인종이 옹기종기 모여 살듯이 다양성이 존중되는 종교일 것이다. 우선 서로 얼굴 붉히는 일들이 사라지고 이웃 종교와 오순도순 살아가는 형태를 띠게 되다가 어느 정도 서로를 이해하게 되면 진정한 통합 종교가 실현된다는 것이다. 따라서 앞으로 배타성이 강한 종교보다는 진실로 사랑을 실천하고 상대방을 포용하는 종교가 주류 종교로 등장할 가능성이 크다. 디지털 정보화 시대의 인류는 국가와 종교, 이념, 학문 등 모든 경계선이 무너지면서 적대감보다는 동류 의식이 강해질 것이기 때문이다. 그때 자연스럽게 평화 문화가 정착되고 인류는 하나가 될 수 있는 길을 찾게 된다: 종교도 어쩔 수 없이 그러한 시대 흐름을 외면할 수 없을 것이다. 결국 종교도 기독교에서 말하는 에덴동산, 즉 창조 본연의 세계를 지향하게 되고 종교 본연의 모습을 회복하게 될 것이다.

예수가 그토록 원했던 하나님의 나라는 기독교인의 전유물이 아니다. 기독교의 울타리를 벗어나 온 인류가 동참할 때 이뤄질 수 있는 것이 이상 사회다. 그것을 위해서라도 기독교는 우월주의와 배타주의에서 벗어나야 한다.

50_ 종교의 벽을 넘자

인류가 줄곧 추구해 온 행복은 종교를 통해서만 가능할까. 종교인들은 인생 문제를 해결하기 위해 절대자에게 의지해 왔고, 종조들의 가르침을 그대로 따를 경우 행복이 올 것이라고 믿어 왔다. 종교는 정치나 경제, 과학, 철학 등과는 달리 근원적인 행복을 추구한다. 그러나 영원한 행복의 담보는 종교만으로는 불가능하다는 것이 드러나고 있다.

인간은 불완전한 존재이다. 인간의 마음과 몸은 따로 움직인다. 마음은 행복을 추구하지만 몸이 따라 주지 않는 경우가 많다. 마음은 이중성을 갖고 있어 선악이 충돌한다. 마음의 평화가 이뤄지지 않으면 물질적인 욕망이 충족됐다고 할지라도 행복하지 않다. 그래서 종교는 정신 문제에 관심을 두었다. 불교는 깨달음을 통해 인간의 욕망을 제어하고자 했고, 기독교는 하나님을 마음속에 모심으로써 영원한 행복을 추구했다.

그러나 마음의 평화를 이루었지만 행복이 숨 쉬는 이상 사회가 실현될 수 없다는 데 문제가 있다. 행복한 사회는 한 개인의 마음속에 평화가 찾아왔다고 해서 이뤄지는 것이 아니다. 행복한 사회 시스템이 정착돼야 한다. 우선 사회의 최소 단위인 가정에 행복이 정착돼야 한다. 가정엔 부모가 있고 부부와 자녀가 있다. 깨달음을 통해 참행복을 느끼면서 살아가는 개인이 부부를 이뤄 가정을 꾸미게 될 때 행복이 정착될 수 있다. 그 행복은 개인 차원에 머무르는 것이 아니라 부부를 이룰 때, 자식을 낳고 기를 때 느낄 수 있는 것이다. 최소한 가정을 통해 행복이 완성될 수 있다는 점에서 지금까지 종교가 추구해 온 개인 단위의 수행은 한계가 분명히 있다는 것이다.

예수가 가정을 이루지 못했고, 석가가 가정을 버리고 출가했다고 해서 그들이 가정의 행복을 외면했다고는 볼 수 없다. 개인이 완성되지 않고서는 참가정도 이룰 수 없다는 점에서 개인의 깨달음과 구원을 중시한 것이지 가정을 외면한 것은 아니다. 개인의 행복만이 아니라 가정의 행복, 그리고 사회와 국가, 세계가 평화롭게 살 수 있는 길을 모색하는 것이 종교 본연의 임무라 할 수 있다. 그것이 결국 예수가 소망한 하나님 나라요, 석가가 염원한 정토(淨土 : 불국토)이다.

하나님의 나라는 사랑의 세계_

예수가 추구한 하나님 나라는 하나님과 인간, 인간과 인간, 그리고 인간과 자연 사이에 막혔던 담이 허물어지고 사랑과 용서와 화해가 넘치는 평화의 세계이다. 예수는 하나님 나라를 건설하기 위해 온몸을 불살랐다. 그가 남긴 뜻을 이어받아야 할 사명을 안고 있는 것이 지금 교회에 있다. 중세의 교회가 맹목적인 예수 숭배를 부추기고 예수의 이름으로 장사할 때, 마르틴 루터가 면죄부의 부당성을 제기하며 종교 개혁의 깃발을 높이 든 것이 아닌가. 오늘날 개신교에 또다시 똑같은 행태가 반복되면서 많은 사람이 우려의 눈길을 보내고 있다.

예수는 가진 자나 '잘 믿는다'고 자랑하는 사람, 각종 고정관념에 사로잡힌 사람은 하나님 나라에 들어갈 수 없다고 했다. 예수의 파격적 발언은 결국 기존 체제로부터 미움을 샀고 십자가의 고난을 당하는 직접적인 원인이 되었다. 예수가 "재물이 있는 자는 하나님의 나라에 들어가기가 심히 어렵도다"(마가복음 10장 23절), "낙타가 바늘귀로 나가는 것이 부자가 하나님의 나라에 들어가는 것보다 쉬우니라"(마가복음 10장 25절)라고 강조하자 제자들까지도 놀라는 표정이었다. 예수는 기성세대를 향해 "누구든지 하나님의 나라를 어린아이와 같이 받들지 않는 자는 결단코 그곳에 들어가지 못하리라"(마가복음 10장 15절)라고 선언했다. 어린아이같이 순수한 마음을 갖지 않고 자기의 잇속을 차린다면, 아무리 교회에 나가 찬송하고 예배한다고 해도 하나님의 나라에 들어갈 수 없다는 지적이다.

예수는 유대교 지도자인 대제사장들에게도 충격적인 경고를 던졌다. 유대 사회에서 가장 천대받던 "세리와 창녀들이 오히려 너희보다 먼저 하나님의 나라에 들어간다"(마태복음 21장 31절)고 한 것이다. 결국 대제사장들은 세례 요한이 '옳은 길을 보여 주었으나' 세리와 창녀들과는 달리 예수를 믿지 않았다는 것이다.

예수는 "어느 것이 제일 큰 계명인가?"(마태복음 22장 36절)라고 묻는 바리새인에게 "너의 마음을 다하고 목숨을 다하고 뜻을 다하여 주 너의 하나님을 사랑하라. 네 이웃을 내 몸과 같이 사랑하라는 두 계명이 모든 율법과 예언서의 본뜻이다"(마태복음 22장 37~40절)라고 간명하게 강조했다. 그리고 예수는 하나님 나라를 차지할 사람에 대해 다음과 같이 언급하고 있다.

"마음이 가난한 사람은 행복하다. 하늘나라가 그들의 것이다. 슬퍼하는 사람은 행복하다. 그들은 위로를 받을 것이다. 온유한 사람은 행복하다. 그들은 땅을 차지할 것이다. 옳은 일에 주리고 목마른 사람은 행복하다. 그들은 만족할 것이다. 자비를 베푸는 사람은 행복하다. 그들은 자비를 입을 것이다. 마음이 깨끗한 사람은 행복하다. 그들은 하나님을 뵙게 될 것이다. 평화를 위하여 일하는 사람은 행복하다. 그들은 하나님의 아들이 될 것이다. 옳은 일을 하다가 박해를 받는 사람은 행복하다. 하늘나라가 그들의 것이다.''(마태복음 5장 3~10절)

행복한 세상, 인류가 소망해 온 공동체인 하늘나라를 어떻게 만들어 갈 수 있는가? 마음이 가난하고 온유하며 평화를 위해 일하는 사람이 모여 사는 세상을 어떻게 만들 것인가? 이 문제는 간단치 않다. 그러한 개인이 가정을 이루고 가정이 모여 사회와 국가, 세계로 확대돼 가야 하는 것이 원칙이다. 그때 비로소 하나님 나라가 성취될 수 있다. 아무리 개인이 행복하다고 해도 가정과 사회, 국가, 세계가 그렇지 못하다면 영원한 행복은 담보될 수 없기 때문이다.

종교, 새 패러다임 보여야 할 때_

종교가 수천 년 동안 인간 정신을 지배해 왔지만 지금은 너무나 많은 한계를 보여 주고 있다. 가장 큰 문제는 종교가 인간을 진정한 행복의 세계로 이끌지 못하고 있다는 것이다. 종교가 인생 문제의 해결에 한계를 보이고 있는 것은 인간이 추구하는 행복의 세계에 이르는 길은 여러 개가 있는데 그러한 것을 무시하고 독선적인 모습을 보이고 있기 때문이다. 예를 들면, 인류가 추구해 온 과학과 철학 등 여러 분야와 손잡고 이상 사회 건설을 위해 총체적으로 접근해야 하는데 그러지 못하고 있다.

그래서 종교가 새로운 시대 흐름에 너무 둔감하다는 지적이 제기되고 있다. 예수나 석가, 공자, 무함마드 등 성인들의 가르침이 시대에 뒤떨어졌다기보다는 그들의 메시지를 지금의 우리가 제대로 읽지 못하고 있다는 것이다. 성경이나 불경, 사서삼경, 코란 등을 시대에 맞게 해석하는 데 너무 소홀히 하고 있다는 지적이다. 특히 기독교의 경우 성경에 담긴 하나님과 예수의 깊은 뜻을 헤아리기보다는 자구 하나하나에 너무 얽매여 자기와 다른 해석을 하는 사람들은 적대시하고 있는 실정이다.

교권을 절대시하던 중세 가톨릭에 반대하여 일어난 프로테스탄트가 어처구니없게도 교권 대신에 성경의 문자주의에 매달리고, 자기와 다른 해석을 하는 이들을 '이단'으로 몰면서 수천 교파로 갈라진 것은 아이러니가 아닐 수 없다. 기독교와 이슬람 근본주의자들이 세계 곳곳에서 전쟁을 일으키는 것도 다 예수나 무함마드의 뜻을 왜곡하고 자기식으로 해석한 결과이다. 양 교단이 1,400여 년 동안 벌여 온 수많은 전쟁을 보았다면 예수나 무함마드는 통곡하지 않을 수 없을 것이다.

예수가 그토록 원했던 하나님의 나라는 기독교인의 전유물이 아니다. 기독교의 울타리를 벗어나 온 인류가 동참할 때 이뤄질 수 있는 것이 이상 사회다. 그것을 위해서라도 기독교는 우월주의와 배타주의에서 벗어나야 한다. 하나님 나라는 종교 간의 장벽, 인종 간의 장벽, 국가 혹은 문화적 장벽을 초월하여 실현될 수 있는 열린 세계이다. 기독교는 기독교인 개인을 위해 존재하는 것이 아니다. 기독교인은 예수의 신앙을 본받아 자기 자신으로부터 하나님 나라의 평화를 성취하고, 더 나아가 그것을 가정과 사회, 국가, 세계로 넓혀 가야 할 사명이 있다.

아널드 토인비는, 20세기에 일어난 가장 의미 깊은 문명사적 사건 중 특기할 일은 종교 간의 대화, 특히 기독교와 불교의 대화가 시작되었다는 사실일 것이라고 말한 바 있다. 현재 지구촌에서 활발하게 일어나고 있는 종교 간의 대화, 협동, 그리고 상호 창조적 변화는 이제 거역할 수 없는 대세가 됐고, 한국 사회에서는 다소 그 속도가 느리지만 가장 의미 있는 운동으로 확장될 것이다.

진정한 종교 간의 대화는 서로 다름과 고유한 특성을 인정하고 상대방의 주장을 존중하면서 배우려는 열린 마음을 가질 때 가능하다. 그러므로 자기가 귀의하는 종교에 깊이 들어가면 들어갈수록 매우 역설같지만 다른 종교의 진리 체험에 귀 기울이고 대화와 협동에 두려움 없이 나서게 된다. 반대로 자기 종교의 진리에 대한 깊은 체험과 자신감이 결여될수록 대화와 협력을 기피하고 비판한다.

종교는 이론이 아니라 실천적 진리 속에서 꽃핀다. 참종교라면 인류가 고통당하고 있는 이 현실 속에서 생명을 치유하고 사회에 봉사해야 함을 절실하게 통감하지 않을 수 없을 것이다. 건강한 종교가 숨 쉬는 사회가 곧 건강한 사회이며 깊이가 있는 문명 사회이다. 종교가 천박하고 병든 사회는 그 문명 사회 역시 천박하게 되고 병들고 만다. 종교 문제는 단순히 종교인들의 문제만이 아니라 사회 전체의 문제인 이유가 거기에 있다.

종교는 이제 인간이 추구해 온 이상 세계에 대한 비전을 제시해야 한다. 그동안 종교는 인간의 정신 수양에 국한해서 이 문제를 풀어 나가고자 했지만 이제 그 한계가 드러난 만큼 개인과 가정, 사회, 국가에까지 그 영역을 넓혀 가면서 천국의 비전을 제시해야 한다. 그러기 위해서는 새 시대에 합당한 이데올로기 계발에 나서야 할 것이다. 이 이데올로기는 정보화 사회에서 어떻게 살아남을 수 있는가에 초점을 맞취야 한다.

　정보화 사회에서 살아남기 위해서는 전체 목적과 개체 목적의 조화가 절대적으로 필요하다. 또 전체 목적을 위해서는 종교가 사회 속으로 파고들지 않으면 안 된다. 즉 개인 구원만이 아니라 사회 구원에 나서야 한다. 즉 깨달음의 사회화를 위해 더욱 매진하지 않으면 안 된다. 앞으로 인류가 살아남기 위해서 전 지구적인 처방이 필요하다고 할 때 1968년 로마클럽이 제기했던 경제 문제, 인구 증가, 식량 문제, 자원 고갈, 환경 문제에 관한 대안을 마련해야 한다. 물론 물질만능주의와 쾌락주의에 매몰된 인간 정신의 몰락 문제에 대한 명쾌한 해답도 제시해야 할 것이다.

　종교는 이 시대가 무엇을 요구하는지를 알아야 한다. 종교의 목표가 인류 구제와 세계 평화에 있다면 그것을 이루는 데 걸림돌이 되는 것들을 제거하는 근본적 개혁이 이루어져야 한다. 지금 종교는 종파와 교파 이기주의에 사로잡혀 있다. 그것을 극복하지 않고서는 인류 구제나 세계 평화는 영원히 불가능하다. 종교인들도 이제 이를 위해 철저히 자기를 비우고, 교단과 교리의 벽을 넘어서야 할 것이다. 그럴 때만이 하나님을 자기 안에 모실 수 있고, 예수가 소망했던 행복과 평화의 세계가 실현될 수 있을 것이다. 종교는 이제 구태(舊態)를 벗고 새 시대를 이끌어 갈 새로운 패러다임을 선보여야 할 것이다.

종교는 없다

초판 1쇄 인쇄일 · 2005년 6월 20일
초판 1쇄 발행일 · 2005년 6월 25일
지은이 · 권오문
펴낸이 · 임성규
펴낸곳 · 문이당

등록 · 1988. 11. 5. 제 1-832호
주소 · 서울시 성북구 동소문동 4가 111번지
전화 · 928-8741~3(영) 927-4990~2(편)
팩스 · 925-5406
ⓒ 권오문, 2005

홈페이지 http://www.munidang.com
전자우편 webmaster@munidang.com

ISBN 89-7456-277-4 03200

값은 뒤표지에 표시되어 있습니다.

잘못된 책은 바꾸어 드립니다.
저자와의 협의로 인지는 생략합니다.
이 책의 판권은 지은이와 문이당에 있습니다.
양측의 서면 동의 없는 무단 전재 및 복제를 금합니다.